U0734185

高等教育多维评价体系构建研究

李 庆 著

中国纺织出版社有限公司

内 容 提 要

　　高等教育多维评价体系是提高教育教学质量、实现人才培养目标的重要保障。目前我国高等教育亟需克服唯分数、唯升学、唯文凭、唯论文、唯帽子的痼疾，从根本上克服"单一化、大一统"评价体系导致的普遍重视科研、轻视人才培养、重视评价结果、轻视教育过程的不足。本书主要从高等教育评价的发展、理论沿革和主要模式、我国高等教育现行评价体系的现状与问题出发，探讨构建高等教育多维评价体系的可行性，包括其价值重构、内涵和要素、构建途径及着力点，从而切实提升我国高等教育治理水平和能力。

图书在版编目（CIP）数据

　　高等教育多维评价体系构建研究 / 李庆著． -- 北京：中国纺织出版社有限公司，2021.9（2022.11重印）

　　ISBN 978-7-5180-8874-4

　　Ⅰ．①高… Ⅱ．①李… Ⅲ．①高等教育—教育评估—研究—中国 Ⅳ．① G649.2

　　中国版本图书馆 CIP 数据核字（2021）第 184900 号

责任编辑：邢雅鑫　　责任校对：高　涵　　责任印制：储志伟

中国纺织出版社有限公司出版发行
地址：北京市朝阳区百子湾东里 A407 号楼　邮政编码：100124
销售电话：010—67004422　传真：010—87155801
http://www.c-textilep.com
中国纺织出版社天猫旗舰店
官方微博 http://weibo.com/2119887771
北京虎彩文化传播有限公司印刷　各地新华书店经销
2021 年 9 月第 1 版　2022 年 11 月第 2 次印刷
开本：787×1092　1/16　印张：10.5
字数：225 千字　定价：52.00 元

前言

就高等教育学段而言，随着我国高等教育后大众化和普及化时代的到来，高等教育已居于社会的中心，同时"上好大学难"等问题日益凸显，使得高等教育质量和评价受到国家、市场和社会的广泛关注和重视，针对高等教育评价实践也出现了不同的声音和话语，"不同群体利益诉求的价值取向呈现多元化趋势，对教育问题的关注之广泛、抨击意见之尖锐、观点建议之多样、价值冲突之激烈，为其他领域所鲜见"。在多元利益取向的话语背景下，如何正确认识这些矛盾与冲突，就成为科学地化解和平衡矛盾冲突，建立科学的高等教育评价机制，推动高等教育评价实践科学发展，持续改进高等教育质量保障体系的一个重要理论问题。

高等教育多维评价体系是提高教育教学质量、实现人才培养目标的重要保障。目前我国高等教育亟须克服唯分数、唯升学、唯文凭、唯论文、唯帽子的顽疾，从根本上克服"单一化、大一统"评价体系导致的重视科学研究、轻视人才培养、重视评价结果、轻视教育过程的不足。《高等教育多维评价体系构建研究》回顾了高等教育评价的发展、理论沿革和主要模式，从我国高等教育现行评价体系的现状与问题出发，探讨构建高等教育多维评价体系的可行性，包括其价值重构、内涵及要素、构建途径及着力点，以期能切实提升我国高等教育治理水平和能力。

李庆

2021 年 9 月

目 录

第一章　高等教育评价的发展、现状与问题·······················1

　　第一节　研究背景及概念界定·······························1

　　第二节　高等教育评价的发展、理论沿革和主要模式··········17

　　第三节　我国高等教育评价的现状和问题····················26

第二章　高等教育多维评价体系的价值观重塑、内涵及要素······37

　　第一节　多维评价体系的价值观重塑························37

　　第二节　多维评价体系的构建原则··························45

　　第三节　多维评价体系的内涵和要素························68

第三章　高等教育多维评价体系的构建途径·····················87

　　第一节　多元主体参与····································87

　　第二节　分类分层评价···································101

　　第三节　多重制度保障···································109

　　第四节　信息技术支持···································114

第四章 高等教育多维评价体系的着力点 ⸺125

第一节 促进质量文化建设 ⸺125

第二节 实践"目标—举措—实施—监测—改进"模式 ⸺135

第三节 建立动态化、规范化、差异化的评价机制 ⸺140

第四节 评价结果使用与教育治理能力建设 ⸺152

参考文献 ⸺161

第一章　高等教育评价的发展、现状与问题

第一节　研究背景及概念界定

一、研究背景

（一）高等教育的内涵在变化

立足新发展阶段、贯彻新发展理念、构建新发展格局、推动高质量发展是"十四五"时期国家社会经济发展的要义。时代之变、环境之变、基础之变、地位之变，必然会引发高等教育的办学内涵和发展方位之变。

1.深刻理解新时代高等教育内涵的变化

中华人民共和国成立以来，我们通过学习借鉴苏联、欧美等世界各国的高等教育经验，结合自身的政治经济文化特点和发展阶段特征，逐步建立起了适应每个阶段社会主义现代化建设需要的、世界上最大规模的高等教育体系，并通过"211工程""985工程""双一流"建设、现代大学制度建设、应用型高校转型发展等对世界高等教育的发展规律有了比较清晰的认识。截至目前，可以说世界上任何一种有典型意义的高等教育模式都有中国学者进行研究，在我国的三千余所高等学校里都开展过多层面局部的尝试探索。

独特的历史、文化、国情、时代决定了我国高等教育最终要走自己的发展道路。

进一步概括而言：六七十年来，我们对世界上高等教育先进的经验模式都有过相应的学习借鉴，当今我们迈向了实现中华民族伟大复兴的新征程，高等教育在向更高水平迈进中需要创新自己的模式，以美国为代表的西方国家对我们的打压封锁也使我们明白要走好自己的道路。办学和育人是高等学校的永恒主题，而时代正在赋予其新的内涵特征——新时代的办学即扎根中国大地办大学，新时代的育人即落实立德树人根本任务，教育评价要做好导航护航工作。

2.深度融入"双循环"新发展格局

面对中美冲突加剧、全球疫情爆发，逆全球化思潮兴起，在大变局中助力中华民族伟大复兴，是高等教育的使命和责任。中国作为一个与西方资本主义国家走不同发展道路的发展中的大国，以维护经济安全为基础推动社会稳定发展已成为基本的政策取向，为此需要丰富健全自身产业体系，实现满足内需和走向世界的结合。在2020年9月22日的

教育文化卫生体育领域专家代表座谈会中，提出"人力资源是构建新发展格局的重要依托""加快突破关键核心技术，是构建新发展格局的一个关键问题"。

就内循环而言我们需要思考：在经济上，面向高收入经济体未来和完整工业体系链条需要，着力发展让人民受益的产业；在社会上，面对主要矛盾变化，积极推动区域平衡，缩小城乡差距，解决好人口流动问题；在政治上，加快推进治理体系与治理能力现代化建设，满足信息社会发展和社会主义强国建设的需要；在文化上，以新发展理念推动社会和谐、精神文明、自然生态，使人安居乐业。面对未来发展，高新技术产业和民生产业同样重要。

就外循环而言我们需要思考：在经济上，主动应对逆全球化挑战，积极参与国际竞争，理性推动开放大业；在政治上，面对冲突加剧，用智慧打破封锁；在科技上，融入科技革命和产业变革，推动创新发展和应用；在文化上，通过构建人类命运共同体理念，宣传和推广我们的先进文化。

高等教育要主动融入新发展格局，面向产业链、消费链各环节，聚焦创新能力不适应高质量发展要求、民生保障短板、区域发展不平衡、美国科技封锁加剧等影响经济走势的重大问题，发挥自己的知识、智力、人才等创新优势，主动调整学科专业结构和体系关系，服务国内生产供应链完备、参与全球分工产业链调整，在实现关键核心技术突破、发展战略性新兴产业、壮大实体经济、实现乡村振兴、推动高水平对外开放、增强文化软实力等建设现代化经济体系等方面发力，助力产业基础高级化和产业链现代化水平的提高，推动经济价值链的完整性和高端化实现。

具体而言：

（1）全面服务国家现代化经济体系建设需求

高等教育已进入普及化阶段，面对人均GDP跨越一万两千多美元的高收入经济体关键节点、社会主要矛盾变化及适应新一轮科技革命和产业变革的需要，有着四千多万体量的大规模的高等教育一定要瞄定扩大内需、发展安全的战略基点，科学对接国家全链条产业体系，促进提高创新链整体效能。在基础研究、应用研究、社会服务等方面完整布局、分类评价，推动理论创新、应用实践、技术技能人才合理规划、科学培育，全面满足各行各业对尖端科技、产品研发、工艺生产、能工巧匠的现实需求，着力实现从0到1突破、攻克关键核心技术、解决社会产业实际问题的有机结合。要聚焦国家战略，助力主体功能区和区域协调发展，推动创新型城市建设；还要面向民生领域，服务小微企业和乡村振兴，开发孵化让广大人民群众受益的产业。

（2）全力推动对外开放新格局

展望世界未来，不同国家自然禀赋各异、科技创新降低商品成本现实、社会资本趋利本质不变三大推动商业全球流动的基本特征依然存在，经济全球化仍是不以人的意志为转移的客观需求。构建人类命运共同体符合世界绝大多数人的利益和美好愿望，因此开放是滔滔大势，短期的"回流"抵挡不住长期的趋势。改革开放以来，高等教育既是国家开放国策的积极参与者，更是巨大受益者，面对新发展格局一定要积极成为提升国家竞争力的重要力量。高等学校是学习型、创新型组织，开放是其本质属性，因此要在国家未来开放大业中承担先锋队、融合剂作用。有关政府部门要从战略高度支持大学开放，把教育合作交流当作国家国际关系稳定器看待，推动建立国别间学术交流规范框架，重视开展高水平中外合作办学，鼓励高校以多种形式开展国际交往，大力弘扬中华文明软实力；高等学校要主动作为，关注发达国家领先学科分布和全球产业链布局，加强与全球科学家建立广泛友好关系，善用各种渊源扩大朋友圈，用更多智慧推动学术合作交流。

（二）高等教育的模式在调整

推动新时代高等教育模式变革的因素，根本上还是外因通过内因而发生作用。内因是：我国高等教育到了由学习借鉴向创新发展转变的历史节点，以及高等教育进入普及化阶段；外因是：新冠疫情催发的线上教育大规模实现使我们真实地看到了信息技术的力量，中美战略博弈又使我们必须在变局中育新机。在高等教育的模式中，办学模式处于枢纽环节，上接治理模式，下接教学模式，过去我们常常提及的"千校一面"指的就是办学模式。过去很多年，三者的关系基本是单向的，即"治理模式→办学模式→教学模式"，办学模式受治理模式的制约，同时也深刻地影响着教学模式。而面向未来，它们彼此双向作用、交互影响的态势基本形成。

1.教学模式已经开始发生变革

在过去三十年里，教育界较早看到了信息技术的发展前景，国家在发展教育信息技术方面投入很大，但效果似乎不太明显，较多具有观赏性。例如，发挥的实际作用有限，市场的介入不多，健康的商业盈利模式没有出现；再如，慕课起步很响、提得很高，但在现实的应用中对高等学校教学模式的贡献并不大。然而，新冠疫情防控期间的"停课不停学""宅家教育"直接推动了教育新形态。仓促上阵的线上教学尽管看上去是浅层次的，主要是实现了课堂教学的搬移，但作用是实实在在地发挥了，并且是几千万大学生、两亿多各级各类学生的全面受益。这是了不起的成就，具有模式变革的意义，表明我们多年的投入有了真实的回报。现在商业界也非常活跃，新东方、好未来等社会教育机构纷纷踏足信息技术、人工智能教育领域。未来，有可能出现明星教师，他们的授课可以服务几万人甚至几十万人的学习。精品明星课程的出现，虽然不能完全替代地方院校教师的课堂讲授，但会使部分教师的作用变成辅导讨论，加强了课堂研讨，从而推动教学模式变化的发生。

还有实践教学如何开展、思想政治教育如何更加有效、如何以科研带教学、如何实现扎根中国大地办大学等，高等教育的各个层次类别、不同学科专业都会有所不同。如研究型大学和职业技术学院的教学会有根本性的不同，文理工农医各科的教学组织形式也定有很大不同。

今后的问题不是教学模式变不变的问题，而是如何变、如何把传统与现代结合得更好的问题，是如何把不同教学手段的长处发挥好而规避掉其弊端的问题。有两点特别重要：

第一，课堂教学、线上教学、实践教学的混合式教学，重点是培养学生的思维能力和实践能力。过去讲混合式教学谈的多是线上线下，概念内涵需要拓展，需要把实践加上，因为育人的目标方向在深化。

第二，如何实现规模化教学的个性化安排，人工智能、教学组织都是促进因材施教开展的工具与方式。技术很重要，技术是实现理想、让思想变为现实的手段。人工智能技术融入教育，对未来的教学模式改革将发生重大的影响，将显著影响教育的形态变化。

2.办学模式将会迎来系列挑战

在"双循环"背景下，高校办学模式将发生深刻变革，办学更加多元也更加复杂。最根本的是坚持和立足扎根中国大地办大学，重视信息技术对教育的深度影响，开展服务新发展格局的多种探索。在"双循环"新发展格局的背景下，办学模式的变化已经开始显现，未来的学校会更加多元和复杂。

（1）面向国内

需要深化高等学校的多种职能，整体实现各校教学、科研、服务之间的有效耦合，针对科技前沿、产业方向、区域繁荣、企业兴旺、安全发展等现实问题，达成潜心学术和开门办学的有效统一。

（2）面向国际

需要扩大开放，创新发展，重视效果，实现高水平开放，在中外合作办学、新型国际教育学院模式、网络教育发展等方面积极探索。如面对疫情对国际学生留学教育的影响，国外一些大学主动与我国高校联系，合作开展留学生国内授课模式，这就对将来高水平大学的国际教育学院建设有所启发。还需要进一步表明的是，不同高校要依据自身的定位特点开展办学模式改革探索，不能再走大一统的办学模式之路，要思考普及化阶段、智能化时代的办学特征。

（3）面向未来

"大教育"办学模式将会出现，特征是一个"融"字——教育融入社会，人工智能融入教育，学科相互融合，专业融合产业。信息技术的深入应用，纵向上有助于建立高等教育与其他各级各类教育的深度衔接，横向上有助于搭建起高校之间资源优化组合、高校与企业社会融合发展。高等教育将越来越关注资源共享，关注世界性知识资源合作，高等学校将成为对各方开放的载体平台，进而形成大教育办学格局。

3.治理模式需要早日筹谋应对

伴随着互联网在教育领域的广泛应用，网络化的公开、公平、效率诉求会不断增加，高等学校对社会开放程度会不断加剧，将对传统的科层管理模式提出挑战。教育购买服务、大数据管理、人与人交往方式、学术工作方式等也都会实质性影响行政运行体制机制，进而推动教学组织形式及教育形态业态的变化。大规模、多层次、多元协同会频繁发生，区块链技术将进一步推动教育评价的改革。这一切，会真实地让人们感受到从管理到治理的变化，未来的变革将是全方位和根本性的。

4.“四新”建设将推动以学科产业融合为基础的创新

“四新”即新工科、新医科、新农科、新文科，旨在促进学科之间融合、推动学科和产业之间融合，在融合中推动创新。

①新工科全面深化，推动新产品、新产业的出现，推动产业升级。

②新医科面向生命全周期，服务健康中国。

③新农科瞄准绿色生态，服务乡村振兴。

④新文科用中国理论讲好中国好故事，注重先进科技元素融入。

（三）高等教育体系建设的任务在加重

我国已进入高质量发展阶段，建设高质量教育体系是“十四五”时期教育工作的重点。教育体系建设，包含着对体系的科学理解、构建原则、优化依据，也包括如何看待教育自身及与社会的关系，重点方向是提高体系的自适应能力。

1.高质量教育体系建设

一个好的教育体系应能形塑美好未来、反映社会变迁、遵循教育规律、满足时代要求，各级各类教育之间衔接沟通顺畅，各级各类学校定位清晰，整个教育体系开放包容，形成面向社会的自适应调节机制。

教育体系是对一个国家教育情况的基本架构与描述，对内是路径，对外是标志，对个人成长与单位招人的影响巨大。越是成熟的教育体系越定型，这种定型不是僵化而是宏观有序、微观灵活，满足社会组织和家庭个人的多元教育需求。而教育体系的成长、成熟是一个过程，与教育的普及程度和社会的发展水平有关。

中国教育发展至今，已建立起世界上最为庞大的教育体系，该体系基本能够满足社会的多方面需求。下一步的工作重点是优化完善，让结构更加适应社会发展，让体系能够根据社会需求而进行自适应调节，还有就是把一些新兴的教育形态或已经发展起来的教育形式顺畅地融入现行教育体系之中。

完善教育体系需要处理好四种关系，即层次、类型、形态、内外间的关系。其中，层次、类型是老生常谈，常谈常新；教育形态近年来变化很大，新形态新业态不断涌现；内外主要指教育与社会。理想的状态是结构问题反馈及时，体系通常自动调节。

2.高等学校分类发展

高校分类问题在教育界已讨论了很久，一直难有定论，说明了事物的复杂性。分类是主观的、简单的，现实是客观的、复杂的，所以怎么分都会有争议。但是，作为科学研究或者政策引导，总还是需要把那些典型特征分离出来。

发达国家已形成了学术性和应用型两个体系的高等学校模式，只是界限分明程度不一。德国分明，有着上千年的行会管理传统，非常重视专业教育和职业教育，因此从业人员技术技能水平高，产品精益求精底子硬；美国不分明，但也有专业大学或专门学院的类型，是个移民国家，相对而言更重视通识教育个性张扬，所以创新意识较强，思维灵活，不拘泥传统；法国、英国、日本相对而言居中。可见，教育体系与各个国家的文化传统密切相关，也由此导致各国的核心竞争力特点不同及国家战略方向差异。当然，好的东西大家也都会彼此借鉴、努力扬长补短，如德国硬件强补软件而出台工业4.0智能版，美国软件强补硬件而实施制造业回归战略。创新如心脏引擎，应用如血液循环。中国是个大国，又是后发型国家，两方面的长处都要吸收，创新和应用都需要重视和兼顾，但各高校对模式的侧重、发展的重点一定要做到心里有数。

联合国教科文组织曾经把高等教育分为5A1、5A2和5B的做法比较接近我国的实际情况。5A为理论型高等教育，其中5A1按学科设专业以为研究做准备，5A2按行业设专业以满足产业高技术的发展要求，5B为职业技术型的高等教育。2017年，教育部在《关于"十三五"时期高等学校设置工作的意见》中提出高等教育总体上分为"研究型、应用型和职业技能型"三大类型，具有直接的指导意义。

（四）通过评价改革引导高校高质量发展

有什么样的评价指挥棒，就有什么样的办学导向。高等学校要扎根中国大地，面向中国实际，解决中国问题，服务中国发展。理解发展的重大变化，找准发展的具体方位，融入新发展格局，加强模式探索，用评价改革来实施引导，这就是推动新时代高等学校高质量发展的基本逻辑。

1.适时引导方位调整

高校评价要以积极的方式引导教育的方位调整，推动扎根中国大地办大学的伟大实践。

（1）"破五唯"需破的是过去

简单地量化指标适用于机会短缺时期或学习借鉴的粗放阶段，是典型的阶段性问题，在发展内涵发生重大变化的新时代显然已经不再合适。

（2）"破五唯"要立得起未来

未来最大的不变是变化本身，评价改革要能激发出创新活力，把变化的方向把握准、引导好，推动实现高等教育普及化阶段的高质量发展。

（3）"破五唯"要守得住本质

扎根中国大地办大学和落实立德树人根本任务，是对未来高等教育发展的本质要求，教育评价要有助于深化内涵式发展和促进学生科学成才。

2.抓住核心特征

进行评价，本质内涵是什么就评价什么，岗位要求是什么就评价什么。评价要抓准抓稳核心特征，导向明晰。中共中央国务院印发的《深化新时代教育评价改革总体方案》提出要推进高校分类评价，并聚焦"双一流"建设、应用型本科、师范教育评价提出建议，说明这三类院校具有典型意义，也是我们过去一直重点推动的工作。目的是希望它们在特色建设上积极探索，在自身科学定位上实现高质量发展，为其他高校发展作出示范，为高校分类评价积累经验。

《方案》还进一步提出要把立德树人成效作为根本标准，坚持以德为先、能力为重、全面发展，促进科学成才，说明评价的导向不能走偏。从思想政治教育、学业标准基础、本科教育教学评估、学科评估、研究生选拔等方面强化人才培养中心地位；从师德师风标准、促进专业发展、强化一线学生工作、着眼教育教学实际、改进教师成果认定、突出质量导向等方面强化教师育人职责；从鼓励高校学报向教学研究倾斜、实施教材建设国家奖励制度、完善国家教学成果奖评选制度等方面强化组织引导的科学性。

面向未来，高等学校要在扎根中国大地办学的丰富实践中开辟自己的道路，满足社会旺盛需求和自身水平提升需要，从学习借鉴向创新模式转变，在对国家、民族的贡献中建功立业，在创新发展中为世界高等教育贡献中国模式。

二、相关概念界定

（一）高等教育行业界定

中国高等教育是在完全中等教育的基础上进行的专业教育，是培养高级专门人才的主要社会活动。普通高等学校指按照国家规定的设置标准和审批程序批准举办的，通过全国普通高等学校统一招生考试（统招生），招收普通高中毕业生为主要培养对象，实施高等教育的全日制大学、独立学院和职业技术学院、高等专科学校。

高等教育行业是教育行业的子行业，主要包括普通高等教育和成人高等教育两个子行业，如表 1-1 所示。此外，高等教育行业有其相关术语，为方便读者理解，现将其涉及的一部分术语陈列于表 1-2。

表 1-1　高等教育行业子行业分类

行业	子行业	行业描述
高等教育	普通高等教育	指经教育行政部门批准，由国家、地方、社会办的获取学历的高等教育活动。指在完成高级中等教育基础上实施的教育
	成人高等教育	指经教育主管部门批准举办的成人高等教育活动

表 1-2　高等教育行业相关术语

术语	简要解释
普通高等学校	指按照国家规定的设置标准和审批程序批准举办的，通过全国普通高等学校统一招生考试，招收高中毕业生为主要培养对象，实施高等教育的全日制大学、独立设置的学院和高等专科学校、高等职业学校和其他机构
成人高等学校	指按照国家规定的设置标准和审批程序批准举办的，通过全国成人高等学校统一招生考试，招收具有高中毕业或同等学力的在职从业人员为主要培养对象，利用函授、业余、脱产等多种形式对其实施高等学历教育的学校。包括职工高等学校、农民高等学校、管理干部学院、教育学院、独立函授学院、广播电视大学、其他机构等。其他机构是承担国家成人招生计划任务，不计入校数的机构
独立学院	指实施本科以上学历教育的普通高等学校与国家机构以外的社会组织或者个人合作，利用非国家财政性经费举办的实施本科学历教育的高等学校
高等职业教育	即"高职"，指由高等学校和高等教育机构实施的旨在培养高技术人才的高等教育

术语	简要解释
国家财政性教育经费	包括国家财政预算内教育经费,各级政府征收用于教育的税费,企业办学校教育经费,校办产业、勤工俭学和社会服务收入用于教育的经费
财政预算内教育经费	指中央、地方各级财政或上级主管部门在年度内安排,并计划拨到教育部门和其他部门主办的各级各类学校、教育事业单位,列入国家预算支出科目的教育经费,包括教育事业拨款、科研经费拨款、基建拨款和其他经费拨款
毛入学率	指在校生与适龄人口之比,我国高等教育毛入学率采用高等院校在校生数占适龄人口数的比例来表示
求人倍率	求人倍率是劳动力市场需求人数与求职人数之比,它表明了劳动力市场中每个岗位需求所对应的求职人数
研究与试验发展(R&D)	指在科学技术领域,为增加知识总量,以及运用这些知识去创造新的应用进行的系统的创造性的活动,包括基础研究、应用研究、试验发展三类活动。国际上通常采用R&D活动的规模和强度指标反映一国的科技实力和核心竞争力

(二)高等教育行业细分领域分析

1.普通高等教育

普通高等教育,指主要包括全日制普通博士学位研究生、全日制普通硕士学位研究生(包括学术型硕士和专业硕士)、全日制普通第二学士学位、全日制普通本科(包括通过高考录取的四年制、五年制本科和通过统招专升本考试录取的二年制本科)、全日制普通专科(高职高专)。我国实施普通高等教育的教育机构有普通全日制本科(大学、学院)、普通全日制专科(高等职业技术学院/职业学院、高等专科学校)。

普通高等教育五大学历教育是教育部最为正规且用人单位最为认可的学历教育,学历层次从高到低依次为:博士学位证书代码(01)、硕士学位证书代码(02)、第二学士学位学历证书代码(04)、普通全日制本科学历代码(05)、普通全日制专科(高职)学历代码(06)。

普通高等教育主要分为三个层次:研究生教育、本科教育和专科教育。

(1)研究生教育

研究生教育是学生本科毕业之后继续进行深造和学习的一种教育形式,又可分为硕士研究生教育和博士研究生教育。考生参加国家统一组织的硕士生入学考试(含应届本科毕业生的推荐免试和部分高等学校经教育部批准自行组织的单独入学考试),被录取后,并在毕业时,若课程学习和论文答辩均符合学位条例的规定,可获硕士生毕业证书和硕士学位证书。研究生学历教育分为普通研究生、在职研究生。研究生学历教育的招生工作由教育部高校学生司负责。

(2)本科教育

本科教育是我国高等教育的主体,在高等教育结构中居中心地位。长期以来,本科生一直占我国高等教育学生总数的大多数,只是近年来随着高等教育大众化和高等职业技术教育的扩张,才使得专科生人数大幅度增加。

本科教育主要招收高中毕业生,学制依据不同专业,一般为4～5年;少量招收专科毕业生，一般要通过专升本考试，学制 2 年。对这一层次实施的教育包括基础理论教育、某专业或某领域的基础和专业理论知识及技能的教育。接受本科教育的学生按照本科教育大纲与计划学习有关的课程，进行实验、教学实习和社会调查，接受某些学科的科研训练，写作毕业论文与完成毕业设计。学院依据教学计划所规定的全部课程，考试合格者，准予毕业，发给本科毕业证书，授予学士学位。

（3）专科教育

专科教育同本科教育、研究生教育一样，都是我国高等教育体系中的组成部分。专科教育是在完全中等教育基础上进行的比本科学习年限短的专业教育，以培养技术型人才为主要目标。即大学专科的目标是实用化，培养出一批具有大学知识，又有一定专业技术和技能的人才，其知识的讲授是以能用为度，实用为本。

2.成人高等教育

成人高等教育是我国高等教育的重要组成部分。实施成人高等教育的学校主要有远程教育学院，广播电视大学、职工大学、业余大学、职工医学院、管理干部学院、教育学院、普通高校的成人（继续）教育学院（统称成人高校）等。

成人高等教育类型主要分为：电大教育、自学考试和网络教育。

（1）电大开放教育

电大开放教育是相对于封闭教育而言的一种教育形式，基本特征为：以学生和学习为中心，取消和突破对学习者的限制和障碍。比如开放教育对入学者的年龄、职业、地区、学习资历等方面没有太多的限制，凡有志向学习者，具备一定文化基础的，不需参加入学考试，均可以申请入学；学生对课程选择和媒体使用有一定的自主权，在学习方式、学习进度、时间和地点等方面也可以由学生根据需要决定；在教学上采用多种媒体教材和现代信息技术手段等。

（2）高等教育自学考试

高等教育自学考试简称"自考"，是对自学者进行以学历考试为主的高等教育国家考试，是个人自学、社会助学和国家考试相结合的高等教育形式，属于一个全国性质的独立教育考试体系。

（3）网络远程教育

网络远程教育是一种新兴的教育模式，其教学方式与传统教学不同，主要通过远程教育实施教学，学生点击网上课件（或是光盘课件）来完成课程的学习，通过电子邮件或帖子的方式向教师提交作业或即时交流，另有一些集中面授。截至目前，教育部批准清华大学远程教育、对外经济贸易大学远程教育学院等具备招生资格的试点网校共 68 所。

3.民办高等教育

民办教育，又名私立教育，是相对于公办教育、公立教育的教育形式，指国家机构以外的社会组织或者个人，利用非国家财政性经费，面向社会举办学校及其他教育机构的活动。《民办教育促进法》第十一条规定，举办实施学历教育、学前教育、自学考试助学及其他文化教育的民办学校，由县级以上人民政府教育行政部门按照国家规定的权限审批。民办高等教育属于学历教育，是我国高等教育事业的组成部分。

民办高等学校主要分为以下几类：

①具备颁发学历文凭资格的民办高等学校，具有颁发国家承认的学历文凭的资格。此类学校经过国家教育行政部门审批，招生时与同等的公办学历高等学校一起列入政府安排的年度计划，在校生也归于高等学历教育的统计范围。

②高等教育学历文凭考试试点学校。这些学校的入学资格比较宽松，但是，如要获得国家承认的学历文凭，须通过由政府指定的同一水平的高等教育学历文凭考试。此类试点已取消，但仍有在读学生。

③不具有颁发国家承认的学历文凭的高等教育机构（在国家教育统计指标中，不能称为"学校"，只能称"机构"）。这类机构又分为两种，大多数属于高等教育自学考试助考辅导机构，按照授课方式还可分为面授和函授等机构。针对考试科目实施教学，帮助学生参加国家统一组织的年度自学考试。累计所有考试科目及格后，由国家自学考试主管机构颁发毕业文凭。少数属于高中后的非学历职业教育培训机构，根据市场需求，提供期限不等的专业知识或者技能培训，有的针对学员取得职业（执业）资格证书的需要，也有的满足学员更新专业知识技能、接受继续教育的需求。

在以上三类民办高等教育机构中，还有中外合作举办的高等教育和非学历培训活动，有些属于与国外私立大学合作，有些与国外公立大学合作但采取民办机制，通常以中方大学分校或者内设学院（专业）的形式办学。这类学历教育在校生数通常列入中方高校的年度计划和统计范围，但非学历的高中后培训活动未单独统计。

此外，还有公办普通本科高校按新机制、新模式举办的二级独立学院，即近年来随着高等教育的扩展，部分地区的公立高校进行试点，引入民办机制，设置独立办学、独立核算、独立招生和独立颁发学历证书的本科层次的独立学院。

（三）教学评价

1.教学过程

教学过程（Teaching Process），是指教学活动的展开过程，从教育学的角度对其解释为"教师根据教学目的、任务和学生身心发展的特点，通过指导学生有目的、有计划地掌握系统的文化科学知识和基本技能，发展学生智力和体力，形成科学的世界观及培养道德品质、发展个性的过程。"

狭义和广义的教学过程概念分别为：

狭义的教学过程主要指的是一节课或一个单元的教学所占有的时间，通常包括：

①启发动机，激发求知欲望。

②感知知识点，发展观察能力。

③理解知识点，发展思维能力。

④巩固知识点，发展记忆能力。

⑤运用知识点，形成技能技巧。

⑥检查知识点，调节教学活动等几个阶段。

广义的教学过程是指师生在共同实现教学任务中的活动状态交换及时间流程，它包含了相互依存的教和学两方面，是教师与学生双向活动的过程，包括制定教学计划、准备教学、讲授课程、作业处置、评价反馈等全过程。

2.教学质量

教学质量，可视作是学校教学的一种"产品"，既然是"产品"，自然就有优劣程度之分，但同时教学质量这种"产品"又与一般意义上的产品有着根本区别，例如，没有实物、个体感受差异较大等。因此"教学质量"比一般的"产品质量"含义要广泛、复杂和深刻得多。近年来随着西方学术界在高等教育中全面推行质量管理理论，教学质量已经突破传统的"产品质量的标准"或者"目标的实现程度"等概念，更多地被视作是一个贯穿整个教育学过程的术语。

目前我国对"教学质量"的代表性学说有以下三种观点：第一种，教学质量是指教学过程及其效果所具有的、能用以鉴别其是否符合规定要求的一切特性和特征的总和；第二种，教学质量是指教师的教学行为与学生学习行为满足既定教学目标的程度；第三种，教学质量是人才培养结构的整体结构，是一个不断发展的系统，是学校办学和教学管理的总体成果，是一个不断发展提高的动态过程。

以上对教学质量的多种解释没有本质的区别，只是观察角度不同。如果从教育教学的发展规律考虑，教学质量的需求主体是社会和人，那么教学质量就是"教学活动和现象协调满足社会和人两方面需求的特性"。

3.教育评价和教学评价

评价（Assessment）的定义是"衡量人或事物的价值"。与教育相关的评价可以分为教学评价和教育评价。"西方现代教育评价之父"泰勒（R.W.Taylor）认为："评价过程在本质上是确定课程和教学大纲实际实现教育目标的程度的过程"。这种认识着眼于效果，强调通过评价判断教育目标或教育计划的实现程度。

美国教育评价标准联合委员会（Joint Committee on Standards for Educational Evaluation）则认为："评价是对某些现象的价值，如优缺点的系统调查。"如果使用公式表示就是：

$$评价 = 测量（量的记述）+ 非测量（质的记述）+ 价值判断$$

教学评价是根据教学目标和教学原则的要求，系统地收集信息，对教学活动以及教学成果给予价值判断的过程。而教育评价是判断和衡量各教学环节的手段，具有区分与优选、诊断与改进、激励与导向的作用。在本文中，教学评价被视作教育评价的非常重要的组成部分，并不仔细去区分两者的区别。

（四）评估指标体系

指标是对评价对象在发展过程中的需求、现状、问题、方向进行科学衡量的有效工具，可以直接或间接地衡量事物的变化。评估指标是依据评估的目的，将能反映评估对象的本质特征按照一定的标准和方法分解成具体的要素，是对评估对象进行价值判断，可以用于调控评估对象的行为。而评估指标体系则是将所有反映评估对象本质特征的要素按照一定的逻辑顺序组成一个有机整体，即将评估指标按照一定的标准排列，能全面反映评估对象的本质特征。每一个评估指标只反映评估对象的某一个本质特征，而评估指标体系则是要能够全面地反映评估对象的所有本质特征，实现对评估对象的价值判断。评估指标体系一般由指标系统、权重系统和标准计量系统三个系统构成。指标系统是反映所有指标的内容，权重系统是反映各个指标在整个指标系统中的地位以及各指标间的关系，而标准计量系统则是对指标内容进行测量统计的方法以及标准。由于评估目的有所不同，部分评估指标体系不包含权重系统。

三、文献综述

（一）国外相关研究现状

"现代化"一词来源于西方，从词义看"现代化"（modernization），是 to make modern，即"转变成为现代化"。早期是指从 18 世纪后期开始的以工业革命为标志的人类社会从传统农业社会向现代工业社会过渡与转变的过程。国外相关研究主要包含现代化理论、高等教育现代化以及高等教育指标体系三个方面。

1. 关于现代化理论的研究

西方现代化研究始于 20 世纪 50 年代，在不断地批判与探索中，形成了丰富的现代化理论体系。可大致分为三个阶段：经典理论时期（也称为狭义现代化理论）、对经典理论的批判时期、现代化理论探索时期。

20 世纪 50~60 年代的经典现代化理论研究，是在经济、政治、社会、历史等多学科的综合研究中开始形成，由于各个理论提出的历史背景和学科视角不同，对现代化概念的含义理解也各不相同。在经济学领域中，最负盛名的是美国经济学家罗斯托，其在 1959 年出版的《经济增长的阶段：非共产党宣言》一书中提出了"经济增长阶段论"，从经济视角出发，将人类社会的历史分为传统社会、为起飞创造前提的社会、起飞阶段、走向成熟阶段、大众高消费以及追求生活质量阶段六个阶段，这六个阶段循环往复、依次更替。在社会学领域中，美国社会学家帕森斯创立"系统—功能理论"，认为随着社会的进步，社会系统功能的分化程度将不断增大，分化程度越高，现代化程度就越高，能够最大限度地、充分地满足社会生存和发展的需要，因此可以说现代社会制度是人类社会发展的最高阶段。在政治学领域中，阿尔蒙德在借鉴帕森斯的系统—功能理论的基础上，从政治学视角提出现代民主社会是由专门的、正规的政治体系结构创造出来的，其重要特点是具备高度的结构分疏化，每一个政治结构都有其主要功能。在心理学领域，斯坦福大学的英克尔斯教授，在其著作《人的现代化》《从传统人到现代人——六个发展中国家中的个人变化》中，从心理学角度研究现代化，强调探讨"人的心理特征是否能够适应现代社会要求，是否跟上现代社会的节奏"的重要性。在历史学领域，美国学者西里尔·布莱克以社会结构和政治为标准，以全世界范围内现代化的不同道路为对象进行了比较研究，提出了"比较现代化理论"。

20世纪60~70年代依附理论和世界体系理论研究对经典理论的批判，早期经典现代化理论不仅未能带来社会的全面发展，反而造成发展中国家经济上对外依赖、政治混乱和社会动荡。经典现代化理论的乐观态度及其理论内涵受到质疑和挑战：以色列学者艾森斯塔德指出传统的瓦解与现代性的建立并不是一个同步的过程。非西方国家对欧洲现代性的保留程度取决于各国具体国情。印度孟买大学赛德教授一针见血地指出，经典现代化理论所强调的资本主义发展模式的普适性，是用简单化地和机械化的观点去看待发展。依附理论代表人物德国学者安德烈·冈德·弗兰克（Andre Gunder Frank）以及埃及学者萨米尔·阿明（Samir Amin），用"中心"和"外围"之间的不平等关系来解释发展中国家不发达的原因。他们认为正是西方发达国家的剥削和掠夺导致发展中国家不能实现现代化，只有与西方国家脱离关系，摆脱它们的剥削和控制才能取得发展。世界体系论是沃勒斯坦（Immamuel Wallerstein）等人于20世纪70年代中期提出的，该理论用体系观点来分析整个世界及其组成部分的发展与变革，将整个世界作为一个统一的整体，探讨总体的发展规律，从总体的发展过程中分析作为部分的国家的发展。

20世纪70年代后的新发展，伴随着知识经济、信息化和全球化的来临，世界发展格局发生了变化，现代化理论也呈现出一些新的形态。有以贝尔为代表的研究发达国家未来发展趋势的后工业社会理论。以英格哈特（Ronald Inglehartt）为代表的将人类幸福的最大化作为社会核心目标，关注人类生活质量的提高的后现代化理论。以贝克（Ulrich Beck）吉登斯（Anthony Giddens）和拉什（Scott Lash）为代表，强调自我对抗性的自反性现代化理论；有注重个案研究、提倡发展中国家寻求适合自己发展道路的新现代化研究；以法国著名社会学家弗朗索瓦·佩鲁（Francois Perroux）为代表的克服单一的经济增长论的弊端，关注文化价值在经济增长中的重要作用，强调探寻符合自身文化价值的发展模式的创新发展观，以及针对世界发展新问题、新情况的新发展观以及强调在提高生活质量的同时保证赖以生存的生态系统可持续发展的可持续发展理论。

2. 关于高等教育现代化的研究

无论是在"高等教育现代化"为主题的国际会议上，还是国外数据库中，几乎没有关于高等教育现代化的直接表述。正如日本学者米泽彰纯所说，在他们国家的相关研究领域从未听到过高等教育现代化的概念。国外对高等教育现代化进行的研究大多侧重于高等教育与社会现代化的关系上，以及高等教育质量上，从本质上说较为关注人的现代化。以色列学者艾森斯塔德把教育视为讨论社会现代化问题不可缺少的重要方面；比较教育家安德森（C. A. Anderson）独具慧眼将现代化理论引入比较教育的研究中，将教育与国家现代化的关系问题作为其研究重点，认为发展教育是实现各国现代化的关键；新现代化理论强调教育在整个社会现代化过程中的经济增长、社会结构和综合国力构成中的战略性和基础性。支出特别是高等教育机构已经从社会的边缘走向经济发展的中心，"大学日益成为后工业社会的主要机构"。俄罗斯学者 Г.В.穆哈敏特加诺娃从高等教育现代化改革举措出发，对俄罗斯高等教育现代化进程进行了梳理，进一步强调了高等教育质量的重要性。

3.关于高等教育指标体系的研究

为了更加有效地了解世界各地的教育发展状态，OECD（经济合作与开发组织）、UN-ESCO（联合国教科文组织）、世界银行等世界组织在 20 世纪末相继开发了自己的教育指标体系。但总体来讲，专门研究高等教育现代化指标体系的不多，欧洲经济合作与开发组织 OECD 在 20 世纪 70 年代开始进行教育发展指标体系的研究，该指标体系是以人力资本理论为基础，以 CIPP 分析模式为框架形成的较为完整的指标体系。其中，包含高等教育指标有：高等教育毛入学率、高等教育毕业率、高等教育生均支出及占人均 GDP 比例、高等教育经费支出占 GDP 比例、高等教育学费及学生生活补贴、高等教育人口比例、留学生情况、成人继续教育率、高等教育生师比、高等教育学历的全职就业率等。联合国教科文组织 UNESCO 关于教育发展评估发表在《全球教育监测报告》中，由教育供给、教育需求、入学和参与、教育内部效率以及教育产出五个方面构成，共 22 个指标。世界银行（World Bank）是以一个国家经济与社会发展为依据建立的教育指标体系，包括教育投入、受教育机会、教育效率、教育成果、性别与教育五个方面，共 16 个指标。联合国教科文组织以及世界银行的教育评估指标更多的关注儿童及青少年教育现状，较少涉及高等教育，但其评估框架值得我们借鉴。

（二）国内相关研究现状

现代化引入我国教育发展战略以来，我国的学者一直对此热情不减。自 1951 年至今收录在 CNKI 上主题有关"高等教育现代化"的文献一万余篇。其中关于现代化、教育现代化以及高等教育现代化相关概念的研究十分深入，为我国教育现代化实践以及研究奠定了坚实的基础。研究在"中国知网"所认定的"中国学术期刊网络出版总库""中国优秀硕士学位论文全文数据库""中国博士学位论文全文数据库"，以及维普中文科技数据库、万方数据知识服务平台中以"高等教育现代化"为题名作为检索条件，1981 年至 2017 年进行跨库检索。1997～2017 年相关文献检索情况见表 1-3。

表 1-3 1997～2017 年相关文献检索情况统计表

数据库名称	关键词	总数	题目中包含关键词	核心期刊
维普中文科技数据库	高等教育现代化	330	231	115
	高等教育现代化指标体系	12	11	7
万方数据知识服务平台	高等教育现代化	619	141	—
	高等教育现代化指标体系	9	4	—
CNKI 中国知识资源总库	高等教育现代化	1012	226	—
	高等教育现代化指标体系	10	6	—
中国期刊全文数据库 CNKI	高等教育现代化	861	181	77
	高等教育现代化指标体系	5	5	3

相关研究主要围绕高等教育现代化相关概念、高等教育现代化评价指标体系的构建、省域高等教育现代化发展问题的研究等方面展开。

1.关于高等教育现代化相关概念的研究

1983 年，邓小平同志借为景山学校题词的契机，明确地将教育与现代化相结合起来，提出"教育要面向现代化，面向世界，面向未来"的教育发展战略目标，教育现代化研究成为学者研究热点，这一时期关于高等教育现代化相关研究主要蕴含在教育现代化之中。后来随着研究的深入，高等教育现代化才逐渐从教育现代化中脱离出来，因此国内学者关于高等教育现代化概念的研究主要分为以下两个阶段：

融合于教育现代化概念之中，顾明远教授从人的现代化的角度出发，认为教育现代化是从全民学习的需求出发，以先进科学技术作为支撑、贴近社会实际生活的教育。褚宏启教授从"教育"和"现代化"的本质出发，他认为现代化的本质是现代性的增长，因此将教育现代化界定为：与教育形态的变迁相伴的教育现代性不断增长和实现的过程。谭松华从教育系统全面进步的角度探讨了教育现代化的基本内涵与特征，提出应从时间维度和价值维度两方面来理解教育现代化。

对高等教育现代化概念的探讨，何传启教授认为高等教育现代化，就是高等教育的世界先进水平，以及追赶、保持这种世界先进水平的行为和过程。睢依凡教授曾指出高等教育现代化是以国际高等教育最高水平、最先进状态为参照的目标体系和追求，是具有时空局限性的相对概念，反映未来某阶段或现实高等教育发展的最高水平及其综合实力的最强状态。俞冰等学者则认为高等教育现代化是一种世界范围内的高等教育发展历程，是社会现代化背景下高等教育领域发生的急剧变革，是指发展中国家有计划、高效率地学习、借鉴和模仿发达国家世界高等教育，以期迅速改变落后状况的发展过程。高等教育的现代化涉及高等教育领域的各个方面，包括高等教育的理念、质量、受众、功能。

此外，一些学者从高等教育现代化本质出发，对高等教育现代化概念进行探讨。尹达、徐凤两位学者在其文章中指出人性的回归不仅是高等教育现代化的根本标志，也是促进高等教育现代化不断发展的内在动力，更是高等教育现代化的本质内涵。李国仓认为高等教育现代化的独特本质就是培养学生由传统性向现代性转变的达成能力，这是高等教育在教育现代化过程中的神圣使命，也是我们需要对高等教育现代化进行单独研究和实践发展的根本原因。蔡雨沁从"人本论"的价值视角出发，认为教育现代化内涵，就是在教育未来特性影响下人的现代化问题。朱有明则指出高等教育现代化实质是：教育观念、教育内容、教育装备、教育管理等方面的现代化发展。

2.关于高等教育现代化指标体系的研究

高等教育现代化指标体系的建立为高等教育现代化的评估提供了依据，推动高等教育现代化发展，我国学者从评价维度和指标体系的初步构建两个层面对这一问题进行了探讨。

对高等教育现代化评价维度的探讨，史贵全则从民族化的角度提出在高等教育国际化的同时，民族化也是中国高等教育现代化发展应有的趋势。顾冠华教授内、外两个视角对中国高等教育现代化的目标展开分析：教育体制内部主要包括高等教育思想观念的现代化、教育教学内容的现代化、教育制度的现代化、教育物质条件和技术手段的现代化；就教育体制外部而言，主要包括高等教育发展的民主化、法治化、大众化、终身化、国际化、创新化等。睢依凡教授认为高等教育现代化由以下六个要素构成：高等教育的普及化，高等教育的高质量，高等教育的善治结构，高等教育的国际化，高等教育的信息化，高等教育的学习化社会。

对高等教育指标体系的初步构想。比如，王洪才对高等教育的毛入学率、高等教育的课程设置等主流量化指标进行了分析，并在指标体系中要有定性指标的体现。刘智运则从高等教育规模指标、高等教育质量指标、高等教育结构指标、高等教育投入指标以及高等教育观念指标五个层面出发，提出一套较为完整的指标体系。李硕豪等学者对东中西三省高等教育现代化进行比较研究时，评估指标分为三个层面，输入评估、过程评估以及输出评估。输入评估包括保障度和统筹度两个一级指标，过程评估包括普及度、开放度、质量度、公平度四个一级指标，输出评估包括贡献度一个一级指标。

3.关于省域高等教育现代化发展问题的研究

丁晓昌指出加快推进高等教育现代化是推进省域高等教育转型的必然要求，要统筹省域高等教育发展与地方经济社会发展，以人的现代化为核心，以人民满意为标准，以制度创新为保障。广东省是最早进行高等教育现代化指标体系研究的省份，1997年刘晖教授对广东省高等教育现代化指标体系进行分析探索，建立了一套以规模、效率、质量、资源为一级指标，科学合理筛选有代表性、信息量大的相关概念为二级指标，操作性概念为三级指标的高等教育现代化评估体系。朱益明从上海高等教育现状出发，构建了一套包含规模、结构、质量、经费与管理五个层面的指标体系，并在核心指标的基础上提出了扩展指标。"李洁对甘肃省高等教育现代化进行了研究，虽未提出一套系统的指标体系，但从高等教育现代化指标的共性和甘肃省省域指标特性出发，提出了"信息化、普及化、国际化"等目标。刘凯等人对国内现有高等教育现代化指标体系进行了比较分析，以高等教育现代化的内涵特征为出发点，结合西藏高等教育生态，提出了"高等教育观念、教师队伍、高等教育体制与管理、高等教育结构、高等教育人才培养、科研与社会服务、高等教育办学条件"七个高等教育现代化核心要素。

（三）相关研究评述

综上可知，高等教育现代化成为教育学者关注的对象，在相关概念、核心内涵等理论以及实践方面都取得了一定的成果。国外关于"现代化""教育现代化"的理论分析深入具体，为我国高等教育现代化研究奠定了坚实的理论基础。高等教育现代化并非我国独创，但国内关于高等教育现代化的研究相当丰富，不仅研究涉及面广，理论分析深入，还对理论与实践的结合做了尝试，逐渐形成体系。在高等教育现代化的概念、本质、表现特征、构成要素、评估指标体系等方面的理论成果已经十分丰富。但对高等教育现代化没有形成统一理解，不少教育工作者将高等教育现代化片面理解为办学条件的现代化。关于省域高等教育现代化研究是我国学界当前阶段的研究重点及未来趋势。现有成果中，江苏省、广东省、上海市等地区以 OECD 教育指标为参照物，研究较为充分；也有甘肃、西藏等西部地区，以东部地区为参照物，研究多为指标的初步构想。针对浙江省高等教育现代化相关问题的研究成果十分缺乏。

第二节　高等教育评价的发展、理论沿革和主要模式

一、高等教育评价的内涵阐释

教育评价是根据既定教育理念和教育目标，通过科学指标体系，利用客观计量方法和现代信息技术手段，对教育理念、教育过程和教育结果的相关情况进行分析和价值评判，为教育决策提供依据并使之不断完善的活动。高等教育评价就是对高等教育办学相关情况进行科学评判。只有将教育评价贯彻高等教育始终，才能完善育人机制，健全教育机制，优化培养机制，改进创新机制，推动高等教育治理体系和治理能力现代化，促进高等教育高质量发展。

（一）开展高等教育评价是坚持立德树人基本导向的需要

没有科学的评价，就没有科学的管理，也难有科学的决策。高等教育的立身之本在于立德树人，这既是对中华传统教育先进思想的弘扬，又是当今时代社会发展的现实需要，更是实现中华民族伟大复兴的战略需求。对高等教育进行科学评价，可以确保高等教育能够培养有德行、有才学、有根基、有格局的时代新人，促使受教育者将个人的价值追求和理想与社会的整体发展目标结合起来，使个人命运同社会和国家命运紧密相连。

《深化新时代教育评价改革总体方案》的出台，旨在进一步明确办学导向，充分发挥教育评价的引导作用，推进教育评价关键领域改革，确立科学的育人目标。高等学校要把握好高等教育正确的发展方向，找准高等教育科学的评价导向，以全面深化教育评价改革为切入点，抢抓高等教育发展"善治"要素，不断提升内涵建设水平，促进高等教育高质量发展，努力开创我国高等教育发展新局面。

（二）开展高等教育评价是提升高等教育治理水平的需要

做好高等教育评价是全面深化高等教育改革的重要内容，是提升高等教育内涵的有效手段，也是完善高等教育治理体系和提高治理能力的关键环节，更是全面厘清高等教育发展方向、体现高等教育各要素价值的重要方法。新时代的高等教育评价范围越来越广，评价结果导向逐渐与物质奖励脱钩，正在从制度上和实质上重视高等教育评价对高等教育的决策服务作用。搞好高等教育评价的主要路径是通过对高等教育开展系统性和实证性研究，采用定性和定量评价相结合、远程监测和实地考察相结合的方法，借助现代信息技术手段，对高等教育发展内涵建设的价值要素进行精准分析和评估，建立科学合理的高等教育测评体系。提高高等教育治理水平，既要加强内部治理、提升内涵建设水平，理顺内部

管理体制机制及其运行过程，又要处理好与政府、社会的外部关系，形成政府法治、高校自治和机构共治的"善治"模式，达到以评促建、以评促改的目的，稳步推进高等教育治理体系和治理能力现代化。

（三）开展高等教育评价是营造民主科学教育生态的需要

高等教育在不同历史时期的发展重点和服务供给是有所不同的。受现实条件限制和其他深层次因素的影响，出现了高等教育评价一刀切的现象，如评价学生唯分数，评价质量唯升学，评价毕业生唯文凭，评价水平唯论文，评价人才唯帽子。这种狭隘功利的评价标准，导致很多急功近利现象的发生，扰乱了高等教育民主科学、开放包容的良好生态，严重偏离了高等教育立德树人的根本目标任务。用科学的教育评价导向引领教育发展，就是要使高等教育回归本质、回归规律、回归初心，用更加综合和多元的评价方式，关注教育对象的培养过程，克服"五唯"顽疾，营造良好的发展环境和学习氛围。在评价学生方面，更加重视德育、体育、美育和劳动教育在高等教育人才培养中的作用，同时探索建立学分银行制度，推动多种形式学习成果的认定、积累和转换；在评价教师方面，杜绝以"帽"取人，打破重科研轻教学的局面，提高学术贡献、社会贡献以及支撑人才培养等方面的贡献率，鼓励把论文写在祖国的大地上。积极探索加大过程评价力度，减少结果评价权重，加强"善治"研究，提升增值评价，健全综合评价，进一步完善破立结合、科学合理、与时俱进的新时代教育评价体系。

二、高等教育评价的历史演绎

（一）高等教育评价的萌芽起步阶段

我国教育评价源于古代的考试制度。唐朝通过定期考试把学生的考试成绩等次作为考核教师的重要标准，是我国出现最早的教师评价，同时也是最早的教育评价。明朝推行的考试年度积分制，是我国教育评价从定性评价到定量评价的开端。受西方教育测量运动的影响，教育测量理论和方法从美国传入我国。1922年美国教育测量学家麦柯尔应邀来我国讲学，详细介绍美国"教育测量运动"，助推了我国教育评价工作。1930年以后，教育评价理论渐起；1942年被誉为"划时代的教育评价宣言"的《史密斯—泰勒报告》的发表，标志着现代意义上的教育评价理论与方法的诞生。19世纪60~70年代，教育标准化测验和教育目标分类研究带动了教育评价的根本性变革。1973年以后，大量教育评价文献问世，专业评价机构和评价人员开始出现，在高等学校也开设了评价理论和技术课程。

（二）高等教育评价的开创发展阶段

19世纪80年代，我国正式开展了教育评价研究并迅速发展起来，经历十年左右的教育评价制度化建设时期。1985年，出台了《中共中央关于教育体制改革的决定》和《关于开展高等教育评价研究和试点工作的通知》，正式全面开启了我国高等教育评价及研究工作。随后，各级教育主管部门成立了教育督导室，《高教评估信息》作为第一本高等教育评价专业杂志成功创办。1990年，原国家教委颁布了《普通高等学校教育评估暂行规定》，作为新中国成立以来第一个关于教育评价的纲领性文件，标志着我国教育评价的理论和实践工作走向了制度化和规范化。1994 年，全国高等教育评估研究会成立，同年教育部启动本科教学工作评估。

（三）高等教育评价的规范推进阶段

19 世纪末 20 世纪初，高等教育评价的组织机构不断健全，1998 年《中华人民共和国高等教育法》《关于加强教育督导与评估工作的意见》《关于进一步深化本科教学改革全面提高教学质量的若干意见》《教育部关于普通高等学校本科教学评估工作的意见》《国家中长期教育改革和发展规划纲要（2010—2020 年）》等文件出台，进一步完善了制度体系，尤其是社会层面出现了专业教育评估中心和第三方教育评价机构，进一步完善了高等教育评价的体系架构。近期，中共中央、国务院印发《深化新时代教育评价改革总体方案》，作为新中国第一个关于教育评价系统改革纲领性文件，指导新时代教育评价的深化改革，破立并举，把立德树人成效作为根本标准，旨在扭转不科学的教育评价导向，推进教育评价关键领域改革取得实质性突破。

三、高等教育发展质量评价的理论与现实依据

任何一项理论命题的提出都有其相应的理论与现实依据，教育研究更是如此。对"高等教育发展质量评价"而言，其理论与现实依据主要体现在以下两方面。

（一）高等教育发展质量评价的理论依据

发展是人类自古以来的追求，人类对发展问题的理论思考至少已有数百年的历史，但严格意义上的发展研究是在第二次世界大战以后才产生的。时至今日，世界范围内的发展研究已经成为国际社会科学界一个经久不衰的重大课题。尤其是进入 21 世纪以来，有关社会发展的问题受到了全社会的普遍关注。这是世界各国，尤其是发展中国家致力于现代化进程之中在理论上的反映。在此过程中，随着对传统发展观的反思，人们对于发展概念的理解即所谓"发展观"，也在发生着一些变化，总的趋向是更加关注发展问题。无论是政治领域、经济领域，还是教育领域，越来越多的人认识到，在外延式的增长模式难以为继，粗放式规模扩张已走到尽头的今天，必须进一步强调"发展质量"，彻底与传统的把手段当成目的的、以"量的扩张"为特征的发展模式划清界限，在保持较高发展速度的条件下，走出一条以质取胜的、持续与协调的发展道路。为此，我们认为很有必要在以往高等教育发展的理论研究和实践探索中，已经对发展的质量问题有了逐步加深认识的基础上，把"发展质量评价"作为一个新的科学范畴和一个有认识价值的新的概念提出来。

（二）高等教育发展质量评价的现实依据

近年来，我国高等教育的规模发展取得了较大的成就，在一定程度上满足了人民群众接受高等教育的需求，提升了我国人力资源开发水平，提高了我国的综合国力和国际竞争力，标志着我国高等教育面临新的发展机遇，预示着我国高等教育将步入一个崭新的发展阶段。但从目前的实际情况来看，高等学校在发展过程中还存在诸多问题，诸如对科学

发展观的认识和理解还不够深入，办学理念和办学视野还不能很好地适应快速发展的新形势，高校的办学特色还不够鲜明，自主创新和服务经济社会发展的能力有待进一步提高，内部管理体制改革还需进一步深化，学科及专业布局效果还不够理想，教育优先发展的战略地位尚未得到完全落实，等等。解决这些问题，最终要靠发展，特别是坚持不懈地推进高校的科学发展、和谐发展。而通过评价高等教育的发展质量，不仅能够及时诊断和发现高等教育发展中存在的问题，还有利于研究问题、解决问题，以指导和帮助各高等教育机构进一步坚定发展信念，理清发展思路，把握发展规律，转变发展方式，破解发展难题，提高发展质量和效益。从这一意义来看，高等教育发展质量评价的提出，不仅是必须的，而且是紧迫的。

四、高等教育评估发展的现状

高等教育评估在加强高等学校宏观管理、改善办学条件、端正办学指导思想、深化教育教学改革、加强教学管理、提高教育教学质量方面起到了十分重要的作用。然而，从目前对高等教育评估研究的现状来看，研究者多是从实践角度出发展开的应用研究，或宣传、介绍国外理论和方法的比较研究。"未形成具有中国特色的高教评估理论体系，更谈不上高等教育评估理论研究的超前性"。基于此，以评价论的相关研究为基础，探讨高等教育评估的本质、评估主体、评估对象、评估标准等基本问题。

（一）高等教育评估的本质是价值判断

所谓评估是指对事物或人的一种估量性价值判断的过程。教育评估是教育科学的一个重要分支，对于教育评估概念的界定。目前学界还没有一个统一的、严格的定义，一般学者认为"高等教育评估是按照一定的指标体系，采用科学的、客观的方法，系统地收集、整理评估客体有关教育活动及其效果的数据资料等信息，并对之加以分析，形成对其社会价值的判断的过程"。这一概念以"社会价值"作为判断的依据，突出了教育评估社会服务的价值取向，而忽略了教育评估对个人发展的积极意义。高等教育评估应以马克思主义哲学为指导，在价值取向上应充分考虑高等教育对社会和个人的双重价值。基于此，我认为教育评估是根据一定的目的和标准，采用科学的态度和方法，对教育活动中各要素及其运行效果，进行质和量的价值判断的过程。高等教育评估则限定于高等教育领域中的评估活动，两者本质上都是评价活动。

从哲学上分析，评价活动是一定评价主体对价值关系的现实结果或可能后果的反映，其本质是价值判断。所谓价值关系，是客体满足主体需要过程中产生的主客体关系。价值关系与价值不同，是内在的、隐藏的、不能被直接认识的，是事物之间内部的相互作用、相互制约和相互影响，必须借助观察，依靠理性才能把握。评价主体既可以是价值关系主体（主体Ⅰ），也可以是对价值关系已有认识的独立于价值关系之外的其他主体（主体Ⅱ）。评价对象是存在于价值关系运动的效果或后果之中的价值事实，是价值关系的现实结果或可能后果的反映。价值事实不同于科学事实，是主客体之间价值关系运动所形成的一种客观的、不依赖于评价者主观意识的存在状态。作为价值判断活动，评价标准是人们在评价活动中应用于对象的价值尺度和界限，其基本前提是人的社会需要和利益，以及客体、现实的本性和规律。高等教育评估符合评价活动的一般规律，本质上是评估主体对高等教育社会价值与个人价值进行的价值判断。

基于上述对高等教育评估本质的分析，不难看出作为一种质和量的价值判断的过程，教育评估的目的本身并不只是局限于对评估指标、各种数字资料的统计分析。更重要的是在分析量的基础上，形成质的判断。针对当前种种对高等教育评估，特别是本科教学工作水平评估中出现的负面现象的苛责，不难看出"异化"的教育评估只是在简单满足数量上要求的一种应付状态，背离了高等教育评估的本质，更谈不上评估质量的优劣问题。

（二）评估主体的多元化与中介化

评价作为一种主体性的活动，随着主体的不同而产生不同的评价结果。不可否认，评价活动作为人类的一种认识活动，在评价活动中总有主体"我"在其中，包含着主体的态度、选择、情感、意志等非客观因素。从这个意义上看。高等教育评估中不同的评价主体会带有不同的主体性因素，"大学评估要能达成预定的目标，则参与的成员中必须同时包括大学内部的人员及外部的成员，包括大学教师、行政人员、学生、民意代表、政府行政机关代表、企业界人士，如此大学评估活动才能促进进步与改善"。单一的评价主体形成的评估结果难免偏颇，只有多元的评价主体才能形成较为全面、客观的评估结果。高等教育评估内容众多，评估主体的选择应首先考虑评估的目的和需要。

从高等教育评估系统中各角色间的关系可以看出，高等教育的评估主体包括上级政府部门、地方政府部门、委托研究机构、委托研究企业、学生、社会捐助人士以及高校自身的行政人员和教师。然而，不同的评估主体都有自身不同的价值追求。如经济角度的预算监督与审核、研究项目角度的研究结果评估和人才培养角度的教学满意度评估等。可以看出，高等教育评估是一个复杂的系统工程，无论是评估目的需要，还是评估结果的需要，高等教育评估主体必然是复杂的和多元的。如何实现评价主体的多元与评价效果的优化，评价主体的组织建设就成了关键。

在评估机构的设置上，各国高等教育评估架构大致分为官方组织、半官方组织（隶属政府但独立运作）以及民间团体三种。具体来看，美国高等教育评鉴团体为民间团体组成，为内部评鉴的代表，以自愿性、非官方及多元性的同行自我评鉴为特色；英国的高等教育评鉴方式较多元，分为 QAA 及研究评鉴单位 RAE。QAA 为受到高等教育经费委员会（HEFC）契约委托的独立法人机构学术评鉴的单位，为半官方机构；RAE 为官方色彩的研究评估小组，属高等教育经费委员会（HEFC）管理；法国的国家评鉴委员会（CNE）虽为官方组织，但不隶属于任何政府单位，为独立运作的机制；德国的高等教育评鉴制度为双元评鉴机制，主要负责机构由介于联邦政府与高等教育之间的中介机构完成；荷兰 VSNU 是一个由大学行政单位与外部访评委员会所组成的民间大学教育评鉴团体共同组成的联盟。至于澳大利亚的 AUQA 在性质上属于独立、非营利形态的国营股份有限公司，由教育、训练、青年事务部长审议会决议后设立。日本的"大学认可协会"则是由各大学自组的民间团体。纵观上述国家的高等教育评估机构，各国多由半官方或民间团体实现对高等教育的评估。

在我国，目前高等教育评估机构多由中央和地方政府部门主导。以高校本科教学工作水平评估为例，评估的组织机构为教育部下设的评估处和高等教育评估中心开展，设置全国普通高等学校评估专家委员会及其秘书处，根据评估工作需要组织若干评估课题组和赴学校考察的专家组。在高校的评估中，从评估的不同阶段上看。评估的主体包括高校自身和评估组专家。评估专家由教学管理人员、学科专家和教育科学研究人员构成。而上述人员与组织机构都为高等教育内部成员，缺乏来自高等教育外部的评价主体参与。

理论上的分析和世界高等教育评估机构发展的趋势与潮流表明，我国应尽快建立介于官方和高校之间的评估机构，实现第三方评价，"民办官助是一种可供尝试的适合中国国情的评估机构模式"。在评估专家的选聘上，应广泛吸收社会贤达人士，特别是关心教育发展、对教育教学有一定研究的各界人士共同参与，实现评价机构的中介化和评价主体的多元化。

（三）评估对象的主体性与客观性

高等教育评估本质上是一种价值判断，其评估的对象是高等教育领域中主客体相互作用产生的价值事实。所谓价值，是客体满足主体需要产生的一种效应。一方面。价值离不开物的内在属性，物的内在属性是价值的物质承担者；另一方面，价值又离不开人的需要，需要是人类生存和发展、进行各种活动的内在动因和客观依据。价值关系与价值不同，价值是一种效应，是一种感知的存在，是外在的、表面的、可以直接认识的；价值关系是产生这一效应的主客体之间的关系，是复杂的过程，是内在的、隐藏的、不能直接认识的。价值关系有其前提（主客体的存在和主体的需要）、过程（主客体相互作用和实践—认识活动）和结果（主体感受和客体变化）。评价的对象不是价值本身，也不是价值关系，而是价值关系中的结果——价值事实。价值事实作为评价认识的对象，是主客体之间价值关系运动所形成的一种客观的、不依赖于评价者主观意识的存在状态。高等教育评估的对象是评估主体与高等教育之间价值关系运动产生的结果。

以目前我国普通高校本科教学工作水平评估为例，评估的主体是代表国家的教育部，直接评估者是评估专家组成员和高校自身。评估按照一般程序，依据评估指标体系，历经院校自我评估、专家组现场考察和整改三个阶段。然而高校本科教学评估的对象究竟是什么？是评估主体对高校教学质量的要求？是高校本科教学工作的现实状况？还是评估的指标体系？评估所要认识的事实，不是主体自身的主观意图，也不是客体的实然状态。在评估中，客体是什么和有什么，主体需要什么和能够接受什么，这两者都是前提；它们的动态结合，即主体已经或能够从客体那里得到什么，客体已经或能够给主体带来什么，才是评估的对象。根据事物存在的方式和关系，可以区分出两类不同的事实：一类是"自存事实"，即事物自身存在的事实，是舍弃了某事物与他事物相互作用关系的前提下被考察的事物存在的事实；另一类是"效应事实"，是在事物相互作用中所引起的变化过程和结果的事实，亦即考察了某事物与他事物的关系和联系效应的事实。我们所说的价值事实为后者，是效应事实。"效应事实"在自在物与人、人的社会、人的感知、人的思维的相互作用中普遍存在，也在自在信息与人的主观信息的相互作用中普遍存在，因此，评估对象是评估主体所能感知到、认识到的高校教学工作的现实状况。可以看出，评估的对象既突出了高校教学工作实然状态，更突出直接评估者的感知能力和认识水平。因此，价值事实作为评估的对象具有主体性和客观性，两者辩证统一。

1.评估对象具有主体性

人对事物的态度和情感。归根到底是以事物同自己价值关系的实际状态及其理解和感受为转移的。事物使人的需要得到满足的实际状况，以及人自己对这一情况的感受和理解是评价的依据。在这里，被感受、被理解、被应之以态度和情感的事物，就是评价所反映的对象。在人活动的层面上，人有能力通过价值反映和价值评价来完成对价值现象的主观把握和认识。因此，在评估中首先要求提高直接评估者的基本素质，要求评估专家组成员，明确身份、善于学习、严谨务实、勤于观察、坦诚无私、谦虚谨慎、公平公正、廉洁自律、调整心理、严守纪律，克服主观随意性。同时。高校自身作为评估主体也应充分认识到，高等教育评估对高校自身发展带来的推动与促进作用，充分落实"以评促建、以评促改、以评促管、评建结合、重在建设"方针。

2.评估师对客观价值即价值事实的反应

评估者的态度和情感归根到底受客观价值事实制约。因此，评估也不是一种主观随意的行为，受主客体及其相互关系的客观存在所制约。按照客观评价论的观点，客观地评价事物或尽量对事物做出客观地评价，所谓"客观的"，是指表达不依赖于评价者的主观意志的价值内容。当然，评估的对象毕竟不同于知识的对象，主体性的事实要比客体性的事实更难于把握，更易于受主观性的影响。因此，要想做到客观，还必须制定科学可行的评价标准作为前提和保证，否则"客观地评价"就是一句空话、一种幻想和一种抽象的可能。

（四）评估标准的历史性与发展性

评价标准是人们在评价活动中应用于对象的价值尺度和界限。评估标准要以主体的需要、利益和客体、现实的本性和规律为基础。评价主体形成评价标准的参考要素主要有：本国历史与传统文化的价值取向影响；异域、异族、异国历史与现实价值标准及其评价体系；当前社会已经形成的或正在发生变化的价值标准体系；以及由目的与需要决定与导向的个人价值经验。高等教育评估的本质不是事实判断而是价值判断。它要解决的不只是客观地描述教学工作本身或教学工作中的各种具体事物，而是要解决评估主体与评估客体之间的关系问题，评估标准直接取决于评估主体在一定历史条件下的教育价值观与价值标准。

1. 评估标准的历史性

以决定论为基础的预见评估标准是先于评估活动而客观存在的，高等教育评估标准必然受到人们教育价值观的影响与制约，是一定历史阶段的产物。纵观历史上人们的教育价值观，归结起来，大致有以下三种：

第一种观点是内在价值论或个人本位论，认为教育的价值在于使人的本性得到完整的发展。从而把人的发展看作教育的理想价值目标。

第二种观点是外在价值论或社会本位论，认为个人的一切发展都依赖于社会，由此教育对个人没有独立的价值，教育结果的好坏，只能以它是否维持社会的繁荣为尺度。

第三种观点是前面两者的辩证统一，认为教育的外在价值和内在价值是辩证统一的，从总体上说人的个体发展和社会整体发展在发展方向上是一致的。人是教育的对象，教育是发展人的手段，离开人，教育就无从存在；同样，脱离社会发展，也谈不上个体的发展。离开了教育的外在存在价值，教育的内在价值就成了无从衡量的抽象物。但是价值标准不是评价标准的唯一决定者，评估标准还反映着对象、客体、现实，价值标准和外部现实的统一才完全决定着评价标准。

2. 评估标准具有发展性

评估标准是从实践转化为认识的必要中介和环节。教育价值观是人们基于对教育价值的内化本质的认识形成的基本看法，在不同的历史时期人们所奉行的教育价值观不同，价值标准就不同，相应评估标准也不同。评估作为认识活动，它既是一定反映过程的终点，又是一定创造活动的起点。

基于此，一定时期的评估标准也反映出人们对事物的认识水平。有学者将高等教育质量标准归纳为"学术维度、职业维度、管理维度、效率维度、成本维度、ISO维度、社会满意维度、理想化标准维度、人才维度、市场维度"十大价值维度。可见，高等教育质量标准、评价标准是历史的产物，发展性也是其基本特性。当前高校本科教学工作水平评估，从评估方案的设计到指标体系的等级标准和内涵，不仅反映了评估主体对客体应达成指标的客观要求，同时也反映出对高等教育教学工作及其影响因素的认识水平。

五、高等教育评价的主要模式

评价内容是高等教育发展质量评价的关键作用点，也是高等教育发展过程的质量监控点，对整个高等教育的改革与发展起着指挥棒的导向作用，其所包括的内容至少有以下几方面。

（一）发展理念评价

发展理念是人们关于发展的内涵、本质、目的和要求的总体看法，是高等教育发展的宏观指导思想。发展理念对高等教育发展有着根本性、全局性的重大影响。有什么样的发展理念，就有什么样的发展道路和发展模式。高等教育系统整体也好，具体到某一高等学校也好，形成高等教育的某种特色，实际上是实践发展理念的产物。

（二）发展目标评价

目标是人们在一定价值观念支配下作出的对发展某些事物的选择或是人们行为所希望达到的结果。高等教育的发展目标是指在高等教育领域实施发展策略的一段时间内，总体要达到的基本水平和状态，或是高等教育系统所提供的服务数量和服务质量满足全面建成小康社会需要的程度。高等教育发展目标的确立，对高等教育的发展具有导向功能、调节功能和激励功能。

（三）发展条件评价

高等教育发展必须以基本的办学条件作为支撑，它包括师资队伍、校园面积、教学用房、实验仪器设备、图书信息资料、教学经费投入等。离开了这些最基本的要素，高等教育发展质量就无从谈起。因此，评价高等教育发展质量，必须将发展条件作为一项重要内容。从现实看，在我国高等教育大众化的进程中，一些高等院校特别是一些新升级院校为了实现所谓的跨越式发展，在目前政府投资有限、办学经费紧缺的情况下，采取了铤而走险的发展方式来实现数量扩张，即"高额负债"办学，有的已大幅超出了学校的偿还能力。从外部运作看，高等教育发展对银行资金依赖过大，导致学校风险开始向金融机构积聚；从教育内部看，"高额负债"办学不仅会制约高等教育发展质量，也给教职工带来了较大的心理压力，影响教师的稳定与发展。基于此，我们认为，高等教育发展不能不看数量，但又不能只看数量，关键在于发展条件的允许程度。也就是说：数量规模的增长必须与基本的发展条件保持同步，否则，就是一种"零效益"的增长，提高高等教育发展质量也将成为无源之水，无本之木。

（四）发展规模评价

从某种意义上说，教育是一种产业，产业的经营有赖于适当的经营规模才能使有限的资源取得最佳办学效益。根据经济学规模效益理论，如果规模扩大，就会引起生产技术、组织的改变。此时，如果投入以一定比例增加，产出就会以更大的比例增加，即产生规模收益递增（规模经济）。当然，规模并非越大越好，如果规模扩大到一定程度后，由于组织内部沟通与协调的困难，也将使规模收益出现不增反减的现象（又称规模不经济）。借鉴上述理论，不难看出，高等教育规模的扩大要以提高效益为核心才具有实质意义，因此高等学校的规模并不是越大越好，而是应有一个适度的范围。高等教育只有达到适度规模，才能使资源获得充分的、最好的利用。一般来说，提高生师比可以获得最大的规模效益，同时高等教育规模还要与经济社会发展规模相适应，与教育发展目标、社会需求和发展条件相一致，唯有如此才能取得发展规模与效益的最优化。

（五）发展结构评价

发展结构是高等教育资源优化配置合理程度的直接反映。高等教育结构优化是高等教育从整体上适应社会需要的重要内涵，往往可以产生花费最少、效益极大的效果。如果高等教育结构不合理，即使数量增长了，质量提高了，仍会造成高等教育资源的极大浪费和人才的大量积压，即所谓的"过教育"。因此，在我们这样一个发展中国家"穷国办大教育"，尤其需要把数量增长、质量提高与结构、效益结合起来。一般来说，评价高等教育的发展结构，主要有四个指标：一是层次结构，主要体现为专科、本科、研究生三个层次的高等教育在整个高等教育系统中所占的比例；二是类型结构，主要体现为研究型高校、研究教学型高校、教学研究型高校、教学型高校和职业技术学院在整个高等教育系统中所占的比例；三是形式结构，主要体现为普通高等教育与其他类型高等教育在整个高等教育系统中所占的比例；四是布局结构，主要体现为高等教育资源和不同水平、不同类型高等院校在不同地区的分布情况。发达国家高等教育大众化的经验证明，高等教育结构优化的标准包括两个方面：一是必须能够满足人们多样化的高等教育需求；二是必须与经济社会发展需要相适应。唯有如此，高等教育才能实现可持续发展。

（六）发展效能评价

发展的效能性表现为在运用社会资源（包括自然资源、经济资源、文化资源等）满足社会需要、实现发展目标时具有集约性，能做到以较小的投入获得较高的产出，从而使社会运行成本低，损耗少。一个社会的发展具有效能性，必然意味着人的能动性、创造性和活动力得以充分发挥，同时也意味着对原有的缺少效能的社会体制、社会结构的改造、改革。高等教育发展的效能性是指高等教育在发展过程中所产生出来的效益、效率和功能等。

考察高等教育发展质量的效能性应注意两个环节：

①社会资源和自然资源的动员、组织、开发和利用情况。资源是发展的最基本的前提，对资源的有效动员、组织、开发和利用是确保获取发展质量的基本条件之一。

②各个发展环节之间内耗程度的大小。不合理的内部结构，会使许多效能在形成以后，便在发展环节中消耗或抵消于不必要的相互冲突、摩擦、纠纷之中，造成一种无端的浪费。所以，内耗程度越低，发展的效能就越高。同时，有质量的高等教育发展还表现为高等教育系统对其自身运转中出现的矛盾、冲突、故障具有化解和修复能力，以及在运转出现失衡时具有建立新的结构平衡以保持良性运行的能力。这也充分体现了高等教育发展质量的调适性特性。

第三节　我国高等教育评价的现状和问题

高等教育的健康发展离不开教育评价的导向作用。当前的高等教育在教育评价导向方面，存在"五唯"的顽疾。在学生学习效果评价上，存在"唯分数"的问题；在评判学校学生培养成果时，存在"唯升学"问题；在高校引进和输出人才时，存在"唯文凭"问题；在教师成果评价体系中，存在"唯论文"问题；在高水平人才评价时，存在"唯帽子"的问题。因此，高等教育要深入理解中央的指示，根据教育发展的目标，建立更科学、更合理的评价导向，推动高等教育工作平衡有序地发展。

一、高等教育评价的本质

高等教育评价领域为什么会出现不同的话语体系？不同话语的真正内涵是什么？这些不同话语背后的共同本质又是什么？

（一）不同话语的真正内涵

高等教育评价话语及评价主体和标准的多元化不仅与计划经济体制向市场经济体制转型、高等教育由精英化向大众化和普及化发展有关，而且与教育自身的内在发展逻辑以及哲学观由认识论向价值论转型有关。

从高等教育发展的内在逻辑来看，在高等教育精英阶段，大学不仅是研究高深学问的场所，更是卓越与质量的象征。彼时的高等教育以知识传授与发现及个体理智发展为宗旨，为知识而知识，知识本身即为目的，这是一种认识论视域下的高等教育质量观和评价观。随着时代精神的变迁与哲学范式的变化，作为理性主义产物的现代大学"依靠改变自己的形式和职能以适应当时当地的社会政治环境，同时通过保持自身的连贯性及使自己名实相符来保持自己的活力"，从而使大学职能逐渐由单一的人才培养发展为人才培养、科学研究、社会服务等多种职能并重，其质量评价标准也逐渐由中世纪大学"以知识的纯粹理性（独立于一切经验的理性）和知识的内在逻辑为其质量标准"发展到洪堡时代的"以'科学而达至修养'为其质量标准"，再发展到"以知识的实用价值为其质量标准"。由此，高等教育质量评价标准逐渐由探究知识向关注服务转变，由一元价值向多元价值转变。在20世纪四五十年代，随着高等教育由精英化向大众化、普及化发展，大学为社会政治、经济、文化等服务的功能日益凸显，大学开始且不得不关注利益相关者的价值诉求。

大学职能的扩展、大学理念的变迁及高等教育质量评价标准的多元化发展，反映出高等教育评价实践由关注知识的认识论范式向关注利益相关者的价值论范式的转换。不管认识论范式下对高深学问的追求还是价值论范式下对经世致用的强调，其根本目的都在于满足高等教育主体的需求。在高等教育精英阶段，高等教育主体主要是大学内部的教师和学生，高等教育的质量诉求和评价标准主要是教师探究知识、学生掌握知识本身；而在大众化、普及化阶段，高等教育主体不仅包括大学的内部人员，还包括大学的外部利益相关者，高等教育质量开始关注利益相关者的需求，质量诉求和评价标准也呈现多样化趋势。不同利益相关者开始更加关注高等教育对自身需要及价值诉求的满足程度，从而不断增强了各自的质量保障和质量问责意识。

（二）不同话语背后的共同本质

评价是关于对象价值的活动，是主体依据一定的目的，通过特定方法收集关于某对象在某价值领域的数据和信息，根据特定参照系对数据信息进行分析，以识别这一对象相对状态的过程。简言之，价值论域下的评价活动本质上是一种基于价值的认识活动。广义的价值是指"主体与客体之间在相互联系、相互适应、相互依存、相互影响的互动关系中产生的效应，既包括客体对象主体的效应，也包括主体对客体的效应"。关系属性、生成属性以及多维属性是其三大基本内涵特征，同时也构成了分析价值问题的方法论，即在分析价值活动中，必须同时弄清楚并回答"有无价值，谁的价值，什么价值，多大价值，何以有价值"五个问题。对高等教育评价的研究与实践也应遵循价值问题的分析方法，即关系的、生成的和系统的思维方法。

具体来说，就是作为高等教育评价的不同主体，包括国家／政府、大学、社会等，根据各自不同的价值取向，确定评价的目的，再通过各自所能采取的方法收集关于高等教育在他们各自所选择的价值领域中的数据、信息，并与他们选定的参照系（评价标准）进行比较，从而对高等教育价值的有无、大小等进行价值判断的过程。正是因为不同评价主体的价值取向不同，导致评价的目的、方法、数据和信息、参照系（或评价指标体系）都不相同，最终导致对高等教育这一评价对象的价值判断和结果不同，也就导致评价过程中不同评价主体价值取向之间的冲突。例如，国家或政府对高等教育的主要价值取向和评价目的是希望在创新人才培养和科技创新方面提高国际竞争力，维护国家和社会公共利益，其制定的指标体系、采取的评价方法、收集的评价数据等都围绕这一价值取向和目的而展开；同样，大学自身的价值取向和评价目的是追求可持续发展的能力和态势，保证学术自由；社会整体上的价值诉求是追求高等教育的公共服务能力，即大学是否彰显社会公共性，同时作为具有市场属性的社会又要求大学优化资源配置，提高资源使用效率。

从哲学层面来看，这种主体之于客体（评价对象）的价值诉求及其结果构成了主客体之间的价值事实，因此，评价本质上就成为"一定价值关系主体对这一价值关系的现实结果或可能后果的意识"，它"是以一定的价值事实为对象的反映"。高等教育评价的本质就是基于价值事实的价值判断。换句话说，高等教育评价不是一种单纯收集自然事实（物、事、人）并对之作出评价的认识活动，而是在自然事实与价值事实基础上作出价值判断的认识活动，价值事实是高等教育评价这一认识活动中最为主要的认识对象。因此，在高等教育评价中，评价主体不仅需要收集反映高等教育这个客体的基本情况数据及高等教育对利益相关者基本需要的满足情况等方面的数据，而且更需要收集高等教育利益相关者与高等教育相互关系和相互作用的实际过程及其结果所产生的价值事实方面的数据。

（三）不同的话语体系

根据有关话语研究，任何一种语言除了应该遵守的语法规则之外，还包括一种文化规则，即"所有语言都不可避免地承载着社会关系，包括人们之间的政治关系、经济关系和各种现实的人际关系"，所以不同的话语就"不仅仅具有一种形式的意义和价值，它实际上还包含了非常丰富的社会政治内涵，体现了现实中复杂的社会关系，甚至是一定的社会结构"。不同的评价话语产生的根本原因就在于高等教育发展模式及其赖以发展的经济、政治环境乃至社会结构发生了很大变化，而不同的话语背后所反映的实质就是，不同的话语所代表的群体所持的高等教育质量评价标准不同，其本质是对高等教育价值的认识不同，背后潜藏的则是不同话语的群体对高等教育不同的价值或利益诉求。

在计划经济时期，政府、大学与社会一体化发展，政府、大学与用人单位之间没有明确的责权利划分：政府按计划投资办学，大学按计划培养学生，学生免费上学、毕业后政府包分配，企事业用人单位按计划接收政府分配来的大学毕业生。这样，政府成为大学、学生与社会的核心纽带，政府、大学、学生与社会之间利益目标趋同，利益关系简单，基本上以政府的利益目标为旨归。与此相适应而建立起来的高等教育评价主要是以政府为评价主体的一元化评价，大学、学生和社会没有自己独立的利益目标，主要是配合政府开展高等教育评价。

在由计划经济体制向市场经济体制转型的过程中，政府、大学、学生和社会的利益目标逐渐分化并呈现出明显的差异性：在"小政府、大社会"的政府职能和治理结构改革背景下，政府作为市场经济背景下的高等教育决策主体，逐渐成为一个有着自利倾向的组织，也会追求自身利益的最大化；大学成为"面向社会自主办学的法人实体"，获得了追求与发展自身独立利益的合法性，但需要面向市场自筹部分经费、自主办学，历经近30年的发展，如今的大学已成为名副其实的有着自身利益追求与目标的行动主体；学生由原来的"统招统分"到如今的缴费上学、自主择业，由此逐渐转变为需要考虑投资回报的有着自身利益追求的行动主体；企业因面向市场自主经营、自负盈亏，由此逐渐成为需考虑引进人才/大学毕业生的质量与成本以追求企业利益最大化的独立行动主体。这样，原来统一的利益目标与追求逐渐分离、分化和多样化、复杂化，一元的高等教育价值取向和评价标准逐渐向多元化的价值取向与评价标准转变。

同时，在这一过程中，我国高等教育开始了由精英化向大众化、普及化发展的进程。随着高等教育由"旧时王谢堂前燕"逐渐"飞入寻常百姓家"，在国家发展、社会进步、个人成长、企业创新等方面日益重要起来，特别是在推动社会公平、形成社会有序流动、实现社会有序整合、保持社会发展活力等方面发挥了基础性作用，使得大众化、普及化时代的高等教育与社会各群体、组织、机构等产生了密切关联，并逐渐成为各方关注的焦点与中心。过去大学质量保障常被认为是大学内部或自身的事情，现今却受到社会非常广泛的关注。这些不同的利益相关者不仅要对大学的办学情况"说三道四"，用自己的评判标准对大学进行评价，甚至有资格对大学进行必要的干预了。换句话说，在计划经济向市场经济体制转型以及高等教育从精英阶段向大众化、普及化发展的过程中，高等教育的质量观及质量评价标准逐渐由单一向多元转变；不同的话语实质上反映了不同话语的主体对高等教育发展的期待，同时这种期待成为各话语主体评判高等教育质量的标准、价值乃至利益诉求。

二、我国高等教育评价现状

我国高等教育评价从发展之初就具有起点高发展快的特点。经过近30年的发展，取得了巨大的成就。从翻译和引进外国高等教育评价理论、方法和实践经验发展到基本建立具有中国特色的高等教育评价体系，我们仅用了二十余年的时间。这与西方高等教育评价近70年的发展历史相比，我们的发展速度是不言而喻的。另外，我国的高等教育评价的研究还具有重大国情和重实践的特点。目前我国的高等教育评价体系已经初步建立并在实践中不断进行着完善，已经走在了探索科学的高等教育评价的方法的道路上，在高等教育评价领域也正在不断涌现出长期进行着教育评价理论和实践研究的专家学者，为我国高等教育评价形成专业化队伍和研究组织奠定着坚实的基础。

我国高等教育评价是世界高等教育评价体系的重要组成部分，随着世界高等教育的迅速发展，中国高等教育评价的发展迎来了前所未有的机遇和挑战。改革开放以来，经济的不断发展和人们对教育需求的日益扩张，使高等教育的发展出现了蓬勃兴旺的繁荣景象。然而，通过对高等教育评价实践领域认真观察，我们也不难发现，在取得成绩的同时还存在着很多的问题。较之高等教育快速发展的形势和高等学校内部改革深化的要求，高等教育评价的改革相对滞后，如教育评价过程中被评对象较被动、评价结论不够科学、评价只重结果不重过程等，这些都影响了它作为教育管理机制应起的作用。各高等学校对现在评估之多、评估之烦琐，颇有怨言。

随着近几年我国高等教育的大发展，我国的高等教育已经由过去的精英教育迈入了大众化教育的门槛。高校类型也发生了很大的变化，发展为研究型大学、教学型大学、教学研究型大学、应用型大学和高等职业技术学院等。随着高校不断扩招，高等教育质量能否保证受到了质疑。教育质量是高等教育的生命线，高等教育的中心任务就是提高教育质量，高等教育质量的监控是高等教育评价的主要任务之一。

通过对高等教育评价体系的实践观察，我们发现，在评价中存在着一系列的问题，使我国的高等教育评价逐渐失去了其原有的意义，产生了高等教育评价与实际背离的现象。评价主体的单一性导致各个高校在评价中不能处于平等地位，信息不对称，不能客观公平地评价所有高校。政府行政部门和民间评价机构使用的评价标准大同小异，多年来使用的都是基本固定的评价标准，没有发展地、开放地看待评价指标。大部分评价组织还不能对评价过程、使用标准、计算公式以及具体操作规范透明化，这就很难避免公众的质疑，也不能有效地保证评价结果的公信度。评价方式也还是以认可性评价为主导，还没有认识到发展性评价的必然趋势，造成评价结果对高校建设的改进作用帮助不大。

三、我国高等教育评价问题

我们应该清醒地认识到，随着高等教育大众化时期的到来，目前我国高等教育评价体系，已经适应不了当今世界政治、经济、文化的迅速发展对高等教育提出的新要求。高等教育评价中所存在的问题在一定程度上已经对我国高等教育的发展产生了严重的危害，我们要通过分析这些问题产生的原因进行反思，探索构建一种新型的高等教育评价模式，促进高等教育发展和社会的进步。

（一）评价主体

随着社会阶层的不断细化，社会发展有一种新的趋势形成，即多元化趋势。作为高等教育评价的主体，因为其价值判断的标准的不同，也向着多元价值评价发展。然而纵观我国高教评价体系，不难看出，目前虽然有主体多元化的趋势，但是主体地位权重的确定还存在着很多问题。

1.评价主体问题

当前我国的高等教育评价主体基本是以教育行政主管部门为主的。这种评价模式，信息来源单一，无法使结果客观公正。评价双方地位差异悬殊的状态造成被评价者消极被动地接受评价，对评价的结果也不够重视，根本无法利用评价改变高校的状态，因此，这样的评价只是在浪费人力物力。

再看近些年发展如火如荼的大学排行榜，它确实是把社会纳入到了高等教育评价主体之中，为考生和家长提供信息，同时也为高校进行宣传，丰富了高等教育评价的主体结构。然而，由于大多数排名机构都以赚钱为目的，排行榜的可信度大打折扣，社会上关于排名机构向高校收取咨询费、赞助费等各种费用的猜测和议论也层出不穷。而且，各类大学排行榜在评价指标体系上是趋于一致的，可评价结果却千差万别，某些高校在不同机构发布的排名榜上的名次相差甚远。这样的情况导致考生和家长更加迷惘，不知如何选择才好。导致大学排行榜存在这些问题的主要原因是：首先，高校办学制度并未成熟，排名机构怎样选择评价指标、评价指标的权重是多少都是由排名机构自定，缺乏科学性；其次，高校的信息不公开，数据缺乏真实性、客观性；最后，高校办学缺乏市场竞争，排行榜成了可以影响考生报考的重要信息。因此不少学校领导表面上不重视排行榜，却在各种场合引用那些"有利"的排行榜，为获得好的排名，不惜陷入大学排名的"潜规则"，这让排行榜制作者看到了"商机"。

2.评价主体规范性

评价主体单一势必会在客观性和公平性上有所缺失。政府评价作为行政干预的必要手段是需要的，但是其干预要控制在一定的范围内，通常是给出一些行政性的指引。规范的社会评价中介机构为主导，因为此组织能够更加公平地对高校进行评估，但前提是这一机构必须法治化、透明化，不是以最大的商业牟利为主要目的，而是作为大学与社会沟通的主要途径存在的，目的是提高高校的知名度。而高校本身作为评价主体的作用也是不容忽视的，必须调动高校的积极性和主动性，充分发挥评价的导向和促进作用，重视评价结果的反馈信息，不断改善和提高高校的行政运行效率和人才培养水平。

（二）评价指标

在我国目前的高等教育评价指标方面，无论是国家教育行政部门还是民间评价中介机构，其评价指标都是趋于一致的，只衡量学位点的多少，人均占有教学设施的多少，招生数量的多少，高职称、高学历教师的比例，师生出版专著、在中外核心期刊发表论文的多少等。这实际上就暗含了这一指标体系的科学性和合理性，在任何情况下都是无须改进的、凝固不变的。

1.评价指标固化问题

这样的指标体系直接导致：教育活动没有个性，完全按照指标的约束进行，使教育教学活动僵化；指标体系的可测性与某些心理素质和整体水平的抽象性产生矛盾，会放弃对某些抽象但又能反映综合能力的特质的评价；评价人员专业水平的差异性也是影响评价水平失真的重要因素之一。

2.评价指标科学性

探索较完善的评价指标体系和评价技术方法。结合具体的政治、经济、文化因素制定评价指标体系。要认识到影响评价指标的因素不是孤立存在的，而是有着错综复杂的关系，他们一起构成了影响高等教育评价过程的因素系统。因此要有针对性地制定评价标准。评价指标体系是公开的，发展的，面向全社会广泛征求各方意见，并需要通过试点开展起来，逐步推广开来。

我们制定的指标体系还要逐步从主观评价向主客观评价相结合过渡、由单纯的定量评价发展到定量与定性评价相结合方式。在评价过程中更加强调自我检查和自我评价，大力提倡评价者与被评价者之间的相互沟通。此外，还应关注国际上先进技术成果，及时得到信息反馈，采取更多新的、现代化的科学技术方法。

（三）高等教育评价错位

考试充当着知识教育最有效的"指挥棒"，它既起着督促学生努力学习的作用，又起着检查学生学习质量的作用，甚至在很大程度上还具有决定学生的前途和命运的作用。"分数至上"的评价机制扭曲了教育的目的，压抑了学生的个性，把教育引向了与现实生活越来越远的轨道。"分数至上"的评价取向严重制约了教育功能的发挥，摧残了学生的健康全面的发展、阻碍了教师的育人、遮住了家长的眼睛。

1.高校评价文化缺失

高校内部对评价的意义、功能和作用的认识片面化、不充分，大多追求评价的结果，忽视评价的过程，为结果而评价，没有积极性和主动性，缺乏文化个性力。同时，大学之间竞争不公平，扭曲了评价的初衷。因而，大学对教育评价毫无自主性，对评价结果也不够重视，无法改善评价中发现的各类问题，也就无法促进高校的自我完善和发展，这样的评价除了浪费资源外，看不出什么具体的长远的意义。

2.评价人员专业素养缺失

从评价队伍看，高校评价人员缺乏学科素养。目前，高校并没有系统进行评估研究的专业领域人员，评估团队大多是由一些权威人士（非教育评价领域的）、教育行政部门的领导、熟悉学校情况的学校行政人员组合而成。对教育评价理论长期进行研究的学者很少，对教育评价的实质不能很好理解，评价程序没有相应严谨的制度规定，对科学的现代化评价方法的掌握也不是很好，而且有些评价组人员还缺乏责任感，为了个人利益，歪曲评价结果，使评价的公信力下降。因此，评价队伍的素质是制约高校教育评价发展的重要因素之一。

通过评估来促进高等教育质量提高的初衷虽然是好的，但是通过对多年来高等教育评价实践的认真研究，不难发现，这项活动产生了很多严重的负面影响。我国高等教育评估直接关系到一个学校今后将获得的经费拨款以及专业设置的变动等情况，在这种功利性的支配下，学校行政部门把评估当成了重中之重。为了应付检查，不惜影响正常的学习秩序，增加师生的负担并造成严重的浪费。

3.重视高校评价文化

需加强教育评价的系统性，建立行之有效的教育评价激励机制，促进高校评价文化的形成和发展。提高评价人员专业素养，支持评价科研项目的研究，培养出大量评价领域的专业人才，给他们展示才能的舞台，建立试点，不断创新，寻求更好的教育评价模式，建立更科学的评价标准体系，加强民间评价与社会评价的融合性，建立健全评价指标，形成相辅相成、相互促进的评价系统。将结果纳入激励机制，促进高校的积极性和主动性。

（四）高等教育评价方式

1.高教评价方式问题

高等教育评价的宗旨是为了教育的改进和提高，从而促进高等教育的不断发展。随着教育评价理论、实践的现实发展，教育评价目前正面临着从结果性评价转向发展性评价的历史趋势。但我国当前的高校评价，仍是以结果为关注的重点，评价主要在于确定高校达到的实际水平，判断其是否符合一定的质量标准，并据此予以认可，分出等级。各大高校也根据评估结果进行招生，名校可以找到更好的生源、得到更多的资源。然而，高等教育评价最本质的作用——改进高校的不足，促进高校更好的发展，目前在我国的高等教育评价体系中不能很好地表现出来。

2.发展性评价趋势

发展性是高等教育的本质属性，教育评价作为教育质量监督和调控的有效手段也应该具有发展性，这就要求我们应该动态地看待高等教育评价，把它看成一个过程，因此教育评价应该终身化。教育评价是持续开放发展的，而非阶段性的，评价指标也应该随着社会形势的发展而不断变化，在评价实践中不断接受考察和验证。教育评价终身化对政府宏观把握高等教育质量，促进大学发展都具有积极的作用。因此，理想的高等教育评价方式应以发展性教育评价为主导，不忽视结果性教育评价的认可作用，二者相辅相成，主次有序，共同促进高等教育评价体系的科学演变。我国高等教育改革和发展正处在一个关键的阶段，努力提高教育教学质量，我们的高等教育才能持续发展，满足社会发展的需要。我们不应该沉浸在以往的成绩中裹足不前，应该随着高等教育大众化进程的不断推进，面对新问题和新情况，抓住机遇，调整高等教育结构，转变思想，构建科学的高等教育评价体系，克服学术浮躁和不正之风，站在国家和民族的高度看待高等教育的发展。在高校发展中，应该始终把教学质量摆在首位，重视不断扩招带来的教学质量滑坡现象。加强诚信教育，杜绝学术腐败现象的出现，通过有效的高等教育评价体系引导高等教育健康快速地发展。

四、高等教育评价的趋势

高等教育评价是一项系统工程，涉及不同阶段、不同主体的不同方法和不同要素，其评价结果受众面广、关注度高、影响力大，关系到高等教育资源配置和多重目标的融合。因此，做好高等教育评价，要用好以下招式，打好"组合拳"。

（一）以理想信念为根

理想信念作为人类特有的精神现象，是人生的精神动力，是坚持正确的政治方向的保证。新时代更是要坚定中国特色社会主义理想信念不动摇，并且做到以下四点。

①加强理想信念教育，深入推动中国特色社会主义思想进教材、进课堂、进头脑，加强社会主义核心价值观教育，引导广大学生坚定共产主义远大理想和中国特色社会主义共同理想，树立正确的世界观、人生观、价值观，厚植爱国主义情怀。

②坚持马克思主义指导地位，深化思政课教学改革，进一步巩固思政课主渠道、主阵地作用。

③促进学生全面发展，完善大学生综合素质拓展体系，教育引导学生珍惜学习时光，增长知识见识，增强体质、健全人格，提高审美和人文素养，历练不懈奋斗的精神，弘扬劳动精神，不断提升综合素质。

④加强师德师风建设，以新时代"四有"好教师为标准，建立健全师德工作机制，进一步完善师德建设制度体系，形成师德建设合力，打造高素质教育师资队伍。

（二）以目标导向为舵

教育的本质是培养人，立德树人是高等教育的价值目标和使命，任何时候都不会变。这是高等教育发展的根本任务和目标导向，也是评价高等教育兴衰成败的关键。因此，坚持社会主义办学方向，从源头上把好"方向盘"；要全面落实立德树人根本任务，解决培养什么人、怎样培养人、为谁培养人这一根本问题，从任务上把好"聚焦点"；要坚持"四为"方针，围绕培养德智体美劳全面发展的社会主义建设者和接班人画好"路线图"，满足人民群众对优质高等教育不断需求，为实现中华民族伟大复兴提供人才支撑。

（三）以深化改革为能

全面深化改革，是高等教育发展面临的新形势、新任务的必然要求，是国际国内双循环战略下提升高等教育内涵建设的必由之路，也是提升高等教育评价水平的动能。从人才培养质量着手，深入推进教育教学改革。深化人才培养模式改革，完善教育教学管理制度体系和能力培训体系，打造思想政治教育和第二课堂素质教育品牌活动，完善包含以劳动教育等为主要内容的实践教学模式，创新多样化的人才培养体系。从教师能力水平着手，深入推进人事制度改革。破立并举，破除"五唯"弊病，深化岗位聘任制改革，打破一岗定终身和平均主义大锅饭，形成教师队伍动态管理模式；积极推进分配制度改革，打造"卓越"绩效体系，建立考核淘汰分流机制，创新人才流动转岗新模式，做到人岗相宜、人尽其能。从服务国家需求着手，深入推进学科和科研体制改革。坚持国家和社会需求导向，更新学科发展理念，加强学科发展体系的顶层设计，做到有所为有所不为，实施学科动态调整，促进学科交叉融合，构建可持续发展的学科生态；面向经济社会发展主战场，以释放各种科技要素活力为核心，改革科技工作者业绩评价方式，全面推进科技创新和社会服务机制改革。

（四）以完善治理为要

高等教育治理体系和治理能力现代化，是社会治理体系和治理能力现代化的重要组成部分，高等教育治理体系和治理能力现代化建设势在必行。通过坚持正确教育评价导向，形成多元主体参与的民主化教育评价机制，促进高等教育评价系统改革，推进高等教育去行政化，扩大办学自主权，理顺政府、高校和学术的关系，优化高等教育发展环境，变管理为治理，打造高等教育高质量发展工程。完善现代大学制度，坚持党委领导下的校长负责制，创新议事模式，建立以评价为导向的学校发展所需的咨询、协商、审议与监督机构及实现学校教育科学决策、民主监督、社会参与的重要组织形式和制度平台。多措并举，完善依法治校的治理模式，提升依法治校水平，切实增强依法治校、依法行政和依法维权意识，提高应对法律事务能力，加强文明创建和平安校园建设，积极维护学校合法权益。完善校内两级管理体制改革，从制度层面明晰校院两级责权利，克服急功近利的办学思想，推进管理重心下移，扩大院系办学自主权，增强办学活力，进一步完善治理体系，提高治理能力。

（五）以特色发展为贵

高等教育高质量发展是以特色明、质量优、覆盖广、能力强为主要特征的内涵式发展模式，以特色鲜明的定位，彰显差异化发展道路，打造个性化发展项目和评价体系，催生高等教育发展新动能。高等教育高质量发展要学会借鉴木桶原理，贵在扬优势、补短板、促融合，用好科学评价的"指挥棒"，编制全面评价的"覆盖网"，健全特色评价机制，推出特色评价体系，创新评价模式。实行分类管理，创新资源配置机制，进一步瞄准发展定位，做到点面结合，既注重挖掘内在发展潜力，又充分拓展外部资源，不断强化战略定位，理清发展思路，统筹特色发展、创新发展、开放发展、高质量发展，增强评价体系的前瞻性、连续性和系统性，激发高等教育生机和活力，不断开创我国高等教育持续健康发展的良好局面。

（六）以全面落实为主

高等教育评价工作过程复杂、结果重要、利益多方，非常重要，同时落实起来难度很大，需要各方面通力协作、系统推进，全面落实。

1.要落实科学评价主体责任

政府和社会应建立与优化评价机制相匹配的落实和考核体系，形成考量的天平，规范正确的路径，改良发展的土壤，需要全方位、多角度、深层次总结高等教育发展过程中的重要实践经验。高等学校要自觉以培养德智体美劳全面发展的社会主义建设者和接班人为己任，引导确立科学的育人目标，确保正确发展方向。

2.要丰富科学评价形式和内容

推进高等教育科学评价，面对不同类型的学生，做到整体部署和系统重构，针对不同特点的主体，处理好不要和不唯之间的关系，做到内容丰富、形式多样、注重过程、稳步推进。

3.要形成科学评价共识

高等教育评价的各环节、各主客体应该积极主动形成科学评价共识，主动接受评价、倡导评价、维护评价，扩大辐射面，扩大影响力，努力营造良好评价氛围，形成育人合力，促进高等教育评价形成新常态，为高等教育高质量发展营造风清气正的环境。把好我国高等教育发展方向，确保高等教育为人民服务，为巩固和发展中国特色社会主义制度服务，为改革开放和社会主义现代化建设服务，必须要用好高等教育科学评价的指挥棒，这是高等教育沿着正确方向前进的重要保证。走有中国特色的高等教育发展道路，扎实办好中国特色社会主义高校，就要系统推进新时代高等教育评价改革，抓牢抓实高等教育内涵建设"善治"要素，使高等教育发展注入新能量、增添新动力、谋求新未来，为推进教育现代化、建设教育强国、办好人民满意的教育作出新贡献。

第二章 高等教育多维评价体系的价值观重塑、内涵及要素

第一节 多维评价体系的价值观重塑

一、高等教育评价中价值冲突的实质

在高等教育由精英化向大众化、普及化发展的过程中，高等教育的评价主体和评价标准由单一走向多元，多元化的评价主体和评价标准指向同一的评价对象，其结果必然是不同评价主体之间及主体与对象之间的矛盾与冲突不断。简言之，高等教育评价中的价值冲突是指评价主体在对评价对象进行评价时，在主体之间、主体与对象之间产生的关于评价权力、评价目的、价值判断和评价效用的认知、决策和利益上的分歧和对立。

（一）高等教育评价主体与评价对象的构成

从理论上考察，高等教育的利益相关者均可成为高等教育评价主体，有权对高等教育开展评价，一般认为，我国高等教育的主要利益相关者从宏观上看包括国家／政府、大学和社会；从微观上看，在国家层面包括中央政府和地方政府，在大学层面有学生、教师、高级行政人员，在社会层面有企业等用人单位以及社会组织、家长等，他们对高等教育均有自己明确的价值追求或利益诉求。他们是高等教育的主要利益相关者，同时也是高等教育评价的主体。

那么，作为高等教育评价的主要认识对象——价值事实又在哪呢？高等教育中的价值事实"存在于高等教育利益相关者和高等教育相互作用的结果之中"。从宏观层面来看，高等教育的主要利益相关者是国家、大学与社会，则高等教育中的价值事实就体现为国家、大学和社会与高等教育之间相互作用的结果；从微观层面来看，高等教育的主要利益相关者包括各级政府、教师、学生、行政人员、用人单位、家长等，则高等教育中的价值事实就体现为这些不同利益相关者与高等教育之间相互作用的结果。如在本科教学评价的第一轮水平评估和第二轮审核式评估中，学生和教学之间的关系是最基本的一对主客体关系，学生是价值关系的主体，教学是其客体；学生和教学之间相互作用的结果所产生的价值事实是本科教学评价过程中应把握的最基本的价值事实。换句话说，本科教学评价中要

认识和把握的价值事实是政府、大学（主要包括教师、学生）和社会（主要包括家长、企业等用人单位）等高等教育利益相关者对"学生和教学之间相互作用的结果"所形成的各自的认识和价值判断。

（二）高等教育评价主体之间的价值冲突

高等教育评价主体之间的价值冲突主要表现为评价主体在对评价对象进行评价的过程中，关于评价权力、评价目的、价值判断和评价效用等方面的认知、决策和利益上的分歧和对立。

1.各评价主体对评价对象的价值判断存在冲突

评价主体宏观上国家、社会和大学，微观上各级政府、用人单位、家长、教师、学生等作为高等教育的利益相关者，都对高等教育满足自己的功能需要或自身对高等教育的价值取向有着不同认知甚至是冲突。评价主体的不同认知与多元价值需要，决定了冲突的复杂性，也正是这些不同的价值判断与取向，构成了不同的评价话语体系。简言之，在大学的教学、科研和社会服务三大基本功能中，有的主体更强调大学的教学功能对自身需求的满足，如学生、家长；有的更强调大学的科研功能，如国家或政府、大学；有的更强调大学的社会服务功能，如用人单位或社会群体、组织等。

2.各评价主体关于评价的功用和目的存在价值冲突

正是基于各自对高等教育功能的认知和期待上的差异，导致各利益相关者对高等教育评价的功用与目的的认知存在冲突。这主要表现在两方面：

（1）从横向上看

高等教育评价本身就是一种多元价值的存在，既包括教学、科研与社会服务，也包括公平、正义、理性、法治、权利等，这些价值都拥有独特的内涵和意义，它们时而包容，时而并立，时而对立，并在不同的评价主体那里以不同的结构形式呈现出来。有的认为教学即人才培养的价值最高，有的认为公平与正义的价值最高，这就决定了高等教育评价价值取向冲突的复杂性。

（2）从纵向上看

高等教育评价的功用大体可分为两类，一是"描述—诊断—改进"模式，强调以学生成长为优先的评价功能，二是"描述—鉴定—奖惩"模式，强调以利益为优先的评价功能。对评价功能的认知差异直接导致对评价目的的取舍不同，成长优先的"改进模式"更强调评价过程中的用户导向与参与者导向，利益优先的"奖惩模式"更强调评价过程中的目标导向与管理导向。

3.各评价主体在评价权力的分配上存在冲突

从理论上讲，不管是宏观层面的国家、大学与社会，还是微观层面的各级政府、教师、学生、行政人员、用人单位、家长等，高等教育利益相关者都可以作为评价主体。然而受计划经济体制下以国家或政府作为单一价值取向和单一评价主体的传统习惯的影响，虽然在市场经济体制转型过程中，高等教育评价的价值取向逐渐多元化、评价标准逐渐多样化，但从总体上看，评价权力主要还是集中在国家或政府手中。宏观上国家依然拥有更多的评价权力，而大学和社会作为评价主体的地位不明显：大学往往以被动接受评价的对象出现，积极性与主体性没有得到应有的发挥；社会组织开展的各类高等教育评价虽然有了很大的发展，但作为高等教育评价的重要社会主体——用人单位和家长却没有或少有参与。微观上政府和大学行政人员具有更多的评价权力，而学生、教师、用人单位、家长对高等教育评价的权力没有得到应有的保障和彰显。这些矛盾与冲突在第一轮本科教学工作水平评估中充分地呈现出来，也是其广受诟病的原因之所在。

（三）高等教育评价主体与评价对象之间的价值冲突

在评价过程中，高等教育评价主体与评价对象之间会产生关于评价权力、评价目的、价值判断和评价效用等方面的认知、决策和利益上的分歧和对立。造成这种冲突的根本原因在于高等教育评价对象的特殊性，即高等教育评价对象（高等教育作为客体与各利益相关者作为价值主体所构成的价值关系及其结果）中作为需求满足方的价值主体（如学生、教师、行政人员等），一方面是作为评价客体（如学生构成及质量、教师构成及质量、行政组织构架及质量等在高等教育评价指标占据重要位置，是评价的对象）的组成部分而存在，另一方面又可以作为评价主体（即学生、教师、行政人员作为评价对象的价值主体，自身对评价过程中的价值关系及其结果也有自身的价值判断）而存在。高等教育评价就是评价主体对由构成价值关系的价值主客体之间互动而产生的结果进行价值判断。这样，评价关系中的主体与价值关系中的主体之间就可能存在基于不同高等教育价值观的价值冲突。为此，第二轮审核式评估在技术和程序上对这种冲突进行了一定的协调。

在市场经济体制下，国家（政府）、大学（教师、学生和行政人员）和社会（用人单位、家长）等同属于评价主体，各自均有自身独立的价值诉求和利益目标。但由于行政权威还在相当程度上存在，国家或政府往往主导着评价的走向，具有更多的评价话语权，而大学与社会的评价权力没有得到应有的彰显，从而使得评价主体之间的冲突更多地表现为主客体之间的冲突，即评价主体与构成评价对象的价值主体之间的价值冲突。

另外，高等教育评价主体与评价对象之间的价值冲突还表现为对评价内容在价值判断上的冲突。评价的主要对象是主客体或物、事与人相互作用而产生的价值结果或价值事实，而不仅仅只是单纯地考量高等教育中的物、事和人。比如，在我国首轮本科教学评估实践中，评价指标非常重视学校的办学条件如教室、实验室、校园面积，生均经费、生均实验仪器设备值，生师比、教师学历结构等，通常认为，只要有好的办学资源与条件，就有高的办学质量。这就是单纯的评价物、事和人，而没有从构成价值关系的主客体相互作用的结果及事实出发，少有甚至没有考虑师生对学校资源和条件的使用及受益程度。

换句话说，资源与条件好只是大学办学质量高的一个单向的甚至在某种程度上说是一厢情愿的充分条件而已，并不构成双向的充要条件。这也就能比较好地解释为何现在很多大学办学资源与条件均是一流了却并没有培养出一流的学生，相反大家却经常提及和怀念抗战时期办学条件简陋到不能再简陋却培养了一大批创新人才的西南联大。这也成为以往评价中不同层次和类型的高校并不满意的原因，因为至少到目前为止，大学所具备的资源与条件不是其自身所能决定的，而更多地受制于我国高等教育投资体制及其历史积累。这是评价过程中"见物不见人"的典型现象，其实质就是轻视或无视主客体所构成的价值关系所形成的现实结果是高等教育评价的主要认识对象。与此相对应的是评价过程中"见人不见物"的现象，即只考虑评价过程中价值关系主体的需要和情感，而对主客体所构成的价值关系的互动结果视而不见。比如，大学普遍实施的学生评教片面关注学生对教师"教"的感受，而忽视"教"本身对"学"所带来的客观影响或结果，同时也忽视了"教"的效果本身还受制于"学"的程度，当然也忽视了互为主客体的教师对"教"与"学"的需要与感受，这也成为学生评教中教师被动参与或消极对待，同时学生评教广受抨击的一个重要原因。

二、高等教育评价的价值观重塑

根据上述高等教育评价价值冲突发生的逻辑，化解价值冲突需要三个条件：一是冲突双方的价值都得到承认，即解决在多元化价值取向、多样化质量标准背景下"评什么"的问题，或者说评价标准问题；二是构建起化解冲突的公共机构，这在很大程度上是解决在多元化、多样化背景下"谁来评"的问题；三是形成一些冲突双方都能共同遵守的解决冲突的正式规范，即有利于调节冲突的评价过程规范和技术、方法问题，以解决在多元化、多样化背景下"如何评"的问题。

（一）构建能够整合多元价值取向的统一质量标准

价值取向多元化是当今社会无可置疑的一个特征。不同个人、不同群体、不同组织对于同一教育现实的价值取向由于主客观因素的影响而存在差异，价值冲突的本质在于价值取向的多元化现实，而对于如何解决价值冲突的问题，不同的立场可能决定着不同的方法。所以，基于多元文化主义的现实，解决冲突的合理公正的方法应基于价值融合的机制，而非价值分裂的机制。这是我们关于高等教育评价的一个基本理念。

价值融合作为一个基本理念，是高等教育评价的一个核心思想与出发点。融合的可能性即在主体多样化、价值多元化的背景下，要有一个共同对话的基础和尺度，或需要一个共同的价值标准。这个共同的价值标准能够统领主体多样、价值多元背景下的高等教育评价的价值标准，其本质在于使多元的价值取向在评价过程中都能够得到承认。

毋庸置疑，高等教育评价首先要体现大学的本体性功能，即体现大学的人才培养功能，体现大学的公共性。而公共性恰恰又是通过人才培养来体现和实现的，其他诸如科学研究与社会服务也主要是通过人才培养来实现和体现的。同时，高等教育利益相关者如国家、大学和社会等也均可通过人才培养功能的实现而达到自己所追求的价值目标。国际竞争和创新的压力可以通过培养高质量的各级各类具有创新意识与创新能力的人才而得到缓解；高等教育规模扩张后人才培养质量的暂时下降可以通过夯实本科教育、落实学生为本、教学为本而稳步提升；大学的透明度和公信力无非是大学的纳税人及其利益关者想知道公共财政都投到了人才培养的哪些方面，培养过程中的质量是如何掌控的，大学又如何证明其人才培养和质量满足了社会的需求，是否可以与国际同行相较一二。所以，人才培养功能的实现情况，即人才培养质量如何是高等教育评价的一个核心价值取向，或者说是多元价值标准中的元标准。这一点实际上早在1998年世界高等教育大会发布的《面向21世纪高等教育宣言：观念与行动》中得到明确："21世纪将是更加注重质量的世纪，由数量向质量的转移，标志着一个时代的结束和另一个时代的开始。重视质量是一个时代的命题，谁轻视质量将为此付出沉重的代价。"所以，高等教育评价中多元价值的融合要以人才培养质量为基本出发点，即"育人为本"应成为高等教育评价的核心价值标准和多元价值融合的方向。

实现价值融合的办法是价值整合。价值整合是价值融合的具体执行，是操作层面的东西，其关键是如何规避、减少评价主客体之间的价值和利益冲突。在价值整合乃至价值融合的过程中，除了高等教育利益相关者的不同价值取向在评价过程中都能够得到承认（即以"育人为本"作为评价的核心价值标准）外，还需要考虑"谁来评"和"如何评"的冲突化解策略。

（二）建立能够化解价值冲突的科学评价机制

从高等教育评价过程来看，它通常包括建立评价机构，明确评价问题，确定评价目的，确定评价对象、内容及方法，确定信息采集的性质、数量以及分析信息的方法，科学采集和分析信息，综合描述、判断、解释信息并得出结论、形成改进建议，用适当方式向评价委托人报告评价情况，将评价结果与建议运用于教育实践，对评价过程和结果的科学性和合理性进行再评价。从我国高等教育评价实践来看，一方面，评价机构基本上由主办和管理高等教育的政府部门设立，即管办评合一；另一方面，运用评价结果改进教育实践的还很少，对评价过程、结果及效用进行再评价就更少了。在高等教育主体多元、价值多样的大背景下，高等教育评价要做到尽量规避、减少评价主客体之间的价值和利益冲突，实现价值整合乃至价值融合的目的，就必须建立起教育评价与教育实践之间良性互动的规范与制度，建立起评价过程的再评价制度，大力营造协调和化解高等教育评价价值冲突的制度环境和技术环境。

1. 住的环境

所谓制度环境，主要是指用来建立和促进评价方法技术开发和运用的政治、社会和法律制度，包括软制度、硬制度和实施机制三个层次。其中，软制度是指人们在长期的社会生活中逐步形成的习惯习俗、伦理道德、价值观念、意识形态等对人们的行为产生非正式约束的规则，是社会认可的非正式制度；硬制度就是从宪法到成文法和不成文法，再到具体细则等国家规定的正式制度；实施机制是指制度安排的具体操作过程。营造适宜的制度环境，需要从三方面着手：在硬制度层面，《国家中长期教育改革和发展规划纲要（2010—2020）年》等政策已经明确规定了高等教育"管办评"分离的原则，在此基础上，应尽快建立健全相应的法律法规，尤其要把第三方评价纳入法治化的轨道，明确第三方评价主体的地位、性质、权利及义务，同时完善政府绩效定期评价制度、政府信息公开制度、绩效预算制度、绩效审计制度等；在软制度层面，要加强绩效评价理念、绩效文化的推广，促进政府绩效观的转变，激发公众对政府绩效进行监督的意识，提高民间组织对第三方评价的重视程度等；在实施机制层面，要落实结果应用、信息公示、评价监管等机制，使第三方评价操作流程公开透明、可信度高。

2. 技术环境

所谓技术环境，是指一个国家和地区有关高等教育评价的方法技术水平、技术政策、技术开发能力及技术发展动向等。高等教育评价技术是在高等教育领域为解决评价问题、实现评价目的的方法或手段，与通常意义上所说的"如何评"这一问题相关的各种想法和做法，都包含在高等教育评价方法技术这一概念之中。具体来说，评价的方法技术主要涉及评价技术的功能、作用对象、工具选择、工具使用、技术使用意图、使用效用六个方面。这六个方面的问题相互联系，相互影响，最终决定了一种方法技术的效用。有效运用高等教育评价方法技术解决评价问题，必须深入理解、准确把握、合理处理上述各种问题。

随着高等教育大众化和普及化的推进，高等教育评价的方法技术也得到多样化的发展与完善，总体上可分为实证主义评价方法和后实证主义评价方法两种。实证主义评价"在具体的方法与技术操作层面发展了精确地以定量为主的研究方法，试图在评价中排除人的主观因素的影响，从而保证评价的客观性"；而后实证主义评价则"在评价方法和技术操作层面主要以定性研究和质性研究探索参与评价过程的各主体的需要和利益"。多样化的评价方法技术为采用多样化的评价模式、协调多元主体的价值冲突奠定了技术基础。从我国高等教育评价的现实来看，这两类评价虽都有涉及，但总体上还处于实证主义评价阶段，如清华大学、北京师范大学、南京大学等引进的本科教育学情调查（NSSE）、大学生学习经验研究（CSQE）以及研究型大学本科教育学情调查（SERU）等。当然，在严格遵循实证主义评价路径开发以精确的量化研究为主的本土化评价方法技术方面，我们也在不断地探索和推进，如厦门大学开发了"大学生学习情况调查"、华中科技大学开发了"中国大学教师调查"，以及自2015年开始举办全国教育实证论坛等，但严格遵循后实证主义精神开发出来的评价方法技术还很少。所以，在从高等教育大国向高等教育强国迈进的过程中，我们"既要在遵循实证主义的原则的基础上竭力丰富和完善现有的评价方法论体系，也要努力跟进后实证主义评价方法论体系的发展，进而在此基础上发展有中国特色的评价方法论体系。

（三）形成能够化解价值冲突的正式规范

价值论域下的高等教育评价是基于价值事实的价值判断，关系属性、生成属性及多维属性既是价值问题的基本特征，也是分析价值问题的方法论。换句话说，从认识论域下的高等教育评价走向价值论域下的高等教育评价，需要转换思维，遵循关系的、生成的和系统的思维方法，重点处理好主客体之间的关系、评价的目的以及评价程序的科学性与可持续性三个方面的问题。

1.客体思维与关系思维的关系

二者主要就评价主客体之间的关系而言。客体思维在评价活动中单纯以主体为尺度来度量价值，主要表现为更多或只考虑高等教育或其因素（如学科、专业、课程等）这一评价客体对政府／国家、社会（企事业用人单位）、个人等评价主体的价值需求满足程度，很少甚至不考虑评价主体对评价客体的价值需求满足程度，是一种单向的价值判断。关系属性主要表现在评价互动过程中，价值的实现也是评价主客体之间相互运动、相互作用所形成的效应，既包括客体对象主体的效应，也包括主体对客体的效应。

也就是说，评价过程中既要考虑评价客体——高等教育或其因素对评价主体的价值（客体思维强调的价值，以主体为尺度），也要考虑评价主体对客体的价值（以客体为尺度来度量的价值），即作为评价主体的政府、社会、个人等在评价过程中对高等教育价值需求的满足程度，如是否保证了正常的教学秩序，帮助学校发现了问题，形成了解决问题的路径方法等。这需要评价主客体在评价过程中相互对话、沟通乃至理解，以真正达到"评价是为了改进"这一根本目的。从某种程度上讲，评价过程中单纯的客体思维是导致高等教育评价饱受社会诟病的认识论根源。

2.训诫导向与反思导向的关系

二者主要就高等教育评价的目的而言。训诫导向的评价主要以鉴定高等学校的办学条件、办学水平、教育质量合格与否以及发展程度高低和办学状态优劣的结果来实施相应的奖惩（如经费的划拨、招生人数的增减、学位专业点的增减等）为目的，强调结果与资源奖惩。从高等教育评价实践来看，无论是合格评价、水平评价还是选优评价，大多是鉴定性的，许多学校将其看作对自身办学水平的鉴定，教育行政部门也主要利用评价结果对学校实施奖惩。反思导向的评价主要通过评价过程中主客体之间的双向互动，发现高等教育及其因素在发展过程中的进步与优势，诊断和反思高等教育或学校工作中存在的问题、困难与不足，并据此提出相应的意见和建议。

高等教育质量评价的目的不是为了证明，也不是为了监督和训诫，而是为了发现问题，共同改进，从而达到增值的目的，强调过程与新价值生成。与传统训诫导向的鉴定性、终结性评价不同，反思导向的教育评价越来越强调把改进学校的教育质量作为主要目的，越来越强调评价的形成性功能，以帮助学校持续不断地改进教学专业活动的效果，不断满足高等教育利益相关者对大学人才培养的期望。应该说，新一轮的审核式评价在反思导向上迈出了第一步。

3.单环学习与双环学习的关系

二者主要就评价程序科学化及可持续发展而言。根据学习型组织理论，单环学习是指组织或个人通过具体经历的观察、回顾和思考形成抽象概念，再在新环境中检验概念，发现和纠正其中的不足与错误，以寻求行为和结果之间的匹配，以保证组织的正常运转。在此过程中，强调的是对现状的认知，并不质疑和改变组织的基本意愿、信念和价值观。

组织可利用单环学习来获取经验、察觉和解决问题、判断和预测未来，但组织的政策和目标并未发生变化。单环学习培养的是组织扫描环境以及控制目标实现的能力，是一种认知性学习，遵循单一、单向地解决问题的逻辑。双环学习通过对行动背后的想法加以检视，追问组织行为的前提是否恰当，反思看问题的心智模式，谋求从行为的前提变量（即行为的前提假设）上取得根本性改善。当发现错误时，强调对造成现状的原因进行反思，其改正方法常常包括对组织目标、政策和常规程序的修改。双环学习向组织中根深蒂固的观念、规范或传统习惯质疑和挑战，有利于人们提出与以往不同的问题解决办法，进而采取真正有效的行动。双环学习培养的是开放、变通的学习精神和鼓励怀疑、欢迎挑战、勇于放弃的态度，是一种创新型学习，遵循不同层次、双向的问题解决逻辑。

单环学习在高等教育评价过程中主要表现为评价主体按照评价标准对评价客体——高等教育或大学的现状进行"认知性"的价值判断，而很少反思现状背后的历史原因、发展环境以及本身办学目标与定位等。双环学习则强调在评价过程中不仅要参照评价标准对评价客体的现状进行"认知性"的价值判断，而且更强调对造成评价客体现状的原因如办学目标、政策以及教育模式等进行反思，同时对评价目的、评价指标体系以及评价程序、方法等进行反思。换句话说，在评价过程中，评价客体或评价对象（如大学和教职员工等）主动开展自我评价，不仅根据评价标准与要求就具体的评价对象和内容，对办学条件、运行情况和教育质量进行全面深刻的反思，总结成绩经验，查找问题不足，分析原因后果，商讨对策措施，而且还自觉地再次思考自己的理想追求、教育愿景及价值定位等。

同样，对于评价主体（如政府、社会、个人等）来说，一方面，他们要能够发现并准确把握评价过程中评价客体所存在的问题，反思高等教育作为一个复杂性的存在物，其办学条件、发展状况和教育质量等方面存在的问题。虽然这与评价客体——高等教育自身有着毋庸置疑的关系，但评价主体对此也有不可推卸的责任和义务，如作为评价主体的教育行政部门是否保障了经费投入，是否给予了大学充分的办学自主权等，作为评价主体的社会如用人单位和家庭及学生个人是否一味地强调大学必须根据市场的需求来培养人才等。因此，评价主体在评价过程中也常常需要理性反思自己的工作与高等教育发展状况之间的关系，根据高等教育评价所反映的成绩与问题，探讨高等教育改革与发展的新思路、新战略。

另一方面，评价主体还需要对评价进行再评价，持续考察高等教育评价方案及程序是否科学、评价指标体系设计是否合理、评价过程是否客观、评价结果是否确切等。再评价一般有两种方式：一是总结性再评价，即在评价结束后对本次评价的方案设计、技术方法、实施程序、结论质量及其产生的作用和影响作出全面的分析、评价，为最终的决策提供咨询建议或施加影响，也为改进评价活动提出意见和建议；二是形成性评价，即在评价的不同阶段开展再评价，以便及时修正评价的方案、技术或操作中可能出现的问题。当然，评价过程中双环学习的形成有赖于科学评价制度环境与技术环境的建立，也有赖于主客体在互动过程中平等、坦诚的交流、对话以及互为价值客体的关系思维的实践。

（四）遵循能够解决价值冲突的规范生成路径

高等教育评价作为一种主客体之间基于价值的认识活动，其特殊性就在于评价主客体在相当程度上均是高等教育的利益相关者，同时主客体之间在互动过程中是互为价值客体而存在的。换句话说，评价主客体均对高等教育的发展及其质量负有相应的责任与义务。这就为评价主客体之间价值冲突的协调与化解奠定了共同的责任和义务基础，也为评价制度的科学化与可持续发展提供了共同的基础。与我国传统的以血缘和情感为基础的"人伦本位"交往伦理不同，评价过程中主客体之间的交往关系是建立在现代"个体本位"交往伦理基础上的。如果说传统"人伦本位"的交往伦理在一定程度上也表现出了"交互主体性"，那么现代"个体本位"的交往伦理虽然也强调交往双方互为主体性，但却是以肯定主体存在的独立价值为前提的，主张的是"我"与"你"之间的自由平等的对话与交流；人与人依赖理性意志对遇到的各种问题进行商谈、讨论，找出解决方案，并制定人类交往的规则。国内外的评价实践表明，恰恰是在评价过程中，在充分肯定评价主体和评价对象都存在独立价值的基础上，基于互为价值客体的主客体之间的交往、沟通、对话与协商，才能不断促进高等教育评价制度乃至高等教育内外质量保障体制机制的不断生成与完善。对于评价客体——大学自身整体发展或构成要素的发展来说，作为办学主体的大学和作为教育主体的教职员工的积极参与是高等教育评价活动顺利开展和达成目的的前提。更为重要的是，他们在评价过程中所开展的自我评价以及针对评价结果对学校办学情况和教育质量进行的深刻反思，不断促进大学内部治理和质量保障体系走向科学化。对于评价主体——高等教育主管部门或评价组织机构在评价过程中或评价结束后及时开展再评价，可以渐进弥补评价中的不足，有些带有导向的问题可以得到及时纠正，从而促使高等教育评价制度及高等教育外部质量保障体系不断走向科学化与规范化。

可见，高等教育评价制度是基于价值协商基础上的相关利益者在人才培养、科学研究与社会服务活动方面基于价值事实而开展价值判断时所应遵循的惯例、习俗、规范、信仰和仪式，是高等教育评价有序组织与运行的规则系统。无论是关系思维理念在高等教育评价过程中的形成与实践，还是反思导向和双环学习的评价规范化程序的形成与实践，都有赖于建立在现代交往伦理基础上的科学的高等教育评价制度和环境的建立。

第二节　多维评价体系的构建原则

一、适应性原则

适应性原则之要义，在于首先明确了适应社会需求是它的第一追求。此原则是技术质量观之体现，它是源于现代管理科学中的质量内涵中适应社会需求、满足用户的技术质量标准。相对于"孤芳自赏"的精英质量意识而言，大众化质量评价取向更注重的是社会世俗评价。在它看来，只有尽可能适应社会并满足其需求，才能显示高等教育的价值。但是，按照皮斯特的论点，现代高等教育很难完全依照内在质量的理想状态运行，而往往是更多地与社会责任相参照，并以此形成质量的外部目标，即高等教育的外部质量。

（一）由知识质量观到适应性质量原则

知识质量观，又称学术性质量观或内适性质量观，是精英教育阶段对高等教育质量进行评价的最主要标准和基本原则。它强调的是满足高等教育系统内部自我完善程度的要求，突出大学的学术价值。从纽曼的大学教育主张，到洪堡的"唯科学是重"，再到弗莱克斯纳的"学人的乐园"，都集中地反映了知识至上、学术至上的精英教育评价的单一取向。知识质量观"过度地追求学科知识本身，就课程论教学，为学术而学术，忽视社会现实与受教育者个体现实需求，是早期高等教育的主流质量意识……鄙视高等教育功利价值的倾向是其明显特征。"潘懋元先生认为，知识质量观是一种传统的教育质量观，以大学生掌握知识的多少和深浅评价教育质量的高低。应该说，在精英教育时代，这种教育质量观不失为一种有效的、合理的评价依据，反映了特定时期的高等教育办学理念。但是，到了大众化教育时代，它便不再能主导教育质量的评价标准了，因为市场的需要和学术发展的要求并不那么一致。

而高等教育质量评价的适应性原则，则体现了高等教育的社会服务功能的要求，适应了发展中国家工业化发展的要求。适应性原则具有外适性，适应社会需求是其首要的追求。它源于现代管理科学中质量范畴的适应社会需求、满足用户的技术质量标准。从适应性原则视角来看，高等教育只有尽可能地适应社会，满足社会需要，才能显示自身价值。市场经济的发展，使得社会对高等教育的需求呈现出多样化的特点。高等教育满足社会的程度，在很大程度上取决于它满足市场需要的水平，市场需求的丰富性和复杂性，要求高等教育必须培养出不同层次、不同类型的人才，因此，在此条件下大众化高等教育便应运而生。从这个意义上来说，高等教育的大众化是市场的运行变化提出的要求。随着大学培养的高级人才和取得的科研成果的外显功能作用日益彰显，政府所代表的社会利益集团对于大学培养人才的期望，从统治精英向技术精英转变，大学成为社会生活不可分割的一部分。就社会来说，人们把教育视为自身改变社会地位的基本手段，将学习作为未来更好地就业而创造条件的基本途径。所以，从大众化高等教育的产生可以看出，它在适应市场需要、满足社会需求当中所表现出来地服务社会的功能，以及鲜明的时代特性。所以，对高等教育质量评价，理所当然地要充分考虑其满足社会和个人发展需要的程度，那么，适应性的质量评价原则无疑具有很大的合理性和积极性。

高等教育质量评价要遵循适应性原则，必须做到两个多元化，确立一个评价目标。一是评价标准多元化。社会需求的多样化，使高等教育机构在层次、类型上也出现了日趋分化的态势，因此高等教育质量标准应当是多元化的，高校要根据不同的质量标准调整发展战略和政策。二是评价机构多元化。精英教育阶段，教育投资的主体主要是国家，因此政府是教育质量评价的最主要的机构。教育大众化的发展，教育投资主体出现了多样化，教育评价机构也变得多样化，除了国家机构评价外，还有社会评价、投资机构评价、学生个体评价、学校自身评价等。确立一个评价目标就是社会实践检验的目标。在长期的高等教育质量评价中，人们经常重教学自身检验、轻实践检验，习惯于以学生考试成绩或教师教学水平来衡量教育质量，而对大学生的实践能力缺少评价。事实上，大学生作为高校的产品最终都要面向社会和市场的，在强调教学过程及其效果的内在特性和外部特征时，还要考虑到社会及学生的需要，顾及高效的市场适应能力。

（二）高等教育评价中适应性原则的缺陷

适应性原则适应了大众化高等教育质量评价的要求，但由于它是以技术主义和实用主义为中心的，因此，遵循这个原则进行质量评价，结果会有明显的缺陷，表现出较强的功利性。

1.偏重技术知识教育

学术取向是高等教育一贯标准，它既是高等教育特性的标志，也是高等教育内在发展的必然要求。没有学术取向的支撑，单纯强调市场适应性，片面讲求技术知识教育，必将违背高等教育发展的内在规律。市场追求的目标是利润最大化，功利性是其主要特征之一。市场的选择和资源配置以"是否有用"作为衡量的标准，于是在学术和技术之间，势必重视后者而轻视前者。市场经济环境中，教育在适应性质量原则的引领下，为了在竞争日益激烈的条件下生存下去，往往只考虑眼前市场的需要，忽视教育的长远发展，忽视教育发展的内在规律，必然会出现重视技术教育、背离学术教育的倾向。

19世纪60年代，哈贝马斯曾提出：大学教育的主要目的不仅是为了给工业的发展提供必要的技术知识。大学教育的内容还应该包括其他三个项目，即学生应具备从事某项事业所应具备的专业知识以外必需的品质及态度；大学应该是一个培养该社会的文化传统的传播及发展的地方；大学应该是一个民主社会的成员建构及发展政治意识的场所。从哈氏的论述可以看出，大学仅重视技术知识是远远不够的。

2.重视对结果的评价

适应性质量评价原则，其关注的是高校的产品（学生或科技成果）在社会和市场的适应能力和实用性，是现代高等教育主流的质量评价原则。在它看来，质量只是"适合目标"，也就是说要适合外部社会的既定目标，是对外部社会目标的达成度。它追求特定的即期目标的实现，具有只求实用的工具性特点，轻视教育主体的价值，重视高等教育的功利性价值。但是，在教育评价中仅凭结果评价就给高校办学质量下结论，是不公正的、不客观的，也是不可取的。教育质量应该是一个过程量，而并非状态量。过程量和状态量，分别是描述状态变化过程和物体状态的物理量。教育质量作为过程量，表现为学校办学实力的变化。评价两所高校的质量好坏，不仅要看其产品在社会的受欢迎程度，更要看该产品作为过程量的初始质量和当前质量的差值，差值大的教育质量应该高于差值小的。如果接受了教育质量是过程量的观点，我们就不会把就业率当成评价教育质量的唯一指标，从而使人们更多地关注教育主体的主观作用和行为表现。

3.加剧高等教育的不平等

在自由的市场条件下，高校之间竞争的不断加剧，必然导致教育资源的重新分配，形成优秀者更加优秀、落后者更加落后的"马太效应"，从而造成事实上的学校与学校之间办学水平和办学力量上的更大差距。由于历史和现实的原因，各个高校所处的发展起点并不相同，有的高校拥有较好的社会声望、优秀的学者和良好的社会支持，而有的高校则在许多方面处于劣势，它们之间在发展之初就存在着不平等。在教育市场的激烈竞争中，优势高校将会吸引更多的教育资源，形成一种所谓的"良性循环"，而劣势高校办学则更加步履维艰。此外，市场竞争还将加剧高校教师之间和学生之间的不平等。从事社会热门专业教学和科研工作的教师，可以轻而易举地获得丰厚的报酬，赢得社会的推崇和赞美。选择热门专业的学生，在就业市场就会大受欢迎。如果不是热门专业的，则又是另一番景象，两个方面的反差非常鲜明。但是，这种反差并非由于个体间的能力和素质的差异造成的，而是因为市场的盲目性带来的。市场的短视性和盲目性导致的这个恶果，由专业歧视的受害者来承担无疑是不合理的。

（三）应对适应性原则缺陷的策略

1.不可放弃学术质量观

学术质量观是一种精英质量观。大众化是就高等教育发展的总体而言，其本身并不排斥精英教育。精英教育有它自己的培养目标和规格，对其进行评价应当坚持学术质量观的标准。学术质量观尽管有明显的缺陷，但是它在发展创造性教育、培养学生反思能力以及传播与发展文化方面却有着非常积极的作用。人的发展有别于动物的地方，最根本的在于创造性的发展，人类社会的进步主要在于创造性的进步，创造智慧是大学教育最具核心意义的内容。因此，从这种意义上来说，一个创造智慧普遍缺失、批判精神弱化的大学，不能算是教育质量高的大学。与国外相比，中国大学研究性教育起步较晚。而且，中国大学生几乎在四年中都忙于"学习"，只是到毕业前夕写一下毕业论文，对于培养学生研究能力是远远不够的。所以，一定要正确认识目前的教育现状，加大学生研究性能力的培养力度。

另外，要解决学生批判反思能力弱化的问题。反思是人类特有的属性，人类反思的纬度，决定了人的批判本质和批判精神。所谓创新意识、创新能力，归根到底是对现有结论的批判。只有善于对现成问题发问，对已有理论否定，才能提出新问题，解决新问题。普林斯顿大学教授卡茨认为："我不认为我能提供一切答案，我的功能是使学生意识到问题的存在，对学生们的答案提出质询，帮助他们发现现有理论的不足之处。我最大的希望是我的学生带着满脑子的疑问离开课堂。"

相比较而言，中国大学则偏重现成知识的灌输，培养出不少高分低能学生。尽管后来我们也重视创新教育，但有些制度和机制的问题并未得到彻底解决，仍然束缚着教育的发展。为此，必须要破除制度和机制方面的一些弊端，创设有利于学术研究和学术交流的环境，培养大学生的批判反思的精神和探求真理的精神。

2.要确立高等教育质量评价的人文取向

高等教育的人文取向，强调高等教育对市场和社会的超越性，以满足人自由而全面发展的需要，尤其是满足整个人类社会改善生存状态、全面进步的需要的程度为质量评判标准。要消除高等教育市场取向的功利性的缺陷，在高等教育质量观中必须增加人文取向的考察维度。在教育质量考察中要体现人文取向，高等教育必须有人文精神教育的内容。人文精神教育，就是要使人格更加完善，使人人更像人，探索人作为自在自为的精神实体的真实存在。原华中理工大学校长杨叔子先生认为，教育的本质是"育人而非制器"。人有着自身生存和发展的形式和要求，如果忽视了这点，教育培养人与工厂生产产品就没有什么不同了。因此，教育本身是无法只讲实用性、功利性，而不讲人文性，即做人教育的。

事实上，教育首先体现的育人功能，使人成为真正意义上的人，而非动物式的简单驯化和操练。英国大学教育思想家纽曼认为，大学应当重视博雅教育，博雅教育可以使人心智开化，心灵和谐，举止高雅。当然，确定高等教育评价的人文取向，开展高校的人文精神教育，并非就是指人文知识教育，而是通过人文知识教育，把人文精神的影响内化为一种精神存在。

3.树立整体性质量观

整体性质量观包含两层含义：一是高等学校人才培养的整体质量观；二是高等教育所有功能、职责的整体观。所谓人才培养的整体质量观，就是以全面素质为特征的人才的一般基本质量，是各个层次、类型高等学校所培养人才的共性质量。潘懋元先生认为："高等教育标准可以分为两个层次，一个是一般的质量要求，另一个是具体的人才合格标准。对于前者来说，前者所指的是一切高等教育，都要依据我国教育目的和高等教育一般培养目标，培养德、智、体、美全面发展，人文精神和科学素质结合，具有创新精神和实践能力的专门人才；后者所指的依据各级各类高等教育的具体培养目标所规定的质量要求，是衡量所培养的人才是否合格的质量规格。"他还认为，要把传统的知识质量观以及适应性质量观，转变为包括知识、能力在内的全面素质质量观。这种质量观无论对精英教育还是大众化教育都是适用的。从高等教育的所有功能和活动的角度考察高等教育质量，是一种更加宏观的整体质量观。

高等教育质量的多层面的概念，它不仅包括高等教育的人才培养，而且包括高等教育的所有功能和活动。一所质量好的大学，除了其人才培养的高质量外，它的基本功能和活动的高质量和高水平也是不可缺少的。高等教育的质量是整个高等教育系统的质量，并不是单一的人才培养质量。它对科学发展和文化进步的作用，对社区和职业生活的贡献等，都应是质量评价所要考虑的内容。因此，树立了整体性质量观，才能树立正确的人才观，才能真正理解高等教育质量的内涵。

二、发展性原则

发展性原则是适应性原则和多样性原则的逻辑延伸，意指随着时代发展的高等教育质量要求及其标准也在变化发展，它更多的是体现人本质量观的诸多诉求。但凡反对高等教育大众化的都有一个重要论点，那就是怀疑高等教育大众化的质量。从此意义上讲，单一静止的高等教育精英质量观是束缚人们质量意识进而阻碍高等教育大众化进程的主要因素之一。当前，人们之所以对高等教育大众化中的质量感到担忧，除去缺乏对大众化质量内涵的完整解读以及对诸如办学条件、师资力量、生源质量等因素担心之外，还有很重要的一点就是人们教育质量观念的固化，即依然秉持传统精英固定不变的质量标准来衡量大众化质量，其实质是忽视高等教育质量标准的发展特性。

高等教育大众化质量标准是随着时代变化而变化的，不存在一个既定、永恒的质量标准。实践证实，只有将具有发展性的质量标准来作为培养人才的质量标准才是有价值的标准。同时，还需具有前瞻性质量意识才有可能使高等教育的"产品"适应现在和未来社会的发展需求，才有可能在经济转型的变革时期，避免由于人才培养目标、规格等质量标准滞后或盲目高企而造成的新的人才结构性失业，这种已在或正在发展中国家发生的教训值得我们吸取，从而真正地使我们培养的专业人才能够适应社会的发展，在人才市场上"适销对路"，这也正是高等教育大众化转型过程中必须充分重视的问题。

（一）高等教育质量的内涵是发展的

高等教育质量的内涵是指高等教育质量的本质或特性，它要回答的是"什么是高等教育质量"这个本体论问题，也就是高等教育质量的定义问题。

高等教育质量是一个动态的、发展的概念，在不同的时代有不同的内涵。在精英高等教育阶段，大学数量很少，高等教育属于稀缺资源，只有少数"精英"才能接受高等教育，而接受高等教育也只是那些"出身好或天赋好或两者兼备的人的特权"，高等学校的任务是传授高深知识，为社会培养精英型和统治型人才，衡量高等教育好坏的标准就是学术性，追求卓越是所有大学的奋斗目标。所以，在精英高等教育阶段，高等教育质量本身就意味着卓越。

存在决定意识。当接受高等教育由"出身好或天赋好或两者兼有的人的特权"而发展成为大众必要的生活准备时，即当高等教育在经济和政治这两大外力的推动下开始由精英阶段向大众化阶段迈进时，人们对高等教育质量的认识也有了进一步的发展，高等教育质量被赋予了新的内涵，它已不再单纯具有卓越的含义，而开始从单纯地追求卓越的标准向使受教育者满意的方向发展，就像其他产品和服务一样，其质量衡量标准更多的是由消费者对其满意程度所决定的。于是传统的高等教育质量内涵受到了挑战和颠覆，一些新的观点开始陆续诞生。如在工业化时期，受重生产、轻交换的工业企业的影响，出现了"质量与设定的规格或标准一致"这一"生产型"定义；20世纪末期，受市场经济的影响，在工商企业的启示下，又出现了"质量是满足顾客明确或潜在的需要的程度"这一观点。由此可见，每个时代的高等教育质量观，都是那个时代高等教育发展的历史背景的反映，同时也反映了高等教育本身发展变化的状况。目前，我国高等教育已由精英阶段迈进大众化阶段，这就要求我们必须转变传统的高等教育质量观，树立大众化的高等教育质量观。如果我们还固守精英阶段形成的单一的高等教育质量观，就会使我国的高等教育陷入日益困惑、进退两难的境地，从而阻碍高等教育的发展。因此，迫切需要建立多元化的高等教育质量观。

（二）高等教育质量的内容是发展的

高等教育质量的内容是指高等教育质量的维度或高等教育质量的组成部分，亦即高等教育质量的构成要素。世界高等教育发展的历史表明，高等教育质量的内容是随着高等教育职能或任务的发展而发展的。

高等教育的职能大体上经历了三个发展阶段：

1. 培养人才的职能，这是高等教育的最初职能

现代意义上的高等教育发端于西欧的中世纪大学，那时的大学是在仿照行会组织的基础上发展起来的、由教师和学生组成的一种专门的、独立的学术与专业教育机构，是少数学者传授高深学问的场所，保存和传递知识，培养训练有素的官吏、通晓教义的牧师、懂得法理的法官和律师以及精通医术的医生是中世纪大学的根本目的。中世纪大学"主要是培养专业人才的职业学校，只是在有限的意义上可以说它是为学习本身的概念而存在。大学在满足专业教会和政府的各种人才的需要的过程中不断发展"。中世纪大学从产生一直到19世纪初，一直沿着培养人才的方向缓慢发展，而科学研究在大学始终没有找到存在的理由和位置。因此，这个阶段，高等教育的质量内容是单一的，只是以人才培养的质量来衡量。

2. 科学研究职能的产生

19世纪以前，由于受单一职能的影响，科学研究和科学家在大学中没能取得地位，新的科学知识不能进入大学，除保存和传递传统的知识外，大学没有把科学研究作为自己的职能，因此，这一时期被称为欧洲高等教育的"黑暗时代"。直到19世纪初，德国洪堡创办柏林大学时，才宣告这一时代的结束。柏林大学倡导"教学与科研相统一的原则"，把培养学者和发展学术看作自身的目的，从而确立了大学发展科学的职能，使高等教育的职能得到了扩展。高等教育职能的扩展，必然会使高等教育质量的内容随之扩展，即从单纯以人才培养的质量来衡量高等教育质量，向以人才培养和科学研究两方面的质量来衡量高等教育质量的方向发展，使高等教育质量的内容由一维发展为二维。

3. 社会服务职能的产生

19世纪下半叶到20世纪初，美国《莫里尔法案》和"威斯康星思想"进一步扩展了高等教育的职能，"威斯康星思想"明确地把服务社会作为大学的主要职能，提出大学的基本任务是：第一，把学生培养成有知识、能工作的公民；第二，进行科学研究，发展创造新文化、新知识；第三，传播知识给广大民众，使之能用这些知识解决经济、生产、社会、政治及生活方面的问题。从此，高等教育又增加了一个新的职能——服务社会。高等教育职能的进一步扩展必然促使高等教育质量的内容由二维向三维发展，即高等教育质量包含教学和人才培养质量、科学研究质量、社会服务质量三个重要组成部分，高等教育质

量也演变成了一个"三维"的概念。

高等教育质量内容的发展性是高等教育职能演变的必然反映和必然要求，高等教育质量的内容只有随着高等教育职能的扩展而不断发展，才能全面反映高等教育的质量，促进高等教育的协调发展和质量的全面提高。这就要求我们在评估高等教育质量时，要避免和克服用单一尺度去衡量高等教育质量的倾向，要树立全面质量观，用"三维"尺度即从人才培养质量、科学研究质量和社会服务质量三个维度评估高等教育质量，以此来保证高等教育的协调发展和质量的全面提高。

（三）高等教育质量的标准是发展的

高等教育质量的标准也是发展的，不同的历史时期，有不同的质量标准，这既是人们对高等教育质量意识不断深化的结果，更是高等教育自身不断演进的历史必然。

在高等教育的初级阶段即精英教育阶段，高等教育的任务是传授高深知识，为统治阶级培养人才，因此，在这个阶段，衡量高等教育质量的标准是单一的，即能否培养出符合统治阶级需要的人才，那时大学所比较的对象是其他社会机构而非同类的大学。到了 19 世纪初，以德国洪堡创办柏林大学为标志，确立了大学发展科学的职能，使高等教育的职能得到了扩展。高等教育职能的扩展势必会要求高等教育质量的标准也相应地加以改变，在人才标准的基础上增加学术标准，高等教育质量标准由单一的人才标准向人才标准和学术标准相结合的方向发展。

到了 19 世纪下半叶，在"威斯康星思想"的推动下，服务社会作为大学的主要职能开始出现，使高等教育的职能进一步扩展，这再一次带来了高等教育质量标准的变化。在这个阶段，衡量高等教育质量的标准又在人才标准和学术标准的基础上增加了服务标准。二战后，随着经济和科学技术的高速发展，发达国家高等教育的规模迅速扩大，开始由精英高等教育向大众化高等教育迈进。同时，为满足社会主体需求的日益个性化和多样化，世界高等教育逐渐分化为具有多种组织形式、多种职能特征、多种办学层次的复杂系统，因而也就出现了不同类型、不同层次、不同办学形式的高等教育机构，相应地，也具有不同的培养目标、规格和任务，因而，也就具有不同的质量标准。

研究型大学有研究型大学的质量标准，教学研究型大学有教学研究型大学的质量标准，教学型大学有教学型大学的质量标准。专科教育、本科教育和研究生教育，学历教育、非学历教育，全日制教育、非全日制教育有各自的质量标准，不能也不该用同一标准去衡量和评价所有的高等教育。"高等教育三段论"的创立者马丁·特罗在总结发达国家大众化进程规律时指出，量的增长必然要引起质的变化，大众化高等教育系统是多样的，因而其社会功能、质量标准也是多样的。1998 年巴黎世界高等教育会议通过的《二十一世纪高等教育：展望和行动宣言》就明确指出：应"考虑多样性和避免用一个统一的尺度来衡量高等教育质量"，"传统的精英高等教育所形成的单一的学术质量标准已经不适应于大众化高等教育的质量标准，必须树立多样化的质量观和质量标准"。

高等教育质量标准的发展性要求我们摒弃传统的僵化统一的质量观，树立多样化的高等教育质量观，这就要求对不同类型、不同层次的高等教育要确立不同的质量标准，用多样化而不是用统一的尺度来衡量高等教育的质量。我国高等教育在向大众化阶段迈进的过程中，不仅实现了规模的扩张，而且在高等教育类型、层次和结构方面都有较大的调整，显示出了多样化的特征。由此，我们对高等教育质量的评价也应超越精英教育阶段单一的质量标准，树立多样化的质量观，促使人们从高等教育满足社会主体需求多样性的程度判断其质量高低，而不能仅仅用单一的学术尺度去衡量不同类型、不同层次、不同办学形式的高等教育，这是我国高等教育在当前社会条件下正确的价值选择。如果固守传统的单一僵化的高等教育质量观，势必会使我国的高等教育陷入进退两难的境地，从而阻碍高等教育大众化的进程。在这方面，一些国家的经验和教训可以供我们借鉴和吸取。英国在推行高等教育大众化时，在一段时间内曾固守精英教育阶段单一的学术质量观，把精英标准扩大到多科技术学院和教育学院等非精英高等教育部门，从而导致高等教育大众化的步伐非常缓慢。而美国的高等教育在大众化进程中，开辟了多样化的高等教育形式，并树立了多样化的高等教育质量观，从而有力地推动了高等教育的蓬勃发展。

倡导多样化的高等教育质量观并不是简单地承认当前我国高等教育质量水平参差不齐的合理性，更不是要降低高等教育的质量标准，而是主张为不同培养目标和规格、不同类型和层次、不同办学形式的高校制定不同的质量标准，促进高等教育健康发展。

三、创新性原则

高等教育学科发展前景可行性评价指标的构建，依据学科科研发展的整体水平以及整体方向，科学、全面地评估科研整体发展动力，并将教育体系以及教育管理体系构建的基本功能性、价值性以及作用性作为指标体系构建的发展主体，对高等教育学科发展前景形成具体评估，促使高等教育学科发展因素能够得到更为广泛的探索，并且对高等教育学科评价指标的说明作用予以充分的保障。这样就形成对学科发展可行性的全面评估，使评价指标具有一定的时代发展新特征，评价指标体系的发展原则能够达到高等教育发展的切实要求。

（一）针对评价指标发展性，为学科发展前景可行性提供有力评价依据

1.以科研工作发展性为指标构建新主体，展现学科发展前景评价创新原则

从高等教育学科发展思想角度进行分析，高校学科发展前景的可行性因素包括能否满足可持续发展整体目标，能否对人才培养模式进行深化发展等诸多因素。这些因素普遍与高等教育科研工作的具体开展存在密切联系，学科发展前景的可行性评价指标构建对科研工作发展性指标的选取提出更高的要求，其中包括科研工作的作用性价值因素、科研工作的功能性价值因素等。这些指标要素映射出高校科研工作的开展对学科宏观发展的微观作用及价值，具体表现评价指标整体构建原则的创新性，为学科未来发展道路构建中的可行性因素提供发展价值层面的有效评价依据，使指标构建原则形成深化、创新的全面发展趋势。

2.以管理体系保障作用为指标新要素，建立学科发展前景评价保障性原则

高等教育学科管理体系作为人才系统化培养的关键，是对学科整体科学发展形成保障性作用的主体。从高校学科发展前景的可行性评价角度来看，学科管理体系保障性作用是评价指标体系构建的重要构成因素。确立管理机制的全面性因子在管理体系中所具有的保障性价值，将管理方向以及管理途径所具有的明确性作为评价指标重要构成因素，促使高校学科发展前景的可行性评价指标能够具有较强的保障性说明作用，同时切实转变学科发展前景可行性因素评价的主体方向，形成评价指标创新构建与全面发展新原则，体现出评价指标本身所具有的保障性意义。

（二）结合评价指标未来效果性，对学科发展前景形成具体前瞻性预判

1.以目标性指标构建为指标体系的根本要素，对学科发展前景目标性评价

从可行性指标体系构建的价值性角度出发，将高校学科发展目标性价值构成要素作为评价指标体系构成的主体，将学科对人才培养所具有的阶段性目标作为指标要素的根本因子，将学科教学发展质量目标作为重要补充，具体分析目标性指标体系构建因子，明确学科发展的可持续性目标所具有的发展价值，进而促使目标性指标体系的构建具有全面性。在这样的目标性评价指标构建新原则下，高校学科发展前景的评价方向能够保持高度准确，所具有的发展可行性能够得到有效保障，同时目标性评价指标的体系构建也对学科未来发展的科学性形成强有力的指标说明作用，满足指标体系评价功能以及评价对象保持高度广泛性的要求，对高校学科发展前景形成更具系统化的目标性评价。这是高校学科发展评价体系构建的核心所在，也是对学科本身的发展动力形成具体评估的关键构成要素，体现出评价指标体系对评价对象以及评价过程所提供的有效保障作用，确保评价结果能够反映出学科发展的未来趋势，满足不同时期高校学科发展的阶段性要求。

2.以发展前景可行性为评价指标构建新重点，对学科发展空间进行针对性评估

从指标体系构建的新原则角度出发，将学科发展的可行性作为基本出发点，对可行性因素进行充分、具体、全面的分析，使评价指标体系构建能够体现出高校学科发展的未来前景。传统学科发展评价指标体系构建的主体思想强调学科研究能否对人才培养形成客观推动作用，能否满足现阶段人才培养的基本要求。在进行学科发展前景评价指标体系的构建中，可以将这一方面作为可行性指标构成的基本要素，将人才培养的前瞻性作为指标构成的另一个主要部分，体现出学科整体发展对未来阻碍性因素的有效避免，从而为学科发展前景的可行性提供前提保障性作用。从这两个方面出发，对高校学科阶段性发展形成有效的评价依据，将评价指标体系分为现阶段以及未来发展两个部分，使评价指标能够对综合评价结果形成层次上的区分，评价结果可以更为具体，以此为高校学科发展空间形成有效的评价基础及评价方向，为高校学科未来发展前景的可行性提供坚实的保证，使学科发展可行性评价指标的指向性更为强烈。

3.以价值性指标构建为指标体系的重要补充，对学科发展动力形成具体性评价

价值性指标的构建，顾名思义就是对学科发展前景所具有的根本性价值进行具体评

估，从中为学科发展提供有力的评价依据。价值性指标中应包含主体部分，充分表达价值性指标构建的全面性。

①学科科研工作的开展对学科未来发展具有一定的推动价值，这一价值展现科研领域对高校学科未来发展的促进作用，是可行性因子的重要体现。

②教育体系构建对学科整体发展具有促进作用，展现高校学科未来发展的重要因素对学科发展可行性所提供的重要保障。

③学科管理体系构建对学科长期发展呈现出的保障性价值，这既是高校学科发展可行性评价指标构建的新方向，也是价值性指标因素构建的基本因子。这三个方面为高校学科未来发展的可行性提供强有力的评价基础，展现出高校学科未来发展的前进动力，促使评价结果能够客观、全面地表达出评价指标所具有的推动性作用，为高校学科发展的可行性提供坚实的主体方向，满足高校学科持久性发展的必然要求，形成评价指标体系构建的全新视角。

（三）着眼评价标准构建新要求，确立学科发展前景可行性指标构建新原则

1. 确立教育体系构建功能性指标内在作用，体现学科发展前景评价系统性

教育体系构建的创新性作为对高等教育发展前景进行可行性评价的根本，能够反映出高等教育在社会人才培养中能否形成可持续循环发展趋势。教育体系构建的功能性可以充分表达出学科人才培养的具体措施，并对其未来发展的可行性进行具体评价。在教育体系构建功能性指标中，将教育体系中课程配置的科学性作为指标体系构建的基本要素，对学科课程配置能否满足人才社会发展新需求进行全面评价。确立实践课程组织形式的多样性评价指标要素，使实践课程的组织与发展要素具有的多样性能够形成科学的评价过程。将理论课程体系的内容、方法所具有的引导功能作为指标构成的重要组成因素，促使高校学科理论教学与教学途径对人才的社会发展的引导功能得到充分评价。

这三个方面指标因素的构建反映出学科未来发展中的具体可行性因素，科学表达评价指标内部要素所具有的根本性作用、价值，为高等教育学科发展的全面构建提供坚实的评价依据，为高等教育职业化改革与发展提供客观、全面的评价基础。

2. 以科研工作价值性为指标构建新方向，满足学科发展前景评价创新要求

科研工作对高校学科发展能够产生决定性作用，对学科发展空间的探索具有实质性的影响。在高校学科发展前景可行性评价指标体系的构建中，科研工作开展的价值性指标构建作为关键，形成以科研评价为主体的评价方向的进一步优化。

①结合科研工作的开展将学科人才培养模式所具有的促进作用作为指标体系的重要构成，体现出科研工作对学科人才培养基本路线科学建设所具有的价值性。

②将科研工作学科纵向延伸及发展所具有的探索性价值作为指标构建具体深化的方向，表达出科研工作的全面开展对学科内在品质的全面深化所具有的意义。

③将科研工作对学科边缘性发展所具有的推动作用作为指标体系构成的核心，促使科研工作的全面发展能够对高校学科发展形成推动作用。

这三个方面指标因素的构建全面展示科研工作评价指标体系在学科发展前景中所具有的可行性价值，对学科未来发展前景的评价标准形成了创新，以此能够为有效分析学科发展前景所具有的可行性要素提供必要条件，突出科研工作所具有的价值性及发展性，为拓宽高校学科发展空间提供强大的评价指标基础。

3. 建立教育管理机制性评价指标新要素，确保学科发展前景评价的可行性

高校学科管理机制作为学科发展前景可行性探究的关键，是高校学科系统化管理的必然要求。从高等教育学科发展的可持续性角度出发，学科发展前景可行性评价指标体系的构建，应结合内部管理机制的构成要素进行评价指标要素的科学提取。

①将运行机制作为要素构成的重要组成部分，对运行机制的具体运行状况形成评价主体方向，并作为评价结果的重要组成部分。

②把监督机制作为指标体系构成的重要因素，将学科教学与发展的整体监督力度以及监督范围作为重要的评价方向的补充，以此为高校学科发展提供重要的保障性因素。

③将协调机制作为评价指标体系的全新构成要素，把学科教育的整体协调发展的根本状况作为重要的评价范围。

综合上述指标体系构成的基本要素所总结出的评价结果，能够客观反映出高校学科发展的根本状态，为学科发展前景可行性的全面分析提供指标要素的全面支撑，从而充分表达学科管理体系所具有的重要作用，清晰体现高校学科发展前景所具有的可行性，为学科发展前景评价的准确性提供保障性作用。

4. 遵循学科发展指标构建思想，形成学科发展前景评价指标新趋势

学科发展的评价指标构成要素主要结合学科人才培养作用性、目标性以及发展性等三个方面因素。上述论述过程中对这三个方面评价指标构成要素具体深化，具体表达与分析指标要素所具有的价值性，使学科发展前景的可行性评价更为全面。

在高校学科发展新趋势构建中，还应将质量性指标体系的构建作为评价指标整体构建的全新补充，强调在高等教育人才培养中，全面表达阶段性质量评价以及总结性质量评价的作用，促使学科发展前景可行性评价的原则能够实现本质层面的创新，并对评价指标的选取标准提出更高、更为严格的要求。这是高校学科发展前景可行性指标体系构建更为系统化、科学化的整体表现，同时作为学科开拓发展空间的核心动力，也为满足人才社会发展新需求提供强有力的作用性因素，满足时代社会发展对高等教育学科发展的新要求，为人才培养原则的不断创新提供更为有力的发展保障，体现评价指标体系构建与探索的突破性特点，使评价指标构建原则具有高等教育时代性色彩。高等教育学科发展前景的可行性评价，对学科教育发展模式、人才培养主题方向及主题思想起到相应的保障性说明作用。通过评价指标构建的原则性创新，为学科发展的内部可持续动力提供具有价值性的客观说明作用。从学科发展角度出发，对评价指标体系构建的原则性基于更深层次的探索与挖掘，满足构建原则中发展性、目标性以及功能性全面构建的新需要，助力高校学科发展前景可行性发展要素的不断扩充，对学科发展空间及发展动力形成强有力的评估，实现新时期高等教育职业化发展的时代性新特征。

四、国内外高等教育现代化评价指标体系分析

对国内外现有高等教育指标体系进行比较分析，不仅为能研究提供不同的思维视角，还起到良好的样本示范作用。因此，把握国际高等教育指标体系构建的框架与特点，寻找内外高等教育现代化指标体系的异同，进而找到高等教育现代化的共性指标，是构建我国高等教育现代化指标体系的关键环节。

（一）国外教育指标体系比较分析

20 世纪中期以后，人们逐渐认识到教育在社会发展中的重要地位，为了解教育现状、作出科学决策，一些国际组织为此开发了各种教育指标体系。其中，经济合作与发展组织（简称 OECD）、联合国教科文组织（简称 UNESCO）在教育指标开发工作上成绩显著。

1. OECD 高等教育发展指标体系

（1）指标体系发展概况

OECD 是在欧洲经济合作组织（OEEC）的基础上产生的，是各国商讨经济、社会、环境等全球化背景下的各种治理问题的场所。主要工作内容为对各国政策进行比较分析，将一些好的实践模式进行总结推广，寻求全球普遍问题的解决方案。该组织从 20 世纪 90 年代开始，每年编写《教育要览》一书，对组织内国家的教育状况进行比较分析。它从教育政策的需要出发，根据不同年份教育重点问题对所选用指标进行更新。高等教育发展指标体系是 OECD 教育指标的一部分。为方便理解，现将 OECD 教育指标体系发展通过表 2-1 给予更直观的呈现。

OECD 教育指标的开发是一个漫长的动态发展过程。指标开发初期，指标设置的概念框架就成为讨论的焦点问题。研究者曾提出过 25 种不同的教育指标概念模式，经过分析归纳，在纵向思维的影响下，最终采用了包括"教育情境、资源、过程和影响"等要素在内的教育指标概念框架。OECD 还预设了由"情境（contexts）"到"过程（processes）"再到"结果（results）"的影响假设，并将所有的指标相应的划归到这三个指标从中。这一模式体现的是一种"投入—生产—产出"的经济学理念。在教育指标的使用过程中，人们发现了这一概念框架的不合理之处：由于过分强调教育指标变量之间的因果关系，人们高估了教育指标的效力，从而忽视了指标外的重要教育问题。

基于此，OECD 开始对原先的概念框架进行修改，虽仍旧沿用"情境—过程—结果"的总体框架，却淡化了其中的因果关系，将原先的"箭头"被改为"直线"。一级指标也略有改动，分为资源与过程领域、情景领域、结果领域三个一级指标。在不断的实践中，研究者发现，即使避免指标之间的因果关系，"输入—过程—结果"的概念框架依然存在问题。这一模式只能呈现教育系统的静态特征，无法反映教育的动态过程；不能反映教育事业赖以生存的社会环境以及社会机构的特征；将会助长将教育指标系统视为生产函数导向的错误观念，使教育指标成为控制教育系统的工具，破坏了教育本身的规律。这使 OECD 的研究者意识到，这一概念框架已经过时。

表 2-1　OECD 教育指标体系发展情况表

时间	发展阶段	概念框架	以及指标
1988—1990	初步成型	情境—过程—结果	3 项
1991—1995	逐步调整	资源—构成—影响	3 项
1996—1997	重大变革	环境—资源—过程—结果	7 项
1998—2001	走向成熟	环境—资源—过程—结果	6 项
2002 年至今	趋于稳定	环境—资源—过程—结果	4 项

　　1996 年《教育概览》打破之前的概念框架，采用了一套全新的框架模型。将社会情景作为指标设计的重要依据，纳入指标体系。经历这一重大变革后，OECD 教育指标体系逐渐走向成熟并趋于稳定。环境—资源—过程—结果的概念框架一直沿用至今。2002 年，在这一概念框架下，OECD 对体系内的一级指标进行了调整，提出了包括"教育机构的产出及学习的影响""教育中的财政和人力资本投入""获得教育、参与进步"和"学习环境与学校组织"四大领域。

　　（2）主要指标体系及内容

　　OECD 高等教育发展指标从四个一级指标出发对全球高等教育发展情况进行了描述。在这一级指标下，分别又各设了 9 个、7 个、3 个和 5 个二级指标，总计 24 个二级指标来描述在高等教育发展各个阶段过程中应该关注的问题，每个问题下面分别又设了若干个具体描述的三级绩效指标。通过对原始文献的翻译和梳理，将各级指标具体的内容通过表 2-2 来呈现。

表 2-2　OECD 高等教育发展指标体系

一级指标	二级指标	三级指标
教育机构的产出及学习的影响	成人的受教育水平	6 项
	中等教育完成率和高等教育升学率	5 项
	高等教育完成率	4 项
	15 岁学生的科研能力	5 项
	PISA 学生测评中的科研态度和动机	7 项
	学习的参与如何影响就业的参与	4 项
	教育的收益	3 项
	教育投入的激励措施	4 项
	教育的社会效益	7 项
教育中的财政与人力资源投入	生均教育支出	5 项
	教育投入在国家财富中的比例	4 项
	教育投入中的公共和私人投入	3 项
	公共教育投入总数	1 项
	高等教育个人承担和公共资助	4 项
	教育资金支出的来源	2 项
	影响教育投入水平的因素	3 项
教育机会、参与过渡	高等教育毛入学率	6 项
	学生的国际流动	6 项
	从学习到工作的转变质量	6 项

一级指标	二级指标	三级指标
学习环境与学校的组织	学生课堂学习的时间	2 项
	生师比和课堂规模	3 项
	教师工资	2 项
	教师如何获得评价和反馈及其影响	5 项
	如何使教师的行为、信念以及态度符合标准	1 项

从网上整理的表格看到 OECD 高等教育发展指标体系主要内容分为"教育机构的产出及学习的影响""教育中的财政与人力资源投入""教育机会、参与过渡""学习环境与学校的组织"四个部分，第一部分是侧重高等教育的产出，包括成人受教育水平、高等教育升学率及完成率、学生的科研能力、教育的社会效益等。第二部分则侧重高等教育的投入，包括生均教育支出、教育投入在国家财富中的比例、教育投入中公共投入和私人投入情况以及影响教育投入水平的因素等。第三部分主要是对高等教育过程的描述，包括高等教育毛入学率、学生的国际流动情况、从学习到工作的转变质量三方面。第四部分是从学生课堂学习情况以及师资情况两方面入手，对学生学习环境进行描述。

2.UNESCO 高等教育指标体系

（1）指标体系发展概况

联合国教育、科学及文化组织，简称联合国教科文组织（UNESCO）。在对各国教育事实进行真切把握的基础上了解、分析和解决世界范围内的教育问题成为联合国教科文组织的一项核心任务。为了避免各国不同教育环境以及语言表达对数据收集、分析工作带来的影响，联合国教科文组织在 1991 年开发设计了一套具有系统概括性、广泛适用性的教育指标体系。在指标体系建设之初，联合国教科文组织以系统论为方法论基础，设计开发了一套由教育输入、教育过程、教育输出三个前后连贯、相辅相成的系统构成的教育系统框架，并以此为前提提出了一套包含 31 项指标的教育系统指标体系。联合国教科文组织的教育指标及统计数据主要发表在《世界教育报告》（World Education Report）一书中，在第一版中明确指出，报告的"目的是在广泛的信息和经验基础上向国际社会提供有关全球教育发展过程中的主要趋势和重要问题的简明和最新分析"。报告由世界教育系统状况调查和特定教育主题问题分析两个部分组成，主要涉及的问题与各国决策息息相关，因此带有浓厚的官方色彩。而且，指标侧重各国教育数量信息，而忽视了对教育质量的关注。

《世界教育报告》于 2000 年停刊，取而代之的是《全球教育摘要》（Global Education Digest），在编写主体上发生了重大改变，由专门成立的联合国教科文组织统计局负责。2000 年《达喀尔行动纲领》将世界全民教育运动推进至全新的发展阶段，教育质量成为新千年发展全民教育的核心目标。在这一纲领的影响下，统计局还组织召开了一系列关于全民教育指标的专家会议，设计了全民教育综合发展指数，成为国际公认的权威教育数据。我们对该教育指标体系中的高等教育指标进行了整理，归纳出了关于高等教育发展评价指标。

（2）主要指标体系及内容

联合国教科文组织的高等教育指标从入学、师资、留学生、各学术领域毕业生以及教育经费五个一级指标入手，对世界各国高等教育发展情况进行了描述。与OECD高等教育发展指标相同，设有一、二、三级指标。5个一级指标，涉及高等教育的普及情况、师资情况、财政投入情况、学科分布情况以及国际交流五个方面。在这一级指标下，分别设有二级指标，总计14个。二级指标是对该领域研究内容的细化，指明了不同领域的关注要点。在二级指标下又设了若干个具体描述的三级指标。通过对原始文献的翻译和梳理，我们将各级指标具体的内容通过表2-3来呈现。在此要说明的是，该指标体系是从联合国教科文组织的教育指标体系中梳理而来，在一级指标的描述上较为直白，没有很好的概括性。具体指标上也比较孤立，系统性不强。该指标体系的三级指标存在表达不完整的情况，还有一些指标指向不明，因而在翻译整理中有选择地对其进行了补充筛选。

表2-3　UNESCO高等教育指标体系

一级指标	二级指标	三级指标
入学	总入学数	总入学数：女性比例
	毛入学率	总的毛入学率；男性和女性分别的毛入学率；性别差异指数
	按ISCDE水平的学生分布率	科生的分布率；研究生的分布率
	按ISCDE水平的女性学生比例	本科生的比例；研究生的比例
	ISCDE5的毛毕业率	总的毛毕业率；男性和女性分别的毛毕业率；性别差异指数
师资	师资	总数；女性比例
留学生	留学生总数	总数；女性比例
	高等教育中留学生占在校学生数的百分比	高等教育中留学生占在校学生数的百分比
	原属大洲的数量	非洲；南美洲；北美洲；亚洲；欧洲；大洋洲；不明确的
各学术领域毕业生	毕业生总数	总数；女性比例
	各学术领域毕业生占总毕业人数的比例	教育；人文和艺术；社会科学；商业和法律；科学；工程、制造和建筑；农业；健康与福利；服务；未知的和不明确的
教育经费	生均公共教育经费占人均GDP的百分比	高等教育
	公共高等教育总经费	占GDP的百分比；占政府支出的百分比
	教育自然费用占公共机构教育总支出的百分比	高等教育

3.两个指标体系特点分析

（1）采用"环境—资源—过程—结果"理论分析框架（CIPP模式）

两个指标体系都是从教育背景、教育投入、教育过程、教育结果四个维度展开统计和描述，充分体现了对教育发展宏观背景的关注，如高等教育学历人群全职就业率以及收入等，还有一些指标是社会发展总体情况的反映，教育生态环境是我们了解一个地区教育发展水平的重要因素，对背景的分析，能够更加真实地反映一个国家教育水平发展。教育投入与产出情况，反映的是教育效率问题。教育是培养人的活动，最终的产出都会直接体现在学生身上。因此教育的产出与效率指标在整个指标体系中分得非常细致，数据也提供得很详尽。强调高等教育的普及面即高等教育的规模与人数，注重教育系统内部的均衡与合理，如高等教育的学科结构。这一理论模式成为各个国际组织或国家制定教育指标体系的重要参考。

（2）重视国际通用性和国际可比性

OECD 和 UNESCO 作为世界性组织，在高等教育指标体系的构建上更加注重国际通用性，无论是指标的选取还是相关数据的收集，都力求在切合各国国情的基础上，建立各国间的联系，进行国际比较，如教育经费开支占本国的比值，没有提出统一的国际标准，而是以本国的经济发展状态作为衡量的依据。同时还考虑到教育全球化、全民教育等全球性的教育问题，增加了考察对外开放程度、教育均衡发展的指标，如高等教育中国际学生和外国留学生分布，高等教育中的女性比例等。

（3）指标体系逐渐成熟，指标管理趋于专业化

指标体系的构建是一个繁杂的系统工程，并非一日之功。教育指标来源于社会教育现状，在理论支撑下构建成指标体系，指标体系合不合理，只有通过社会实践的反复验证才能得出结论。两个高等教育指标体系，无论是概念框架，还是具体的指标，都是在实践中不断调试的，经过实践的反复考量，概念框架逐渐稳定，具体指标也越来越简约明确，整体来说，最终形成了一套科学合理的教育评价指标体系。

在指标管理上，OECD 高等教育指标体系由 OECD 成员国政府组织，OECD 秘书处负责，参与 OECD 国家教育体系指标项目的专家与机构具体操作；联合国教科文组织成立联合国教科文组织统计所，专门负责全球教育数据的统计、收集以及《全球教育摘要》的编写。各自形成了一套科学有序地组织管理模式。

（二）国内高等教育现代化指标体系频次分析

高等教育现代化作为中国特色的研究领域，自 20 世纪 90 年代以来，我国学者对高等教育现代化的指标体系作出了大量系统合理的构想，这些有益的探索深化了人们对高等教育现代化指标体系研究的认识。在专家学者以及政府部门的推动下，一些区域高等教育指标体系在实践中逐渐走向成熟。

1. 指标体系的选取与频次统计

（1）指标体系的选取

通过对国内关于高等教育指标体系的相关文献以及相关政策文件的梳理，共搜集到八个较为成熟完善的高等教育指标体系。根据研究需要对这些指标体系进行了选取，最终确定《上海市高等教育现代化指标体系》《江苏省高等教育现代化进程监测评价指标体系》《安徽省高等教育发展水平评价指标》《重庆市高等教育现代化指标体系》《广东省高等教育现代化指标体系》《区域性现代化高等教育指标》6 个指标体系作为比较研究的对象。在

选取范围上包含长三角地区三个由教育主管部门组织建构指标体系以及三个由专家学者构建的指标体系。这些指标体系有的是在概念框架的理论层面得到了专家学者的反复推敲、认证，有的在具体实施的操作层面经历了实践的检验、鉴定，对它们进行深入的比较分析，对构建浙江省高等教育现代化评估指标的研究意义深远、大有助益。为了更加清晰、严谨地得出高等教育现代化的核心指标，案例对来自不同省市、不同构建主体的6个高等教育现代化指标体系（见表2-4）进行了分析：

表2-4　六个指标体系编码表

序号	指标名称	一级指标数	二级指标数	三级指标数	指标总数
1	上海市高等教育现代化指标体系	5	20+17	无	42
2	江苏省教育现代化建设指标体系	8	14	34	56
3	安徽省高等教育发展水平评价指标	4	12	无	16
4	重庆市高等教育现代化指标体系	7	12	无	19
5	广东省高等教育现代化指标体系	4	20	无	24
6	区域性现代化高等教育指标	7	33	无	40

（2）频次统计数据分析

目前收集到的指标体系中，6个指标体系都有一级指标和二级指标，江苏省指标体系中设置了三级指标。其余5个指标体系没有设置三级指标。从指标数量来看，指标总数在16~60，去掉最高和最低两个数量的指标，其他5个指标体系的指标总数都在19~42个。一级指标数量在4~8个，在4、5、7、8数字上各有分布，4项、7项指标的各有两个指标体系。二级指标数量在12~33个，重庆市和安徽省指标体系中二级指标数量较少分别为12个，设立三级指标的指标体系中二级指标的数量也较少，有14个。从设立了三级指标的江苏省指标体系来看，指标数量为34个，从平均数量来看，一级指标的平均数量为5.8个，二级指标的平均数量为21.33，但如果考虑到有的指标体系三级指标欠缺，所以会在一定程度上增大二级指标负荷。所以，江苏省指标体系中的二级指标数量为14个，三级指标的数量为34个，得出一级和二级指标数量和为48个，指标设立总数为56个。

以上数据表明：一级指标数量6个左右比较合适，如果不考虑设立三级指标，二级指标在20个左右，指标总数在30个左右。如果考虑设立三级指标，二级指标在20个以内，三级指标在40个以内。指标总数在60个左右。

2.一级指标频次统计及其分析

分析了上海、江苏、安徽三个地区以及刘耀、刘晖、胡瑞文三位教授构建的共计6个高等教育现代化指标体系，一级指标共计39项。表2-5为各指标体系一级指标详细情况。

表 2-5　一级指标情况表

上海市	江苏省	安徽省	重庆市	广东省	胡瑞文
1. 规模指标 2. 结构指标 3. 质量指标 4. 经费指标 5. 管理指标	1. 教育普及度 2. 教育公平度 3. 教育质量度 4. 教育开放度 5. 教育保障度 6. 教育统筹度 7. 教育贡献度 8. 教育满意度	1. 规模 2. 结构 3. 质量 4. 效益	1. 规模保障 2. 资源保障 3. 制度条件 4. 师资条件 5. 学科条件 6. 高校效益 7. 社会效益	1. 规模 2. 效率 3. 质量 4. 资源	1. 高等教育的质量指标 2. 办学条件指标 3. 人才培养的存量指标 4. 国际化指标 5. 社会服务 6. 就业率和就业质量 7. 定性指标

（1）指标频次统计说明

一级指标的频次统计主要采用归类或指标概括的方法进行。6 个指标体系来自不同的省市地区及建构主体，文字表示上略有不同，因此按照各项指标表述内容的主旨来进行分类统计。总体来看，6 个指标体系共计 39 项一级指标，主要分为规模、质量、结构、经费投入以及资源保障、社会效益及社会服务、对外开放与国际化程度、教育管理及教育治理、现代大学制度建设、教育理念、社会满意度等几大方面，但同时还包括数项不明归属地一级项目，或者具有高度概括性和包含性、难以简单划分类别的项目。

（2）指标频次分析

总体来看，6 个指标体系的一级指标的高频词出现在高等教育规模、社会保障、社会效益、高等教育质量、高等教育管理、高等教育结构、国际化程度 7 个方面。频次从 6 次到 2 次不等。高等教育规模、社会保障、社会效益均出现 6 次，为最高频次，其中高等教育规模在 6 个指标体系中均有出现，在 6 个指标体系中的出现频率为 100%；其次是社会保障、社会效益，也达到 83%；高等教育管理、高等教育结构达到 50%。由此可见这个方面是多数地区关注较高的领域。

（3）高频次指标分析

第一，关于高等教育规模的分析。高等教育规模在 6 个指标体系中的出现频次为 6 次，在六个指标体系中都有出现。约占所有 39 项一级指标的 15.38%。高等教育规模主要包含的内容有：高等教育规模、高等教育普及。无论是用规模还是普及表示，后面的二级指标中都包含高等教育毛入学率这一指标。大多数指标体系是从区域内高校数量、在校大学生数以及研究生在校生比例等方面考察高等教育规模的。此外，上海高等教育现代化指标体系还将留学生教育规模纳入该指标，胡瑞文教授将 25 岁以上人口中接受高等教育的比例作为考察高等教育规模的指标之一。

第二，关于社会保障的分析。社会保障是所有指标体系中出现频次最多的一级指标，为 6 次，分别在上海市、江苏省、重庆市、广东省、胡瑞文等高等教育现代化指标中出现，其中刘耀重庆市高等教育现代化评估指标体系中出现 2 次涉及社会保障的一级指标。从总体来看，社会保障出现频次占所有 39 项一级指标的 15.38%。频次统计过程中，将包含以下内容的一级指标归为"社会保障"一类：经费、教育保障、教育投入、办学条件、师资条件等方面。从各一级指标的原文表述看，"社会保障"表现出高度的概括性，如《上海市高等教育现代化指标体系》《江苏省教育现代化建设监测评估指标体系》《广东省高等教育现代化指标体系》分别将此表述为"经费指标""教育保障度""资源"，其具体内容放在二级指标中。而其他指标体系则表现得更为具体，如重庆市以及胡瑞文学者的指标体系将经费投入和社会保障体现在各个具体领域，包括教师队伍、办学条件、资源保障、师资条件等方面。从"社会保障"的频次和内容表述可见，"社会保障"是大多数地区在评价区域高等教育现代化过程中最为优先关注的方面。充足的资金投入以及优质的师资条件是区域高等教育现代化发展的基础。社会保障主要分为两个方面，一是财政投入，直接影响高校的资金情况以及基础设施建设情况；二是教育人力投入，高校的师资情况也是衡量一个地区高等教育发展水平的重要指标，优质的教师资源是教育质量提升的前提和保障。

第三，关于社会效益的分析。社会效益在8个指标体系中同样出现了6次，分别在江苏省、安徽省、重庆市、广东省、胡瑞文等指标体系中出现。其中刘耀构建的重庆市高等教育指标体系中出现了两次涉及社会效益及社会服务的一级指标。从总体来看，与社会保障相同，社会效益及社会服务约占所有39项一级指标的15.38%。频次统计过程中，将包含以下内容的一级指标归为"社会效益"一类：效率、教育贡献度、科学研究与社会服务现代化、教育效益、高校效益、社会效益、社会服务等。这些数据反映了：所有指标体系都突出"效益"或"社会服务"，但在具体表述上略有不同，有的指标体系将这两方面内容归结到一起，如《广东省高等教育现代化指标体系》用效率这一指标涵盖了生师比、学生毕业及就业情况以及投入与产出比例，江苏省用教育贡献度整合了受教育水平和社会服务两方面内容，安徽省等地区以及胡瑞文的指标体系中同样如此。而重庆市高等教育指标体系略有不同，出现了高校效益和社会效益两个一级指标。"效益"直接反映了一个地区高等教育的成就，可从科研成果以及学生就业情况两个方面来衡量，"社会服务"是高等教育三大基本功能之一，反映的是高校与社会生产的关系。"效益与社会服务"直接与高校"教学、科研、社会服务"三大功能相对应。因此这一指标是区域高等教育现代化评估不可或缺的内容。

第四，关于高等教育质量的分析。高等教育质量在6个指标体系中出现的频次为5次，分别在上海市、江苏省重庆市、广东省、胡瑞文等5个指标体系中出现，约占所有一级指标的12.8%；该指标项在各个指标体系中表达较为一致，均为高等教育质量。5个一级指标所包含的二级指标，都包括学生综合素质和学校办学水平两个方面。此外，上海市高等教育现代化指标体系增加了生师比以及政府、公众、企业和毕业生的满意度两个二级指标，对高等教育质量进行考察。在胡瑞文教授构建的区域高等教育现代化指标体系中，将区域内有影响的高校在全国各个省份录取学生的最高分和最低分的排名，区域特色院校数及在全国排名作为考察高等教育质量的两个指标项。学生综合素质以及高校办学水平是衡量一个地区高等教育质量的可靠标准，提高学生素质、提升高校科研能力是高等教育发展的核心和最终归宿。从这一指标出现频次可以看出，各个地区对"高等教育质量"这一根本问题的高度重视。

第五，关于高等教育管理的分析高等教育管理在6个指标体系中出现的频次为3次，分别在上海市、江苏省以及重庆市指标体系中出现，总体约占所有39项一级指标的8%；从高等教育管理的一级指标的表述上，除了概括性的使用"管理"外，一些指标体系还将"治理""教育制度""现代大学制度"作为一级指标。虽然从一级指标看，这些指标体系普遍较为关注高等教育管理，但从二级指标的具体内容来看，这些指标体系的关注点和侧重点各有不同：《上海市高等教育现代化指标体系》从高校自主权、教育质量管理和外部监测三个方面展开；《重庆高等教育现代化指标体系》涉及现代大学制度。虽然每个指标体系强调的组织和管理的内容不尽相同，但从一级指标看，多数指标都较为重视学校的组织和管理工作，因为这是学校维持正常运作的基本保障，同时也是提高学校教育质量的重要因素。

第六，关于高等教育结构的分析。高等教育结构在6个指标体系中出现的频次为3次，分别在上海市、安徽省、江苏省等三个指标体系中出现，约占所有39项一级指标的8%；这一指标在表达上也较为一致——高等教育结构。通过对各个指标体系下二级指标具体内容的分析，在高等教育结构上存在两个共同特征：一是大致可分为层次结构、分布结构、科类结构三个层面；二是关注高校学科结构与社会企业发展的相关性。

3.二级指标对比分析

（1）二、三级指标的重新分类

在6个指标体系中，同时设有二级指标和三级指标的是《江苏省高等教育现代化指标体系》。通过对比分析，发现该指标体系的二级指标是对一级指标的细化，具有较高的概括性，它的三级指标与其他指标体系的二级指标较为相似，都是对评价指标的具体描述，可操作性强。因此为了频次统计的科学有效，对6个指标体系的二三级指标进行重新分类，分为分层指标和具体指标。《江苏省高等教育现代化指标体系》的二级指标是分层指标，三级指标就是具有较强可操作性的具体指标。除该指标体系外，其他指标体系的二级指标均为具体指标。

（2）分层指标的分析

江苏省指标体系中分层指标共14个，教育质量度下设学生综合素质和学校办学水平两个分层指标，教育开放度下设资源共享和国际化水平两个分层指标，教育保障度由投资水平、师资水平、信息化水平三个分层指标构成，教育统筹度下设布局与结构、体制与管理两个分层指标，教育贡献度分为受教育水平和社会服务能力两个分层指标。

通过分析，发现在江苏省指标体系中，每个一级指标可分为1~3个分层指标。因为只有一个指标体系，所以不能从出现频次上得出结论。作为一级指标下的分支，分层指标是高度概括的一级指标和具体操作的三级指标间的过渡，是两者沟通联系的桥梁，起到承上启下的作用。这类指标在表述上较为精简，指明了评价的方向，但在具体操作上主要依靠接下来的三级指标。我们可以通过对一级指标进行分类或三级指标进行归纳的方式得出二级分层指标。

4.具体指标频次统计及其分析

在重新分类的基础上，我们发现有一部分具体指标在6个指标体系中重复出现，指标的出现频率较高，越能说明指标的重要性，对具体指标的出现频次进行统计分析，是找出核心三级指标的不二法门。

（1）具体指标归类原则

重新分类后的具体指标共148项，涉及六个指标体系。通过把表达相同或相似内容的指标归为一类，并对其进行概括。将148项指标归为了7类，按照同类中表达相同内容指标的多少（频次）排列分别是：社会保障（38次）、高等教育质量（38次）、社会效益（22次）、教育规模（22次）、教育结构（13次）、国际化（8次）、教育管理（7次）。归类的原则是：经费情况、师资情况、信息化建设都与社会投入相关，因此归为社会保障的范畴；高水平大学、重点学科、学生毕业及就业情况都是衡量高等教育质量的重要指标，因此归为高等教育质量范畴；高校技术发明、科研成果转化、教育资源社会开放、社会满意度等与高校产出有关，因此归为社会服务的范畴；将高校地域分布结构、层次结构、学科结构划归到高等教育结构范畴；高校自主管理、现代大学制度、大学章程都是指向高等教育管理的指标，因此划归到高等教育管理的范畴。

（2）高频具体指标分析

第一，社会保障中的高频具体指标。社会保障类指标出现的频次高达38次，居于具体指标频次之首，6个指标体系均有涉及。有8个高频具体指标：生均教育经费情况、专任教师占全体教职工比例、高校经费占教育总经费比例、高校经费占GDP总量比例、教师博士研究生率、信息化建设情况、高校贫困生受资助情况、教师年平均工资。生均教育经费情况、高校经费占教育总经费比例、教师博士研究生率均出现4次，在6个指标体系中的出现频率为66.67%；高校经费占GDP总量比例、专任教师占全体教职工比例、高校贫困生受资助情况、教师年平均工资出现频次均为3次，在6个指标体系中的出现频率为50%；信息化建设情况出现2次，在6个指标体系中出现的频率为33.33%。生均教育经费情况、高校经费占教育总经费比例、高校经费占GDP总量比例、高校贫困生受资助情况四个指标指向经费投入，专任教师占全体教职工比例、教师博士研究生率、教师年平均工资三个指标指向师资情况，信息化建设情况指向信息化水平。除这些高频指标外，不同指标体系还存在一些特色指标，例如，广东省的社会力量举办的高等学校的比例，上海市的捐赠收入占总收入的比例，江苏省的教师领军人才数在全国的占比等。

第二，高等教育质量中的高频具体指标。高等教育质量类指标出现的频次有38次，6个指标体系均有涉及。有7个高频具体指标：生师比、国家重点学科数、大学生毕业初次就业率、国家级科研创新平台数、高水平/一流大学数、学业合格率、博士点。生师比共出现5次，在6个指标体系中的出现频率为83.3%；足见此项指标的普遍性和重要性。

国家重点学科数、大学生毕业初次就业率共出现 4 次，在 6 个指标体系中的出现频率为 66.67%。高水平 / 一流大学数、学业合格率均出现 3 次，在 6 个指标体系中出现的频率为 50%，国家级科研创新平台数、博士点出现频次为 2 次，出现频率为 33.33%；国家重点学科数、国家级科研创新平台数、高水平 / 一流大学数、博士点指向的是学校办学水平，生师比、大学生毕业初次就业率、学业合格率指向的是学生学业水平。除这些高频指标外，广东省用新生保持率来衡量高等教育质量，江苏省颇具创新精神，用人才培养模式的调查问卷来衡量，胡瑞文教授将区域特色院校数及在全国排名作为衡量高等教育质量的重要指标。

第三，社会效益中的高频具体指标，社会服务类指标出现的频次有 22 次，6 个指标体系均有涉及。有 6 个高频具体指标：高校应用研究开发成果转化率、政府 / 公众 / 企业和毕业生的满意度、主要劳动年龄人口受过高等教育比例、技术发明与专利数、高校新型智库、教育资源社会开放情况。高校应用研究开发成果转化率共出现 4 次，在 6 个指标体系中的出现频率为 66.67%；政府 / 公众 / 企业和毕业生的满意度、主要劳动年龄人口受过高等教育比例均出现 3 次，出现频率为 50%；技术发明与专利数、高校新型智库、教育资源社会开放情况出现频次均为 2 次，出现频率为 33.33%。高校应用研究开发成果转化率、技术发明与专利数、高校新型智库、教育资源社会开放情况指向的是为社会提供科技支持，政府 / 公众 / 企业和毕业生的满意度、主要劳动年龄人口受过高等教育比例指向的是为社会提供人才支持。

第四，高等教育规模中的高频具体指标。高等教育规模类指标出现的频次有 22 次，6 个指标体系均有涉及。值得注意的是这一指标类别中只有 3 个高频具体指标，平均每个具体指标出现频次在 7 次，尤其是高等教育毛入学率，这一指标的出现频次为 6 次，是唯一一个六个指标体系中均有出现的具体指标，其重要性不言而喻。其余两个具体指标为每十万人口在校大学生数和研究生在校生人数，出现频次分别为 5 次和 3 次。出现频率都在 50% 以上。

第五，高等教育结构中的高频具体指标高等教育结构类指标出现的频次有 13 次，涉及的指标体系有 5 个。包含高校分布、学科专业门类的数量、高等教育的层次结构 3 个高频具体指标。高校分布、学科专业门类的数量均出现 3 次，在 6 个指标体系中的出现频率为 50%；高等教育的层次结构出现的频次为 2 次，在 6 个指标体系中的出现频率为 33.33%，主要分为位置结构、专业结构、层次结构三个层面。

第六，国际化程度中的高频具体指标。国际化程度类指标出现的频次有 8 次，主要涉及 5 个指标体系。有 2 个高频具体指标：外国留学生数量和高校具有海外学习或工作经历的教师比例。外国留学生数量共出现 4 次，在 6 个指标体系中的出现频率为 66.67%；高校具有海外学习或工作经历的教师比例出现的频次为 2 次，在 6 个指标体系中的出现频率为 33.33%。在一级指标中虽然没有出现国际化程度指标，但在具体指标中多次出现国际交流的字眼，在理论分析部分国际化程度是高等教育现代化的主要构成要素之一，因此在浙江省指标体系的构建中，我们将把国际化程度考虑进去，作为一级指标。

第七，高等教育管理中的高频具体指标。高等教育管理类指标出现的频次有 7 次，涉及的指标体系有 4 个。包含教育质量多元检测系统、现代大学制度、自主依法治校 / 大学章程 3 个高频具体指标。教育质量多元检测系统、现代大学制度、自主依法治校 / 大学章程出现的频次都是 2 次，在 6 个指标体系中的出现频率为 33.33%；高校办学自主权、教育质量多元检测系统主要指向高等教育管理权和监督权，现代大学制度、依法治校 / 大学章程指向高校的制度化管理。通过比较分析，我们发现这些出现频率较高的指标，也就是我们所说的核心指标，大致反映出高等教育发展的共性要求，具有底线性和基础性，同时在一定程度上体现了现代教育的一些特性如均衡性、国际化、信息化等。

第三节　多维评价体系的内涵和要素

传统的教育教学质量评价理论认为，教学质量的评价是一种检测行为，属于教育测量学的研究范畴，而新的教育教学质量评价认为，评价教育教学质量，不只是考核学生的知识点，更重要的是评价要素有利于激发学生的求知欲和探索潜质，帮助学生树立探索精神和创新意识。在这种理念的影响下，多维评价更关注学生探索知识的能力、实际应运知识的能力及综合素质的提高，这是多维评价体系的内涵所在。依据影响教育教学质量的因素，教学质量多维评价体系包含下列要素。

一、多维的教育质量评价内容

在教学质量的评价内容上，要改变以知识点为评价内容的一维评价，建立与多样化的人才培养目标相适应的多维评价内容，根据不同的人才培养目标构建相应的评价指标。对教师教学质量的评价，要改变过去只评价教师课堂教学的做法，依据教师的整体学术水平、科研应用与教学的能力等环节进行过程性综合评价。在评价学生的学习质量时，要改变过去以一张试卷定优劣的考核模式，而要综合评价学生潜能发展，如知识的拓展、知识的应用和探究、技能的掌握和推广、整体素质的提升等多个方面进行全面考核和评价。在专业人才培养质量的评价上，改变过去以掌握专业知识为主的做法，综合考核专业知识的获取；理论知识的理解和掌握；基本技能和专业技能及科学研究能力的水平；在实践中验证和修正理论知识的能力以及对理论知识进行拓宽和创新的能力。

（一）评价指标体系设计依据

目前，对于评价指标体系设计的依据主要有两个方面，一种是从概念分析出发，通过演绎的方式对被评客体属性有关内涵进行分解进而生成具有相互关联的各项指标，另外一种是根据评价目的来确定评价指标体系。评价目的是指进行评价活动所要达到的目标和要求，对评价指标的设计具有导向作用。不同的评价目的会导致评价指标体系的差异。根据评价目的来确定指标体系的具体步骤为：先从评价目的结构分析入手，认真分析评价目的所包含的各种因素，并将其全部罗列出来，再经过反复的分析、筛选，最终提炼出最能反映目标体系的指标，从而形成指标体系。当然，两种方法并不互相对立，在恰当的情境中两者可以很好地结合。对于高等教育质量与水平评价指标体系构建来讲，其最终目的是建设高等教育强国，所以，评价指标体系的设计既涉及对高等教育质量与水平的概念演绎，也要将其与建设高等教育强国的目的结合起来。

1.高等教育质量与水平的概念演绎

当将"质量"与"水平"两个概念连接在一起的时候，在不同的场合或语境所表达的意思侧重点不一样，在过程评价中，"质量与水平"的重心放在"质量"上，在结果评价中，重心则放在"水平"。因此，在作为过程的指标体系的构建中，概念的演绎应该将重心放在"高等教育质量"这一概念上。高等教育质量是个见仁见智的概念，其中尤以联合国教科文组织在考察世界各国高等教育情况基础上所提出的高等教育质量概念最具有代表性和全面性。"高等教育的质量是一个多层面的概念，应该包括高等教育的所有功能与活动：各种教学和学术计划、研究和学术、教学人员、学生、楼房、设施、设备、社区服务以及学术环境等""还应包括国际交往方面的工作：知识的交换、互联网、教师和学生的流动以及国际研究项目等"。因此，可以根据对高等教育质量概念的演绎，选择有代表性和可行性的指标，共同构成一个完整的指标体系，全面反映高等教育质量的各个方面。

2.高等教育强国的内涵、特征

高等教育强国的内涵和特征是什么？指标设计如何体现这些内涵和特征？现有文献分析表明，虽然不同的学者对于高等教育强国这样一个复杂概念有不同的分析和解读视角，但是数量、要素、结构、功能、环境、输入、输出却是绕不开的理解维度。具体而言，一个国家之所以可以称得上高等教育强国，关键在于"它拥有较大的高等教育规模和较高的高等教育普及率"（数量、输入）；在于"它培养出一大批具有国际影响的高水平的人才"（输出）；在于"它建有若干所世界一流的大学或一批世界一流的学科"（要素、输出）；在于"它已经形成多样化、多层次、多类型、布局结构合理、开放的高等教育体系"（结构）；在于"它的高等教育系统已与本国的社会各子系统已形成功能耦合关系，能够全面适应经济社会发展的需要"（功能）；在于"它是世界知识创新、科技创新和高等教育创新的'集散地'"（输出）。因而，在设计指标体系时必须以上述高等教育强国的特征为依据，进行逐层分解并体现在具体的指标上。

（二）评价指标体系构建

1.指标体系分析框架

在逐层分解出评价指标之后，一定要有贯穿其中的理论分析框架将所有指标组织起来，才能发挥指标体系所具有的功能，使深入分析成为可能，否则，分解出来的指标只是一种教育统计数据的堆积。建设高等教育强国的评价目的一方面是评价指标体系不得不放在国家层面来考虑，另一方面也蕴含着对于高等教育质量与水平的评价不是为了证明，而是为了改进。

对于前者，长期致力于教育指标研究的专家约翰斯通（Johnstone，James.N.）认为，在建构国家层面的教育指标体系过程中，教育输入、过程与输出这个框架仍是最常用的分析架构；对于后者，则与斯塔弗尔比姆（Stufflebeam，L.D.）所提出的教育评价的CIPP模式具有恰切性。CIPP即为背景（Context）—投入（Input）—过程（Process）—结果（Product）的评价模式。因而，结合高等教育质量概念演绎和评价目的，可将评价指标体系纳入背景—投入—过程—结果的分析框架，并将其列为评价指标体系的一级指标。

在一级指标下，确定生源与规模、学术基础设施、教育投入、科研投入、学生类型、教师资源、学生投入、教育资源转化、人才培养结果、学术和科研产出、社会服务、国际影响力等12个二级指标，二级指标之下又设立32个观测点，构成高等教育质量与水平评价指标框架（见表2-6）。

表2-6　高等教育质量与水平评价指标体系

一级指标	二级指标	观测点
背景	生源与规模	人均受教育年限
		15～17岁人口高中教育的毛入学率
		18～24岁人口高等教育毛入学率
	学术基础设施	在校生生均拥有图书量
		在校生计算机普及率
投入	教育投入	公共教育经费占GDP的比例
		高等教育经费占总教育经费的比例
		高等教育生均经费指数（生均经费／人均GDP）
		公共高等教育经费占GDP比例
		非公共高等教育经费占GDP比例
		学生资助经费（奖学金、贷款等）占高等教育经费的比例
	科研投入	高校科研经费占GDP比例
		高校科研经费占总科研经费的比例
过程	学生类型、层次	5A类学生比例
		5B类学生比例
		博士生比例
	学生投入	学生课后自我学习时间
	教师资源	具有博士学位教师比例
		教师年薪资占人均GDP比例
	教育资源转化	生师比
结果	人才培养结果	25～64岁人口接受高等教育的比例
		经济活动中人口教育程度构成（高等教育）
	研究和学术产出	师均EI论文数
		师均SCI论文数
		高被引论文数
		师均专利授权数
	社会服务	高校年均非学历教育人次
		师均技术和专利转让收入

一级指标	二级指标	观测点
结果	国际影响力	留学生占全球国际生比例
		外籍教师占本国教师比例
		上海交通大学世界大学学术排行前 500 的高等教育机构数
		泰晤士高等教育增刊世界大学排行前 200 的高等教育机构数

注：统计口径以国为单位。

2.观测点内涵与重要性说明

（1）与高等教育背景（资源基础）相关的观测点

人是教育的出发点和归宿点，在评价一个国家的教育水平时，人口统计上的特征是一个重要因素，对于高等教育来讲也不例外。

人均受教育年限反映的是某一国家人口接受教育的总体水平，受教育年限越长则人口中接受教育的水平越高。完成高中教育是青年人进入高等院校学习的基础，因此高中教育的毛入学率直接影响高等教育的毛入学率及其规模。高等教育毛入学率反映的是国家提供高等教育机会的整体水平，实质上是高等教育培养人才能力的一个标志。

生均拥有图书量和在校生计算机普及率是评价国家或地区学术基础设施能力的指标。从高等教育的逻辑起点高深学问来看，对高深学问的保存、共享的方式和手段则对高等教育和研究有着重要的作用。信息社会，互联网时代，个人计算机不仅为身处高等教育领域的人们打开了交流高深学问的新通道，而且也为高等教育找到高校与社会资源相互合作的途径和方式。当然，传统以图书来保存、共享知识的方式也不能丢弃。

（2）高等教育投入观测点

合理的教育财政投入比例是教育发展的重要保障。在反映高等教育投入的各个指标中，政府对高等教育的财政支持力度和投向直接影响到高等教育质量的高低。公共教育经费占 GDP 的比例反映了一个国家对教育投入的总量，也是衡量一国政府对教育努力程度的主要指标；高等教育经费占总教育经费的比例反映一国政府在总体财政资源中如何对各级教育进行分配；高校生均经费指数含义是一个国家用一个 GDP 支撑了几个学生完成其一年的学习，也可以说相对于一定的经济发展水平，一个国家拿出多少财力支持相关教育的发展。从经费来源结构上看，高等教育的社会效益为政府对高等教育投入并发挥主导作用提供了充分合理性，但是，由于政府对高等教育投入的增长无法满足人们对高等教育日益增长的需求，非公共资金带着满足利益相关者的兴趣、需要的使命介入高等教育的现象开始在全球出现。因此，观测点"公共高等教育经费占 GDP 比例"与"非政府高等教育经费占 GDP 比例"在结构上的伙伴关系也会影响一个国家高等教育系统的使命和质量。与扩大高等教育入学机会一样，促进高等教育公平也是提高高等教育质量的一种方式和衡量手段。"学生资助经费（奖学金、贷款等）占高等教育经费的比例"反映了一国政府对弱势学生群体入学机会的关注和资助力度。

通过研究促进知识的发展是高等教育系统的重要职责，研发经费是保证高校实现这一职责的重要保障。"高校研发经费占 GDP 的比例"反映了一国企业、政府、高等教育部门、私人非营利部门对研发的投入力度；"高校科研经费占总科研经费的比例"反映了研发经费在上述各部门的分配。

（3）体现高等教育过程的观测点

对过程的监测也是保证质量的重要手段。与高等教育过程相关的主体主要有学生和教师及两者的比例。观测点"5A 类学生比例""5B 类学生比例"和"博士生比例"反映了高等教育结构的多样化程度及比例与社会需求的协调性。学生是学习的主体，学习效果既取决于学校的教学安排，也取决于学生课后的自主学习。与其他观测点相关的统计数字不同的是，观测点"学生课后自我学习时间"需要通过抽样调查来获得相关的数据。拥有博士学位是大多数国家高校教师的入场券，因而，拥有博士学位教师比例反映了一个国家高校教师所具有的基础学术训练水平，也体现了师资的质量与水平。教师年薪占人均 GDP 比例是反映高校教师职业获得经济收入在社会各职业中所占的位置，是教师职业是否具有吸引力的标志。生师比是影响教育质量的重要指标。生师比越低，师生之间互动的机会可能越多，学生得到教师的指导就越多。反之，亦然。

（4）高等教育结果观测点

结果是直接体现质量的直接观测点。在高等教育的人才培养结果中，观测点"25～64岁人口接受高等教育的比例"反映以往高等教育培养人才的存量。高等教育所培养的人才必须能够参与经济活动才能体现出其质量和价值，观测点"经济活动人口教育程度构成"中高等教育的比例说明了这一点。

科研产出的具体观测点包括"师均 EI 论文数""师均 SCI 论文数""师均专利授权数""高被引论文数"。虽然科技论文 EI、SCI 收录和被引是一个在国际学术界广为争议的话题，但是在没有更有效的衡量方法出现之前，其对科研质量的度量仍然是主要的方法。由于高深学问只有同行才能理解，高被引论文则通过同行评价体现了科技论文的质量。专利本身的特点之一就是要有新颖性，反映了技术发明创造活动的水平。

根据高等学校的社会服务职能的含义是"以直接满足社会的现实需要的为目的、以教学和研究职能为依托，有目的有计划地向社会提供的具有学术性的服务"，指标体系将"高校年均非学历教育人次"和"师均技术和专利转让收入"作为评价高等学校社会服务的观测点。

正如克拉克·克尔所言，"大学按它对普遍知识的承诺的性质而论，本质上是国际机构"，因而，吸引着来自许多国家的学生与教师。观测点"留学生占全球国际生比例""外籍教师占本国教师比例"体现了一国高等教育系统从其他系统获得资源的吸引强度。这种资源在反映本国高等教育质量与水平的同时，也通过交流、理解促进该国高等教育质量与水平的提升。世界一流大学是一国高等教育系统的标杆或高地，在各种不同世界大学排行中，一国的高等教育机构居于何种位置、数量的多少体现了该国高等教育标杆或高地高度。观测点"上海交通大学世界大学学术排行前 500 的高等教育机构数"和"泰晤士高等教育增刊世界大学排行前 200 的高等教育机构数"分别从学术排行和声誉排行两方面分别反映一个国家高等教育机构的国际学术地位和社会声誉。

（三）指标体系构成特点

高等教育质量与水平评价指标体系构成特点可以参照图 2-1 来理解。

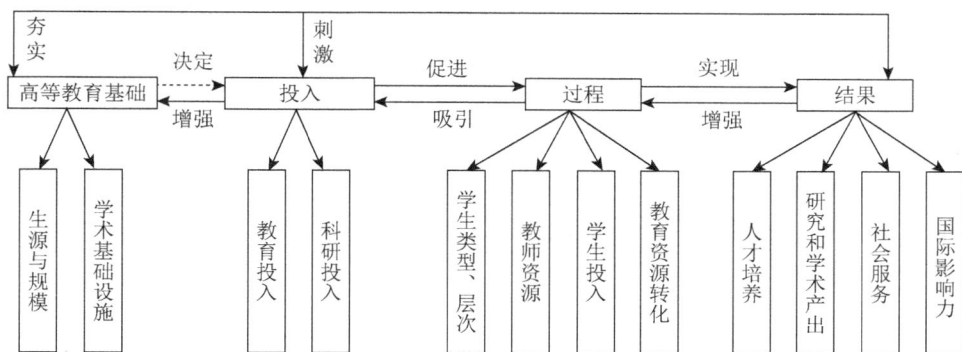

图 2-1 高等教育质量与水平评价指标体系框架

1. 反映高等教育质量的本质特征

指标体系从高等教育质量概念的内涵演绎出发，使具体的观测点并不是一种主观判断，而是有着比较充分的依据，反映高等教育质量的本质特征。

2. 以诊断和导向为功能

评价指标体系的构建以建设高等教育强国为目的，因而，具有诊断和导向的功能。通过观测指标观照高等教育，诊断发展过程中所存在的质量问题，找出解决问题的对策，进而发挥其导向作用，指导高等教育各个方面向前发展，最终达到高等教育强国的目的。

3. 反馈性与可塑性的统一

一方面，指标体系的构建不仅遵循着输入—过程—结果的分析框架，而且在体系内存在着反馈回路，体现为结果评价不仅可以夯实高等教育的基础，而且可以刺激高等教育投入。

另一方面由于高等教育职能的多样化，指标体系可以根据研究的需要变换组合，具有可塑性。

4. 过程考察与结果

考察的统一针对以往评价指标体系注重结果评价的弊端，该评价指标体系在重视结果评价的同时增加了反映教育过程的指标。

5. 与社会、经济发展密切相关

根据教育外部关系规律，科学、合理的高等教育质量与水平评价指标体系必须置于国家特定的人口、社会与经济背景中。缺乏高等教育发展外部条件的考察，局限于高等教育单个领域的孤立描述是片面的。因此，该评价指标体系充分体现了对高等教育发展宏观背景的关注，从人口年龄的相对数量、教育支出占 GDP 的比重到教师年薪资占人均 GDP 比例等，许多指标都反映了社会总体状况的对比及变化，体现出较强的社会相关性、政策相关性。高等教育是一个复杂的、多层结构的系统，对其质量进行评价则是一个更为复杂的领域。从概念演绎和评价目的分解归纳出的评价指标体系则是一种自然的诉求，具体的实证评价还必须根据实践中获得的数据对应然评价指标体系进行实然的改造和修正。

二、多维的教学质量评价主体

评价教师的教学质量时，改变过去单纯由教学管理者进行评价的方式，充分考虑学生是教学活动的主体，对教育教学质量最具发言权，同时结合同行专家、教育管理者及教师本人的评价，使教学质量评价科学客观、真实有效。随着我国高等教育的迅速发展，高等教育质量的评估主体也逐渐由一元化转向多元化。政府、顾客、中介组织以及高校自身等高等教育质量评估主体具有不同的特点，要科学地选择高等教育质量评估主体，先就必须把握好各种不同评估主体的特点。

（一）政府

政府一直是我国高等教育质量的主要评估主体。计划经济时代，高等教育全部由政府主办，政府集管理者、投资者、评估者于一身，对高等教育采取直接监管的方式，高等院校作为政府的附属机构，直接在政府的监管下按照政府的指令下运转。

在高等教育质量评估中，政府作为评估主体，其评估结果具有较强的权威性。政府本身具有行政权力，且掌握一定的高等教育发展资源，因此政府评估结果中具有很高的权威性，容易得到相关各方的承认和接受。同时，政府设定的高等教育质量评估标准较完整，高等教育质量影响着一国社会经济的发展，政府具有充足的动力和资源进行高等教育质量全面评估。此外，政府评估结果定期向社会免费公布并报教育行政主管部门备案，形成对高等教育质量连续性的长期关注，有助于形成对社会高等教育评估的正确导向，也利于高等教育质量的进一步改进和提高。

然而，政府作为高等教育质量评估主体，也存在一些问题。政府进行高等教育质量评估以及后期评估结果反馈中，政府不得不考虑平衡各方面的关系，政府对高等教育质量的评估必然存在着一定的功利性，导致不公正的政府评估结果，从而对高等教育质量的科学评估和有效提高产生不良影响。

在高等院校办学自主权逐步增大的形势下，政府作为高等教育质量评估主体的重要地位没有变，但必须改变高等教育质量评估主体单一政府化的片面状况，转向政府、社会、高校共同协作的多元格局。政府的评估也必须从具体运作转向原则关键的指导方面，唯有如此，才能赋予社会、市场乃至高校自身充分的调控应变能力，真正实现"个性化、特色化"发展的中国高等教育格局。

（二）顾客

普通商品质量往往定义为"产品符合规定要求的程度"，它的实际决定者往往是以顾客的要求和期望为依据的。高等教育是一种服务，本质上是针对特定消费群体的一种特殊产品，在某种程度上，它的质量也可以反映在其符合顾客要求或期望的程度中。因此，学生及其家长作为高等教育的直接消费者，无疑具有对高等教育质量进行直接评估的资格。

高等教育质量的高低直接关系到它的直接顾客（学生及其家长）的切身利益，关系到学生经过高等教育后其自身价值增值程度。当然，需要注意的是，高等教育服务的顾客并非只有学生及其家长，还有很多受到高等教育质量影响的间接顾客，如用人单位。

在过去很长一段时间内，顾客很少成为我国高等教育质量评估主体。进入20世纪末期，逐渐出现了一些反映顾客评价的高等教育质量评估指标，如就业率。但总体说来，我国以顾客为主导的高等教育质量评估还缺乏系统性，没有出现以顾客评价为主的系统评估，如在其他评价主体（如政府）的评估中加入相关指标，包括就业指标（在一定程度上反映用人单位对高等教育质量的满意程度）等。

由顾客进行高等教育质量评估，可以较好反映社会、市场、个人的需求及其满足程度，反映高等教育与现实社会的衔接水平，具有较强的现实性。但是由于顾客评价的个体偏好和对短期效果的重点关注，有可能会造成一定的偏差乃至成为高等教育发展的错误导向。例如，市场，特别是个体消费者对高等教育的期望主要反映在就业能力、收入等短期指标上，这可能会导致高校片面追求热门专业的教学，忽视基础性学科，这本身就大大削弱高等教育质量及其后续发展能力。

高等教育本身的特殊性决定了顾客以短期利益为主导的判断标准存在其自身的弱点，但它作为联系高等教育与市场的纽带，的确能够在一定程度上形成较为公正的高等教育质量评估。合理利用顾客这一评估主体，要求结合其他评估主体进行综合评价，克服顾客这一评估主体中存在的误导，促进高等教育质量持续健康的改善与提高。

（三）中介组织

随着高等教育的重要性日益渗透社会，外部评估的另一主体——中介组织对高等教育质量评估的参与日益明显，主要包括行业协会、民间团体以及新闻媒体所进行各种高等教育质量评价。

社会中介组织作为高等教育质量评估主体，具有公平、多样和量化的评价标准，同时又可以在一定程度上克服个体顾客在高等教育质量评估中的短视问题，它本身又具备脱离各种利益平衡的条件，因此，总体而言，可以较好地客观反映高等教育质量状况。但是，由于中介组织存在于高等院校及其相关管理机构的外部，获取资料只能以定量指标为主，有时无法正确反映高等教育质量的所有差异，可能对我国高等教育发展形成不良的量化导向，如部分地区出现的对高考录取分数、论文发表数量、课题数量以及经费数量的片面追求，就反映了中介组织量化标准带来的问题。

中介组织可以从第三方的角度根据对外公布的定量指标评估高等教育质量，但无法反映高等教育质量的定性方面和内部情况。因此，中介组织作为高等教育质量评估主体，必须充分联系高等教育内部评估，才能全面客观反映高等教育质量水平，避免量化指标的片面导向。

（四）高校自身

高等院校自身作为高等教育质量内部保障的主体，是控制高等教育质量的实际运作主体。没有高等院校自身对高等教育质量的评估和反馈调控，高等教育质量外部评估就不能起到改进完善高等教育质量的作用。高等院校需要对自身的教育教学质量进行控制和自我评价，不断调适高校内部的自我发展、自我约束机制，使高等教育处于不断优化和完善的良性运行过程。

在高等院校获取办学自主权之前，高校自身既没有进行自我评估的权力，也没有自我评估的动力，所有工作直接处于政府的直接监管之下。但随着高等院校办学自主权的逐步回归，高等院校自身在保证高等教育质量方面起着越来越重要的作用，逐渐成为高等教育质量的主导力量。目前，高等教育质量水平在很大程度上取决于高等院校自身。

高等教育质量不仅受到高等院校教学团队的影响，而且，录取学生质量乃至教育管理团队的效率都会对高等教育质量产生重要影响。高等院校自我评价可以在充分、客观、准确了解现有状况的基础上进行，大幅提高了评估的正确程度和针对性，有利于指导高等教育质量的改善和提高。当然，也必须认识到，单一高等院校自身作为高等教育质量评估主体，难以实现横向比较，容易陷入"夜郎自大"的评估陷阱，难以拓展思路，创造性地改进高等教育质量水平。

因此，高等院校自身作为高等教育质量评估主体之一，必须以政府制定的高等教育质量指标为指导，在充分了解社会宏观质量需要的前提下，结合本校办学实际特色，合理定位高等教育质量水准，形成具有一定特色的高等教育目标，制订切合实际的培养方案，在高等教育实施过程中不断检查，及时纠正偏差，以自身终结性评价和成果评价为标准，不断改善高等教育质量水平。面对我国高等教育发展的新形势，高等教育评估主体的选择对高等教育质量的评估与保障乃至高等教育的发展至关重要。高等教育质量评估中不同评估主体所处的位置和利益不同，其评估出发点和重点各不相同，评估后的调节反馈机制及其作用方式也存在差异，必将对高等教育质量产生不同的影响和引导作用，这关系着我国高等教育发展的方向。在目前形势下，我国高等教育评估主体应该是由政府、顾客、中介组织和高等学校自身这些按照不同评估重点、不同反馈机制和不同作用方式组成的高等教育评估主体协作系统，共同参与、协调发展，一方面各自承担自己独特的职责，另一方面有机结合在一起，促进高等教育质量的提高，实现高等教育的健康、持续发展。

三、多维的教学质量评价方法

评价教师的教学质量时，除采取常用的教学质量评价以外，选择"我心中最满意的教师"、教师讲课比赛、课堂教学质量问卷等方法，全面、客观、准确地评价教师的教学质量和教学能力，这样，不只把评价作为教师考评的依据，更重要的是帮助教师找准教学中存在的问题和不足，改进教学方法；评价学生的学习质量，改变过去以考试定终身的做法，建立考试、课程论文、课堂探究、实践教学等多形式考核机制进行评价；评价专业人才培养质量，结合学院教学工作状态评价、学院教育质量分析报告、专业认证与评价、学生及毕业生调研及专业社会调研等形式，形成专业人才培养质量的评价结果，以改进人才培养模式。

（一）教学评价的对象和实施方法

1.教学评价的对象

（1）对课程设计的评价

把课程设计作为评价的对象，是要考虑课程的目标、指导思想和实施方向等问题。对课程设计的评价，包括对课程标准、教材、教学安排、课程实施和课程成果总结等的评价。

（2）对课程实施的评价

课程实施包括教师实施课程的教学活动和学生学习课程的活动。教师实施课程的教学活动包括备课、上课、课外辅导、作业评改指导和考查考试等环节。主要是教师钻研和使用课程标准的活动和教师与此相关联的教学方法、手段的运用，课程教材实现课程标准的可行程度和有效程度。为适应学生不同的需要，教师对课程所作的补充、删节，以及对教学环节、方法、策略、媒体的调节和运用。

（3）对学生的学业成绩及其自身发展的评价

课程设计和教学活动的目标和效果是通过学生的学业成绩及其自身发展直接反映出来的。学生学业成绩及其自身发展的评价是课程评价中最核心、最基本的活动。评价的领域包括认知领域、态度领域和动作技能领域。

（4）对课程系统的评价

课程系统是课程决策和课程实施的系统，它的三项基本职能为：课程编订、课程实施、课程评价。课程系统的主要职能是编订课程规划，使它通过教学系统得到实施，并根据评价的反馈信息来加以修改。课程实施包含课程改革、课程教学策略和影响课程实施的因素等，课程评价包括评价教师使用课程、评价课程设计、评价学生课程成绩和评价课程体系。

（5）对课程评价的评价

课程评价本身也可以是评价的对象，在评价工作完成之后，为了考察评价方案的实施过程与结果，总结成功经验和纠正不足，而对已完成的评价工作进行价值判断，即对刚完成的评价工作进行再评价。课程评价通常包括对以下几个方面的评价：评价目的、评价对象、评价程序和方法、评价结论、评价制度、评价影响、评价理论研究和评价影响等。

2.教学评价的实施方法

要实施教学评价，首先要分析教学评价的关注焦点——教学过程的基本要素，接着讨论构建评价体系的原则，然后得出具体实施的方法。

（1）教学过程的基本要素分析

构成教学过程的基本要素主要有输入、过程、输出三个互相紧密联系的方面。输入主要包括政府和其他机构对学校的投入，学校的资源，师生在时间和精力等方面的投入，过程主要包括教学行为符合教学目标程度、教学行为优化的程度。输出方面主要是指学生的发展变化，以及这种发展变化达到某一标准的程度，满足公众期望的某种程度等。

当前衡量教学质量的主要手段就是实施教学评价，教学质量作为教学过程的结果，对其质量的判断就是对上述三方面的要素做出评价或判断。教学质量作为教学产品或教学过程的优劣程度，对其的评判需要建立一整套的标准，需要通过指标体系来实现。

（2）教学评价体系的构建原则

教学评价体系的构建除了要遵循教学评价的指导思想，还要体现教学活动的一般规律，包括坚持正确导向，坚持客观、公正、全面的原则，坚持科学性和可行性相结合等。在具体实施中，还应注意以下：

1）主观和客观的关系

在构建评价指标体系时，要注意既遵循高等学校的教育教学规律，又要在日常的教育教学工作中具有可操作性。指标体系的计分标准要尽量客观，要能经得起理论的检验和证明，避免操作的主观随意性。另外，指标的设计要依据高等学校的实际情况，适合进行教学质量的评价和控制。

2）定量与定性的关系

一般认为，在教学评价中应该尽量使用确切的定量指标，但在实际情况中教学评价的指标体系中往往会出现大量的定性指标。对于定性指标应对其进行科学的分析，力求将其量化，对于确实无法直接量化的指标应该制定其自有的评价标准。

3）静态与动态的关系

由于教学评价需要反复实施，所以一个完整的评价指标体系应该尽量保持稳定。如果由于指标的选择和设计不合适或经常变化导致评价结果时有时无或者忽高忽低的话，那么这样的评价结果或结论很显然是不可靠的。另外，由于高校的内外部条件可能发生变化，因而教学评价从长期来说又是动态发展的，只有静态与动态的有机结合，这样才能保证评价过程的连续性。

4）全面与实效的关系

评价指标体系的设计，既要考虑系统性和覆盖面，尽可能地、全面反映评价对象的状况，又要根据目前高等学校的实际情况有所侧重，还要防止评价指标过多过滥。针对本文研究的课堂教学评价来说，应该侧重教学态度、教学内容、教学方法、教学效果等指标。

（二）教学评价的实施方法

常用的综合评价方法很多，可分为量化方法和非量化方法，非量化方法有评等法、评语法和写实法等，属于传统的评价方法，优点是方法简单、容易掌握，缺点是粗略、评价结论不清晰。非数量化方法不是本文研究的对象。而量化方法有综合评分法、综合指数法、层次分析法、TOPSIS法和模糊综合评判法等。以下是对它们的概括总结：

1.综合评分法

用于评价指标无法用统一的量纲进行定量分析的场合，而用无量纲的分数进行综合评价。综合评分法是先分别按不同指标的评价标准对各评价指标进行评分，然后采用加权相加，求得总分。

2.综合指数法

在确定指标体系的基础上，对各项指标个体指数加权平均，计算出经济效益综合值，用以综合评价的一种方法。即通过处理一组相同或不同指数值，使不同计量单位、性质的指标值标准化，最后转化成一个综合指数，以准确的评价工作的综合水平。综合指数值越大，工作质量越好。

3. 层次分析法

将一个复杂的多目标决策问题作为一个系统，将目标分解为多个目标或准则，进而分解为多指标（或准则、约束）的若干层次，通过定性指标模糊量化方法算出层次单排序（权数）和总分排序，以作为目标（多指标）、多方案优化决策的系统方法。

4. TOPSIS 法

系统工程中有限方案多目标决策分析的一种常用方法。根据有限评价对象与理想化目标的接近程度进行排序的方法，是在现有的对象中进行相对优劣的评价。该方法只要求各效用函数具有单调递增（或递减）。TOPSIS 法是一种逼近于理想解的排序法。

5. 模糊综合评判法

利用模糊变换原理和最大隶属度原则，考虑与被评价事物相关的各个因素，对其做综合评价。本方法以其独特的处理模糊事物的方法，充分地、科学地体现出定量与定性相结合的思想，对不易定量的指标评价结果，既能提供较准确的定量数据，又能提供准确、适当的评价等级，使定性评价有一个客观依据。根据教学质量的评价指标体系特点和综合评价要求，本文选用的是模糊综合评价法和层次分析法（AHP）。首先确定各级评价指标内容，然后利用成分分析，确定各级指标的权重，对收集到的原始评价结果进行模糊处理，将定性数据量化，最终完成评价，得到量化结论。

（三）教学过程监控

1. 教学过程和过程化的教学评价

越来越多的教育研究学者认为教学活动是一个过程，教学过程同样包括输入、过程和输出三个方面。针对教学过程的评价也应该包含有过程的思想。这种过程化的评价思想起源于美国教育学家得雷斯（P.Dresel），他认为："所谓评价，就是决定某种活动、目的及程序的价值的过程。这个过程，分为目的的明确化、收集有关合适的情报、决策等三个阶段。强调评价是搜集信息的过程、提供决策依据的过程、判断效果的过程、教育优化的过程以及价值判断的过程等。评价所追求的目的便是为了达到目标而最有效地去灵活使用手中的资源。"也就是说教学评价着眼于过程，强调评价是搜集信息的过程、提供决策依据的过程、判断效果的过程、教育优化的过程以及价值判断的过程等，可表述为：

①教学评价是一种有明确的目标活动过程。

②教学评价的过程包含着一系列的步骤和方法，需要采取诸多的手段和技术来收集信息，分析、处理信息。

③教学评价依据一定的价值观，对评价对象实际状态与预定目标进行比较。

④教学评价的目的是要通过价值判断，取得评定结果，为教育决策提供依据。

归纳来说教学评价就是为对教育活动满足社会与个体需要的程度作出判断的活动，是对教育活动现实的或潜在的价值做出判断，以期达到教育价值增值的过程。

2.教学过程监控

在高校已经普遍开展教学评价工作的今天，如何能够更好地利用已经收集到的历次教学评价信息数据更好地为教学服务是一个新的课题。

高校每天都要进行教学活动，教学是一个长期的过程。这种教学过程与企业制造产品的过程有许多相似之处。一个企业中，在多个生产和管理部门的共同努力下，每天都在按照生产计划制造产品，如果对任何一个生产流程环节出现的失误不进行及时的纠正，那么最终生产的产品将不符合预先制定的产品质量目标，从而成为次品、废品。因此现实中的企业通常成立品质管控部门对生产过程进行实时监控，以保证在生产过程中的上一环节的产品质量对下一个环节来说都是在设定范围内的，整个生产过程是稳定的和可靠的。同理，高校每天都在教学、行政、教辅、后勤等多部门的工作配合下有条不紊地"制造"着"教学质量"这种"产品"。在这个过程中，如果任何一个环节出现了偏差，那这个过程最终生产的"产品"就有可能出现质量偏差，成为废品、次品，从而无法满足社会和公众的需要。因此对高校教学过程的监控就应该像生产企业对产品质量的监控一样，不应该等到产品生产结束再去检测质量的好坏，而应该在生产过程的各个环节设置若干监控点，在产品处于半成品状态时随时发现问题，随时进行调整和处理。教学过程监测的思想就是在教学过程中设置若干测评环节，对教学质量随时进行评价，以用来监测、管控，并且做到发现问题及时纠正，保证教学质量的优质和稳定。教学过程监测示意图如图 2-2 所示。

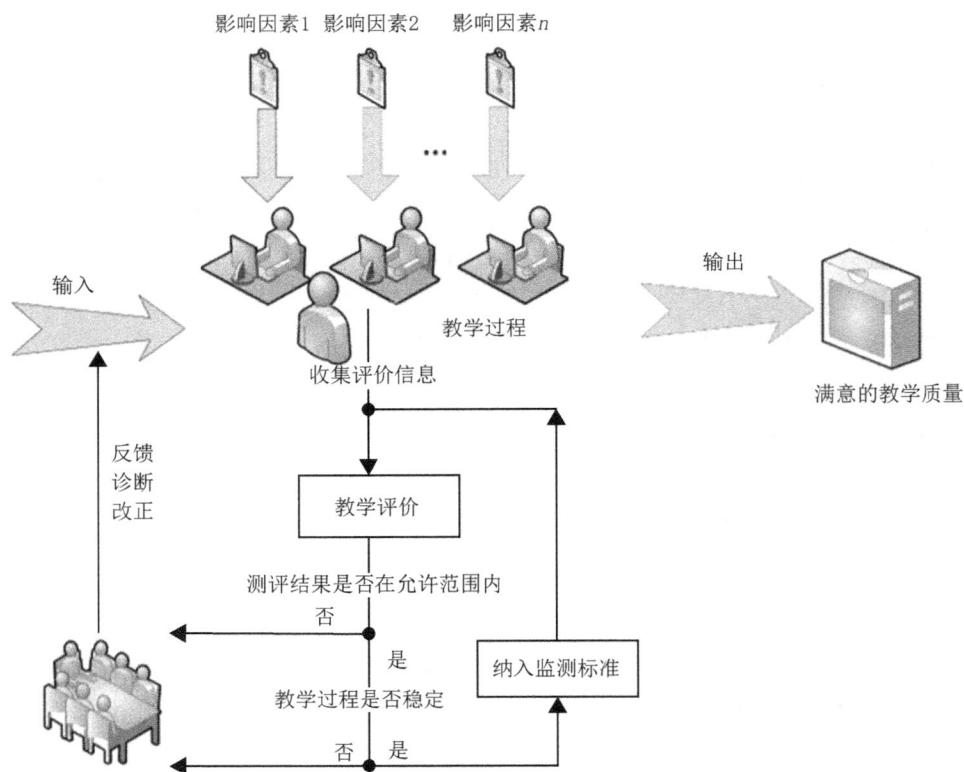

图 2-2 教学过程监测示意图

四、高等教育评价中的案例指标及其标准化

案例指标是基于多方证据支持的对代表性工作及其影响力的实例叙述，由基本信息、主要内容、实际影响、证据支撑等要素构成，具有融合结果评价、过程评价、增值评价与综合评价的特点和优势。但案例偏"软"的特点，使其作为评价指标的科学性、可操作性、可比性受到影响。推动案例指标的广泛使用，需要对其进行标准化，即以案例构成要素归一化为核心、提升指标可比性和有效性的过程。案例指标的标准化包括内容标准化、影响力类型及其标准化、证据类型及其标准化、评分等级及程序标准化等维度。

（一）问题的缘起

强化"典型案例"评价，是第五轮学科评估的基本原则之一。此前，案例作为观测指标已被引入第四轮学科评估和"双一流"建设首轮评价之中。我国高等教育评价逐渐重视典型案例的作用，但如何运用案例指标，目前仅有一些原则性要求。实例在国内外已有研究和实践的基础上，对高等教育评价中的案例及其构成要素，案例作为评价指标的优势和缺陷，如何通过标准化处理提高案例指标的科学性进行探讨，以期提升案例指标在高等教育评价中的有效性，为进一步扩大其适用范围提供参考。

1. 典型案例成为高等教育评价的重要依据之一

案例在高等教育评价实践中，特别是在高等教育社会服务和科研影响力评价方面已被不同程度地采用。2016 年在我国第四轮学科评估中，单独设置了"社会服务贡献案例"观测点，通过各学科点服务经济社会建设若干"代表性案例"来观测其社会服务成效。2020年教育部办公厅发布《关于开展 2016—2020 年"双一流"建设周期总结工作的通知》（教研厅函〔2020〕4 号），要求建设高校在总结中提炼并编写学校、学科完成五大建设任务和五大改革任务的典型案例，每校不超过 10 个。评议专家组结合学校提交的案例对其典型成效、创新举措和成功经验进行评价。在近期启动的第五轮学科评估中，强化典型案例评价成为基本原则之一。

从国际经验看，英国高等教育卓越研究框架早已将案例指标应用于评价实践。英国高等教育基金委员会等机构在 2014 年使用高等教育卓越研究框架评价体系替代此前的研究评估考核，并首次引入案例指标以评价科研影响力。英国高等教育卓越研究框架 2014 采用"案例＋影响力模板"方式对高校卓越研究影响力进行评价，案例指标的权重为 20％；在高等教育卓越研究框架 2021 中，案例指标的权重提升到 25％。典型案例在高等教育评价中日益受到重视。

2. 国内外有关高等教育评价案例指标的研究

我国运用案例指标进行高等教育评价起步较晚，专门针对高等教育评价案例的研究比较少。主要有李晓轩、刘兴凯等人分析了英国高等教育卓越研究框架科研影响力评价方法、机制及其启示，王楠等人基于英国高等教育卓越研究框架 2014 中的 6679 份案例对科研活动社会影响力的特点和高影响力进行再分析等。国外关于高等教育评价案例指标的研究更丰富，涉及案例指标的可行性、构成要素、语言特征、评价方法、实施效果等。例

如，"兰德欧洲"回溯分析了英国高等教育卓越研究框架 2014 评价过程及其效果，认为案例是科研活动影响力评价的恰当指标；沃特迈尔（R.Watermeyer）等人从评价专家的视角探讨了案例的构成内容及其证据支撑要求；里德（M.Reed）等人利用统计方法对比了高分和低分案例的语言表述风格，认为案例表述方式对评价结果有重要影响。

（二）案例作为评价指标的优势与缺陷

厘清高等教育评价语境中案例的内涵、构成要素及其作为评价指标的优势和缺陷，是深入理解案例指标的前提。

1.案例的内涵及构成要素

案例是一个司空见惯的词，在不同语境中均可使用。《现代汉语词典》中的解释是：某种案件的例子。案例广泛应用于多个领域，通常是对真实发生的典型性事件的叙述，具有明确的目的或示范作用。在不同领域，对"案例"概念有不同的界定。在法学领域，案例是指一个审判前的特殊事件或该事件的一个书面记录及其裁决。在医学领域，案例是指症状、诊断以及治疗的记录。在工商管理领域，案例是一个商业事务的记录，以及赖以决策的相关事实、认识和成见。在教学领域，案例是一个描述或基于实际情境创作的故事，包含一个或多个疑难问题及其解决方法。根据高等学校的功能和高等教育活动的特点，高等教育评价案例与法学案例、教学案例等明显不同，是特定主体在人才培养、科学研究或社会服务领域开展的代表性工作及其影响力的完整呈现，是系统阐述代表性工作实施过程和结果、实际影响力表现方式和影响范围的文字表述与证据的集合。

综合已有研究文献和评价实践可以发现，作为高等教育评价指标的案例，其构成要素包括四个方面：执行主体，如执行机构和人员的信息、具体执行时间等；核心内容，如解决的问题、关键举措和最终结果等；成效及影响，如呈现形式、影响范围和受益群体等；证据及其来源，如以数据呈现的证据、写实性证据等。这四个要素构成案例指标的基本框架，是同行专家据以评价的基本维度。作为评价指标的案例，首先，要有典型性或代表性，所以又被称为典型案例；其次，案例是代表性工作的写实性评价，以文字形式呈现，属性上偏"软"，无法定量比较；再次，案例是代表性工作实施过程和结果、实际影响力及其证据的完整、系统性呈现；最后，基于案例指标的评价是一种同行专家的判断。这些特征也是案例指标区别于其他评价指标的主要方面。

2.案例作为评价指标的优势

根据 2020 年 10 月中共中央、国务院印发的《深化新时代教育评价改革总体方案》，未来很长一段时间内，如何在科学有效的原则下改进结果评价、强化过程评价、探索增值评价、健全综合评价是评价改革的难点。对照改革方向，案例指标较好地融合了结果评价、过程评价、增值评价，也是综合评价的重要参照，具有较强的自身优势。

①案例指标具有明显的过程本位特点，是其核心优势所在。案例指标以文字形式系统阐述代表性工作整个过程，能完整呈现代表性工作的目标或问题、实施思路、措施、形成的模式、取得的成效及证据等。这对改进结果评价具有重要意义。结果性评价往往因普遍

存在的数量标准对质量标准不同程度的替代而陷入重数量轻质量的误区。案例通过若干代表性工作的写实性呈现，可以对结果产生前的关键内容及结果的后续影响加以补充。

②案例指标是增值评价的有效方式。增值评价就是看评价对象在评估周期内进步的幅度，是衡量纵向增加值。案例指标作为写实性证据和定量数据相结合的发展性指标，能从内在过程与外在表现等维度呈现评价对象在评估周期内的发展增量或增值，既可发挥定量指标客观且便于横向比较的优势，也可借助同行的专业判断，弥补定量指标在过程评价上的盲点。

③案例指标对完善综合评价具有重要价值，主要体现在其不仅以结果为依据，而且全面呈现了代表性工作的关键环节、关键信息和实际影响。案例指标对综合评价的支撑作用，当然也取决于案例的数量以及所呈现代表性工作的覆盖面。以一定数量相互补充的代表性案例组合为指标，可以较好地实现综合评价功能。从高等教育评价实践来看，"双一流"首轮建设情况总结和第五轮学科评估虽对案例数量进行了限制，但也要求评价对象提供的案例覆盖人才培养、科学研究、社会服务等不同方面，相互支撑，便于呈现总体办学情况。

3. 案例作为评价指标的缺陷

要充分发挥案例评价指标的天然优势，必须克服其自身存在的缺陷。案例指标有三个方面的缺陷：

①案例主要以文字形式呈现，辅以各类证据，文字表述偏"软"的特点使其无法像其他评价实践中广泛使用的定量指标那样简单且易于横向比较。

②案例指标呈现的代表性工作即使指向人才培养、科学研究或社会服务等相同办学功能，但每个评价对象可能选取的侧重点不一样，而且没有基本框架要求，呈现内容将千差万别，无法进行横向比较，极大制约了案例指标的作用。

③案例指标是以同行评价为基础的，需要借助同行评价方法，但如何规避同行评价的固有缺陷，需要在运用案例评价指标之前有充分的认识。

上述缺陷使案例指标在具体评价实践中可能形成撰写过程无基本参照框架、单个案例评价无具体观测点、同类案例比较无优劣基准等困惑。案例的语言形式及叙述风格往往因人而异，严重制约了案例指标提供信息的标准化。使用非标准化信息，有可能使案例指标分析陷入对撰写者文字功夫和文采的比较，降低案例指标的使用效果。

（三）案例指标的标准化及主要维度

狭义的标准化是指为适应科学技术发展和组织生产的合理需要，在产品质量、品种规格、零部件通用等方面规定统一的技术标准。广义的标准化从技术领域扩大到人文社会科学领域，是指通过制定和实施具体标准、建立规范，使标准化对象的有序化程度达到最佳状态。不同领域有不同的标准化目的，但简化、有序和统一化是基本的普遍意义上的目的。简化是指在不降低功能且满足既定需要的前提下，减少对象的复杂性；有序是指通过标准化形成一定的秩序；统一化是指对象的形式、功能或其他特征取得一致性。

案例指标标准化是以实现评价需要为目的，通过明确框定案例的构成要素，并对案例的内容信息、影响力类型、证据形式、评分等级以及评价程序等构成要素提出统一要点、统一规格、统一流程的过程。标准化是提升案例指标在高等教育评价中的使用效果的前提。借鉴国内外已有理论研究与评价实践，案例指标标准化的主要维度包括内容标准化、影响力类型及其标准化、证据类型及其标准化、评分等级与评价程序标准化等。

1.案例指标内容的标准化

案例指标内容的标准化是指对案例每一构成部分呈现的内容做统一规定。从英国高等教育卓越研究框架的评价实践看，案例指标内容主要包括两个部分。一是必填的基本信息，涉及高等教育机构，案例撰写人员，代表性工作的实施周期、成效及影响的时间跨度和类型等。二是案例的主体内容（见表2-7），包括五个方面：代表性工作产生影响的概要，主要是对关键问题、主要举措、取得成效及影响的提炼性概述；代表性工作实施过程的详细信息，主要有实施路、措施、办法、模式等创新性举措与最终结果；代表性工作结果及质量的证明资料；代表性工作成效及影响力的详细情况，包含影响力类型、辐射范围、程度及受益群体等；用于审核影响力的外部证据及其来源。

表2-7　案例指标内容的标准化

构成部分	标准化要求
基本信息	机构及人员信息
	案例标题及影响力类型
	实施周期及产生影响时间
主体内容	代表性工作产生影响的概述
	代表性工作实施过程的详细信息
	代表性工作结果及质量的证明资料
	代表性工作成效及影响力的详细情况
	用于审核影响力的外部证据及其来源

2.案例指标的影响力类型及其标准化

代表性工作成效及影响力是案例评价的核心。工作性质和领域的差异会导致影响力类型具有多样性。为便于撰写案例和专家评判，需要对不同的影响力表述形式及其证据要求进行标准化。通过梳理我国"双一流"建设案例撰写要求和英国高等教育卓越研究框架的影响力类型与相关证据表述规定，可以归纳出七种代表性的影响力及其支撑证据类型（见表2-8）。

表2-8　案例指标的影响力类型及其标准化

影响力类型	标准化要求
人才培养	研究结果对教学活动的支持：开展教学活动的新技术
	人才培养质量得到社会高度认可：就业率和招聘单位的反馈
科学研究	开发新产品、新工艺，促进科学技术的进步：新的材料、仪器或应用程序
	在理论、方法、实践上取得重大突破：专家证明
经济发展	通过设计、交付新产品或服务提高经济绩效：销售收入或利润
	获得融资机会：创业投资或国际直接投资

续表

影响力类型	标准化要求
师资建设	提高教师队伍水平，师资结构合理：一流科学家和学科领军人物的数量
	提高学者的研究水平、技术能力：研究人员被授予荣誉或获得奖金
社会服务	通过形成高端智库提高服务国家决策的能力：以文件证明的证据
	影响社会政策的制定：社会政策变更的书面证据
文化传承	创造新的文化艺术品：出版量、销售量、下载量、点击量
	提高公众的文化参与度：展览、活动、表演的观看人数
国家交流	参与国际标准和规则的制定：国际规则文件
	与世界高水平大学开展学术合作：联合培养学生和科学联合攻关的证据

影响力的标准化，一方面要清晰叙述影响力的类型、产生路径、受益群体等内容；另一方面要提供适当有力的证据，用于证明代表性工作与影响力之间的直接或间接关系以及影响力的范围和程度。影响力类型不同，证明材料也不相同，既包括政策文件、媒体报道、第三方证言等写实证据，也包括就业率、引用率、访问量等定量数据。

3.案例指标的证据类型及其标准化

案例指标证据表述中非标准的数字、数据单位和写实性证据表述影响了案例之间的直接可比性与专家判断的客观性。为提高案例指标的规范性，要对证据形式及语言使用、表述格式作严格要求。对案例指标中涉及的数量型证据，需统一数字呈现形式，要求使用精确的阿拉伯数字，采用相同的计量标准与货币单位；在公众参与、财务、非学术文件和媒体的引证等写实性证据方面，则需要采用一致的表达方式，具体如表2-9所示。

表2-9　案例指标的证据类型及其标准化

证据类型	标准化要求
数量类型证据	数字：统一小数位
	百分数和比利率：统一符号表达
	计量单位：统一标准单位
	货币：统一货币单位
写实性证据	公众参与信息：统一表达方式
	财务术语：统一表达方式
	非学术文件和媒体引证信息：统一表达方式

4.案例指标评分等级与评价程序的标准化

清晰明确的评价标准既可为案例撰写者提供参考框架和依据，也可规范专家的评价行为，减弱评价的主观性和随意性。案例指标评分标准化包括评价标准及内涵的统一性、评价结果等级划分及其判断依据的一致性。其中，评价标准包括评价观测点及其配分，评价结果等级划分包括等级划分水平及其标准。评分标准化使同行专家能根据统一的评价观测点及分值对案例指标形成整体判断，按照标准划分等级。案例评价需要同行专家的判断，科学规范的评价程序能减弱判断的主观性和不确定性，从而有力保障案例评价的有效性。使案例评价程序标准化，一要明确专家遴选标准，二要对专家组的构成作严格要求，三要制定并落实监督和制约措施。

第三章　高等教育多维评价体系的构建途径

第一节　多元主体参与

高校是一个特殊的社会公共事业组织，一个典型的利益相关者组织，从政府的一方管理走向政府、社会和高校三方多元治理已成为高校管理的必然发展趋势。高等教育评估的开展能为学校改进工作开展教育改革和教育管理部门改善宏观管理提供可靠的依据，促进高等教育改革与发展，保障和提高高等教育质量。高等教育评估的多主体参与体现了高校多元治理的趋势，也是我国高等教育评估发展的需要。

一、政府创造多主体参与的环境

在高等教育评估多主体参与中，政府需要通过宏观上的制度安排和引导来巩固影响力。

（一）定位政府在高等教育评估中的角色

1.从理念上，政府要定位于治理行政

政府应该积极接纳社会评估中介机构，形成共治的局面。依据我国国情，社会评估中介机构在我国的建立和完善最初是离不开政府支持的，只有通过政府的推动和主动引导，它们才能获得生存的空间，政府可以通过资助、拨款以及其他一些政策来大力扶持。但是政府应该把高等教育评估中的一部分职能让渡给他们，或通过委托合同等方式与其合作，共同完成对高等教育的治理。

2.从职能上，政府要定位于服务行政

政府要强化在高等教育评估中的社会服务职能，如可以提供一定的经费，人员培训，建立评估信息库，定期向学校或其他社会评估机构提供评估的信息数据，建立评估专家库，为高等学校及社会公众提供咨询服务，营造一个良好的评估环境。

3.从行为方式上，政府要定位于规则行政

在高等教育评估中，政府应该重点做教育资源投入产出分析，检讨自己的资源配置绩效以及这种资源配置产生了什么样的政策导向；负责制定有关高等教育评估的法规与政策，使评估工作做到有法可依，有章可循，同时，通过立法来规范各评估主体的评估行为，使结果更加科学、公正和规范；负责建立各类评估机构的认证制度，对评估主体的资格进行鉴定，对活动范围、责任与权限给出明确规定，规范评估行为，协调各评估主体之间的相互关系，使政府—高校—社会三者之间的权力既能够相互制衡，在功能的发挥上又能相互补充，从制度上维护评估行为的客观性和公正性。

（二）加强高等教育评估法律法规建设

完善的法律法规体系是高等教育评估正常进行的重要前提，是建立高等教育评估体制的支撑条件和重要措施。在西方发达国家，高等教育评估的目的、程序、评估机构的权利和义务，评估人员的资格认证甚至评估方法技术，都有翔实的法律法规进行规范，评估活动也严格按照法定程序进行。

在我国，高等教育评估存在无法可依或有法不依的状况，所以加强立法建设对高等教育评估的发展意义重大。因为法律的制定和修改要经过一定的程序，具有最大的严肃性和连续性，它以国家权力作为后盾，具有最高的权威性和最大的强制力。政府要尽快制定《中国高等教育评估法》，对高等教育评估在高等教育体制中的地位，评估的目的，评估系统的目标、内容和功能，评估由谁按照什么样的程序和方法组织实施，如何运用评估结果，评估者与被评估者拥有什么样的权利，需要承担什么样的义务，如何认证评估机构和评估人员的资质，评估需要按照何种专业标准进行，谁以何种方式负责监督评估的质量，评估费用由谁承担等一系列问题给出明确的法律规定，使我国高等教育评估实践能够在明确的法律框架内依法规范进行。

除此之外，政府还要建立信息发布制度、评估监督制度、评估激励制度、评估申诉制度、元评估制度等一系列评估制度，使高等教育评估在良好的制度环境下进行，并逐步实现制度化、常态化和规范化。

（三）完善高等教育评估体制

国外比较完整的评估体制，一般都是由国家控制、评估机构评估、高校自我评估和社会监督共同组成的。要完善政府在高等教育评估中的行为，就必须完善高等教育评估体制。

第一，要改变目前以教育行政部门设立并领导的评估机构作为唯一合法评估组织的状况，淡化政府评估机构的行政性及其对教育行政部门的依附性，增强其专业性、独立性，使其逐步发展成为相对独立的、专业化的、其权威建立在高质量评估基础上的评估机构。为确保国家对高等教育的影响力，确保国家高等教育评估政策的贯彻实施，教育行政部门可以适时建立元评估机构，认证各种评估机构的资质，定期检查其评估政策，评价其评估活动的质量。

第二，要建立高等教育行业组织，实行行业自律，为高等教育行业质量承担集体责任。就我国而言，建立高等教育行业自律机制要发挥高教界和学术界的作用，一方面，要建立高教界的协调互动自律机制，即在各级各类高等学校之间建立常设性的互助、协作组织，发挥它们在统筹高等教育质量标准、开展高等教育质量评估与保证等方面的作用；另一方面，要建立学术界的质量认证机制，即依靠各种学术团体、专业协会、学会等学术性组织参与高校各学科、专业的资质认证、教育质量评估。政府要鼓励、支持、帮助高校建立行业性高等教育评估机构，代表高等教育行业参与国家高等教育评估政策的制定和执行，或通过制定高等教育质量行业标准并监督其执行情况，集体承担维护和不断提高高等教育质量的责任，为高校集体责任意识的形成提供动力，为高校履行其质量责任能力的提高提供支持。

第三，要鼓励各高校建立校内评估机构，建立健全校内评估机制，加强校内信息系统建设，不断改进评估方法和评估技术，形成以评估为手段的校内教育质量保障体系，为学校教育质量的不断提高提供支持，为配合外部评估奠定基础。同时，还要积极培育民间评估机构，允许各行业组织依法建立专业性高等教育评估机构并独立开展评估活动，鼓励、支持社会积极参与对高等教育质量的监督和改进。通过努力，逐步形成在国家主导下，政府、学术行业和社会共同参与的高等教育评估体制。合理利用评估结果引导高等教育的发展方向，主要是如何解决评估体制的功能定位问题。即建立一个以鼓励高校自我负责、自主发展、服务社会的外部评估体制，引导和激励高校持续改进质量。这需要对评估体制做出合理设计，如淡化等级鉴定功能，减弱评估指标的刚性，按照高校的目标任务评估高校、强化对评估后续改进环节的管理等。

（四）加强对高等教育评估活动的规划管理

评估作为我国高等教育体制改革中政府管理高等教育的一种手段，对保障高等教育质量具有举足轻重的作用。为了取得良好的评估效益，达到评估目的，政府应对各类评估活动进行统筹考虑、合理规划。

根据高等教育评估工作开展的现状，结合高等教育大发展状况，教育部可以制定5年、10年甚至更长时间的规划，同时要加强对规划的管理和实施。从世界各国高等教育评估实践来看，外部评估要在保障高校的教育教学活动满足公认的最低质量标准的同时，尽量避免损害高校的办学自主权和对学校工作的干扰，外部评估不宜过多、过细、过频。如果评估带来的工作量太大或者缺乏规划，形形色色的评估对一个学校"轮番轰炸"，势必会造成学校教师和管理人员对评估工作的反感。因此，我国政府要尽快通过立法、政策和规划，对类型各异、名目繁多的评估活动进行整合、协调，使相互分离或相对独立的评估系统的目标、功能、内容及组织实施方式有机地结合起来，作为一个整体发挥作用。从我国高等教育评估的长远发展来看，应在"普通高校本科教学工作水平评估"和"学科、专业评估"的基础上，今后政府主要开展以院校为对象，以院校所有工作为内容实施评估的"院校鉴定"和以专业评估为对象、以全部专业培养活动为内容组织实施的"专业评估"这两种评估活动，实现本专科教育评估和学位与研究生教育评估的一体化，诸如课程评估、实验室评估等微观层面的评估应该交由高校自主评估，切实减轻高校的评估负担。

（五）在评估实践中不断改进高等教育评估方法和技术

我国的高等教育评估，迄今为止，多采用指标体系及加权求和的方法进行，多是区分优劣的总结性评估；评估指标体系的制定者主要是一些学科专家和行政长官，真正具有评估专业知识的人员很少，故对指标体系的建立、指标权重的确定也还存在一定的偏颇，并且对所有高校都采用统一标准；在评估前，被评学校有较长的准备时间；评估专家多是政府聘请的学校领导、教务处长和学科专家；评估结果的公布也是评估程序的重要一环，其意义并不亚于评估本身，我国目前能公开的仅仅是学校自评报告和评估结论，至于对评估结果的处理也往往是评估者与被评估学校领导者之间的内部交流。

高等教育是一种复杂的社会现象，很多内涵不是完全不能用数量表征的，高等教育评估目前所采用的这些技术和方法在一定程度上严重影响了评估的真实性、客观性，使评估结果严重失真。为了保证评估结果的公平性和正确性，必须在评估实践中不断改进和完善高等教育评估的方法和技术。在这方面，我们可以借鉴西方发达国家的先进评估经验，并根据中国高等教育的实际，把定量标准和定性标准合理地结合起来加以应用，对不同层次、结构和类型的学校，采用不同的方法和评估指标体系，使之能正确反映高等学校的多样性和各自的个性，特别要加强在自然状态下开展分级、分层、分类的评估，采用随机与定期评估、形成性与总结性评估、国家与省市级评估充分结合的方式，防止和克服评估实践中的频繁性、盲目性、急功近利的心态和形式主义的做法；评估专家中还要吸收学生代表及企业界代表参加，条件成熟时还有必要聘请精通本国语的外籍专家；为了让评估过程更具规范、更具透明，除了将学校自评报告和评估结论对外公开外，外部考官报告、专家评估报告等资料也要向社会公布，接受社会监督，同时还要加强对评估后续工作的管理，即采取有力措施督促、支持、帮助被评高校解决评估过程中发现的问题，使整改工作真正落到实处。

（六）重视高等教育评估信息管理系统建设

评估的过程是一个系统地收集分析利用有关数据资料的过程。只有客观地收集数据资料，多一些自然性，少一些人为性，才可能进行正确的分析，做出准确的判断，对高等教育这种复杂的社会现象作出客观、公正、准确的评价。信息的全面性、客观性、真实性、准确性和有效性，在相当程度上决定了评估的质量和效益。因此，构建科学合理的高等教育评估信息管理系统已是当务之急。

在高等教育评估信息管理系统建设中，必须以尽量少的有限指标综合反映学校基本工作状态，且具有较强的表现力、较高的鉴别力、较强的导向作用和较好的可采集性。该系统可以由高校基本办学状态数据库及数据处理子系统、高校教育评估信息管理数据库两部分组成，前者主要反映和描述高校办学状态的基本状况，后者侧重于评估方案、评估机构、评估专家队伍、评估工作与评估报告等信息的管理。评估信息管理系统建立并正常运作以后，各类教育评估包括高校进行自我评估时所需的基本数据、资料均可从数据库直接提取。这样，既可减少评估时收集信息的工作量和对学校日常工作的影响和冲击，又可保证数据的客观、真实、准确、可靠，评估专家也可以利用数据库提供的数据资料和以往各次评估的信息，核实、评价被评客体的自评报告，进而提高评估的信度和效度；各级教育行政部门可以据此定期发布信息，公布高校办学状态的基本数据资料，评鉴者或研究者可以从中总结经验、发现问题，提出改进意见和建议，提高评估技术方法的可靠性与有效性；可以为各类评估中介机构提供来源可靠、数据准确的信息，从而提高了其评估的权威性。

另外，高等教育评估信息管理系统可以从纵向与横向两个方面向高校提供该校与其他学校办学状态的基本数据资料以及平均值、评估值和各种标准值等信息资源，为高校自我诊断问题、调整目标、制定规划提供依据。构建高等教育评估信息管理系统，也是政府运用发布信息的方式进行宏观调控，以引导学校开展正常竞争，充分调动学校的办学积极性。

（七）加强高等教育评估研究，建设中国特色的高等教育评估理论体系

只有科学的理论作指导，高等教育评估工作才能健康发展，才能更好地指导评估实践。经过百余年的发展，教育评估已经形成了一定的理论体系，并已成为教育科学的一个分支。现代教育评估理论形成于西方，有它特定的历史和文化背景。由于我国高等教育评估起步晚，虽然在高等教育评估理论研究领域进行了许多有益的探索，也取得了不少成果，但评估理论还是多翻译、借用国外教育评估的研究成果，没有形成具有中国特色的高等教育评估理论体系。目前，我国高等教育评估实践的开展，主要是凭着评估专家的经验进行，缺乏系统评估理论的指导，因此，我们必须加强高等教育评估理论的研究。

第一，要关注国际高等教育评估理论与实践的发展趋势，注意研究和总结高等教育评估、教育测量、教育统计等一般规律，并积极扩大与国际评估组织、国外高校的交流与合作。

第二，要注意结合我国的实际开展高等教育评估理论与方法的研究，并逐步建立健全我国高等教育评估的理论体系。

第三，要把评估理论研究与评估实践有机地结合起来，克服理论研究和评估实践相脱节的问题。

有关部门也要注意用科学理论指导评估活动，以更好地调动有关人员从事高等教育评估理论研究的积极性。通过多方努力，逐步形成具有中国特色的高等教育评估理论体系，并用于指导我国的评估实践，以提高评估的科学性。

（八）积极开展评估教育，培养专业化评估人才

推进高等教育评估文化建设，良好的评估实践需要适宜的评估文化的支持。从我国高等教育评估的实践来看，很多高校对评估作用、功能的认识不充分，仅仅注重评估的结果，不注重挖掘评估的内涵，这就使得原本作为手段的评估逐渐蜕变成目的，高校围绕评估而进行，评估成了行政工作的组成部分，也导致高校在评估过程中"心态失衡"，不能以平常心对待评估。目前社会上对高校评估的批评声不绝于耳，已对评估活动产生了不容忽视的消极影响。所以，政府要从不同层面、不同方面，采用多种方式和途径加强对高等教育评估的正面宣传，培育和建设良好的评估文化。一方面，可以通过高等教育评估杂志、高等教育评估网络等媒体，广泛传播评估知识，大力宣传高等教育评估的意义、开展

高等教育评估理论探讨和交流、批评高等教育评估中的不良现象和错误观念等；另一方面，通过积极开展评估教育，促进良好评估文化的建设。

目前我国开展评估教育主要有两种途径：

①依托部分有条件的高等学校，举办高等教育评估的培训班，对在职人员进行短期培训。这是一条短、平、快的途径，但不是根本途径。

②在高校设置教育评估专业。在美国，许多高等学校都设有教育评估专业，不仅可以培养教育评估方面的学士、硕士、博士，甚至可以培养博士后。我国也可以走这条途径，先在具备条件的高等学校开办教育评估专业试点，取得经验后可正式设置教育评估专业，通过正规的学历教育培养教育评估的高级专业人才。这是解决高等教育评估专业人才的根本途径。通过兴办教育评估专业，还可以促进教育评估学科的发展，有利于开展教育评估的国际交流与合作，提高教育评估研究的学术水平，推进高等教育评估文化建设。

二、社会提高自身的参与力

随着市场经济的发展，社会在教育市场资源配置中扮演着越来越重要的角色。在教育评估领域，社会需要自主创造参与机会，提高自身的参与能力。

（一）理顺社会力量的导入机制

1.建立以社会需求为导向的评估项目形成机制

传统评估项目的形成与运行多数在体制内进行，评估项目关注体制需要而忽视社会对高等教育的诉求，高等教育评估无须社会机构的参与。但是，公民社会是"国家和市场之外的所有民间组织或民间关系的总和"，政府不可能在评估中长期"一家独大"，"必须保持权力和权利的协调性，让所有利益相关者共同参与、共管共治，实现政府与民间的互动性。"因此，必须重建评估体系，加大社会诉求在教育评估体系中的比重，让社会参与项目的遴选、指标的设定、评估专家的遴选等。同时，对于一些政府指令性的评估项目要运用市场的竞争机制进行招标，从中选择更合适的评估机构，甚至引入一些社会评估机构对官方或半官方机构完成的评估项目进行绩效评估，更好地促进评估机构的自身建设。

2.建立透明的信息公开机制

高等教育评估的目的不仅是对高校办学效益的考核，还是为公众的教育选择提供客观信息。因此，高等教育评估的相关信息需要通过一定的机制对社会公开，让公众了解不同高校的教学质量，以此决定自己的高等教育选择。评估信息公开机制首先要公开评估过程以及评估结果，让社会公众在信息对称的条件下对评估结果进行判断。信息公开机制是教育主管部门合理引导社会理性选择高等教育的有效途径，可以促进高等教育的均衡发展与质量提升。同时，透明的信息公开机制可以使社会对评估工作的各个环节进行有效监督，最大限度地压缩权力的空间。

3.建立合理的竞争机制

社会需求的多元性促成了评估机构的多元化，这些机构代表着不同群体对高等教育的诉求。社会市场的存在决定了评估机构之间竞争的存在，由于传统评估体制的影响，我国高校评估机构以官方形式为主、权力过于集中而且效率比较低下，而社会性评估机构刚刚起步且比较式微，因此，教育主管部门首先要赋予高校根据自身需要选择评估机构的权利。以保证多样化评估机构的合理存在；要制定合理的博弈机制，保证评估机构之间的有序竞争与有益互补。在必要的时候还要针对社会评估机构制定阶段性的优惠政策、让社会美誉度高的社会评估机构优先得到政府的评估资源，促进它们的快速健康发展。

（二）创新社会评估机构的培育机制

1.建立社会评估机构的激励机制

当前我国一些省份的教育评估机构基本属于代理政府行政权力的半官方机构，无法独立于政府与高校之间，并且很难给出令社会信服的评估结果。因此，在市场竞争的背景下，政府必须在宏观方面通过采用适当的行政干预手段或启动立法程序，建设完善的法律法规体系，为其发展创造良好的制度环境；在微观方面要制定评估机构的设立标准，鼓励社会化教育评估机构的多样化发展，可以成立社会团体法人性质的评估机构，也可以成立基金会法人性质的评估机构，既鼓励同质化竞争也鼓励错位竞争，使高等教育评估机构生态性发展。另外，非营利性（公益性）评估机构的行为具有很强的利他性，在运行逻辑上遵循的是文化道德逻辑而不是市场逻辑，因此，政府应该通过税收政策、补贴政策，甚至政府购买服务等方式来支持这些机构的发展。

2.健全社会评估机构的监督机制

评估机构的多元化并存与竞争可以激发活力、提升评估质量，但是，有很大一部分非官方评估机构具有营利性特征，它们属于公民社会更属于市场社会，当缺乏有效的制度规约时，它们的逐利性就会异常彰显，使评估异化为一种交易行为。因此，政府的核心任务就是要通过制度建设来规范社会化评估机构的市场行为，推动社会化评估机构的规范化与组织化建设，使这些评估机构真正成为公民有序参与高等教育质量建设的中介与平台，如健全监督与问责制度、制定规范化的评估秩序、评估成本的核算与公开制度、外部审计制度、收费制度等。政府还要加强对不同类型的评估机构进行资质审核与绩效评估，对有问题的评估机构进行跟进指导、责令整改、停业甚至撤销退出；政府还要对评估专家进行资质认证或者实行教育评估师执业资格制度，促进高水平专家的成长以及专家队伍的形成，提高社会化评估机构的专业性与权威性。

（三）建立社会参与高校评估的筛选机制

社会化的评估机构与市场的联系最为紧密，可以敏感地发现公众的需求并适时地调节。因此，政府与社会化评估机构之间要建立互信机制，政府可以通过招标等形式将一些评估项目委托有相应资质的社会化教育评估机构，在项目来源、指标设置、专家遴选、评估资金等方面，形成合理的竞争。但是，高等教育评估市场向社会机构开放也不是无条件的，而是要从三个原则把握其适合性。一是合法性原则，评估机构的选择与项目的招标等环节必须在法律框架之内，而不能跨越已有的制度规约；二是合理性原则，按照评估项目的性质、内容等选择最恰当的评估机构，使高等教育评估既体现评估的本质与目的，又关注评估的效率（社会性效率和本身的运作效率）；三是现实性原则，评估工作必须与历史发展背景相适应，不能超越历史阶段，如在我国社会化评估机制尚未完全厘清的情况下，高等教育评估全部实行社会化评估是不现实的。对评估项目与评估机构之间的切合度或适合性考量的目的就是建立合理的社会参与高校评估的筛选机制，让一些与社会公共利益关系度极高或者关系到国计民生的大项目能够得到客观、具前瞻性的评估，达到质量与效率的最优化。

三、高校加强自我评估

高校自我评估更能发现高校自身存在的不足，对高校改进教学工作，提高教育教学质量有更强的推动力。

（一）高校教学质量自我评估的内涵和作用

1.高校教学质量自我评估的内涵

自我评估是指高校作为评估主体，自己组织的对校内教学进行的各种评估。自我评估是学校拟订较为具体的目标来自我检讨、自我调整、自我改进，是学校师生员工对自己学校的潜力与效能所做的自我分析，是对学校人才培养目标实现程度的价值判断和认识。评估的权利在学校，评估的主体是学校，评估的标准是能体现学校个性的质量标准。自我评估工作要抓住学校的主要工作，不宜过多。学校内部经常性地评估要规范化、制度化。

自我评估的性质是自主的、自愿的，其目的是促进学校进一步的发展与改进，其过程以科学的系统程序来进行，其方式主要有二：一为目标达成的程度，作为外部评估的依据；二为系统的功能，即问题的解决强调由学校所有的成员参与，经由自发的动力机制进行评估，借以达到不断提高教学质量的目的。

2.高校教学质量自我评估的作用

高校教学质量保证由内部质量保证和外部质量保证两部分组成。以自我评估为核心的高校内部质量保证在整个高校教学质量保证中处于基础地位，内部质量保证是外部质量保证的前置条件。自我评估是教学质量内部管理中不可或缺的环节，是进行教学质量动态管理的首要条件，也是实施教学质量保证与监控的重要保证，是高校教学质量保证体系有效运行的硬手段。

高校通过自我评估，不仅可以判断学校教学工作社会价值的高低，而且可以获得教学系统的输出信息，建立信息的反馈渠道，使教学系统真正成为闭环系统，从而得以优化。同时，也向政府和社会证明学校是存在不断提高教学质量自我约束机制的。一方面，建立自我评估机制有利于直接推动高等学校建立校内自觉保证和加强教育质量的机制。另一方面，建立自我评估机制有利于高校质量文化的建设。自我评估机制的建立和有效运行，可以使学校师生员工形成自觉的质量保证意识，促进本校质量文化的形成。

概括起来，教学质量自我评估有三大作用。一是导向作用，这主要是通过评估指标的科学设计达到的。二是监督作用，因为评估对教学目标制订得怎么样、学校管理怎么样、教师教学怎么样、学生学习怎么样，都有一定的反映，这就会促进大家去改进。三是促进作用，评估指标是经过向学生、教师、领导反复征求意见形成的，具有科学性、合理性，教师就可根据评估信息改进自己的工作。另外，教学评估也起到决策支持作用，如对管理者的决策支持作用，对学生选课的支持作用。

（二）高校教学质量自我评估的内容

高校自我评估是教学质量保证与监控体系中教学评价与诊断子系统的内容，评估结果可以全面反映学校教学工作状态，找出与体系目标子系统的偏差，并通过教学反馈与调控子系统进行调控，最终达到不断提高教学质量的目的。各项评估都要有科学合理的评估指标体系和易于操作的实施办法。

教学工作涉及面广，内容很多，并不是所有的内容都需要评估，必须选择对教学质量影响大又可以进行评估操作的内容进行评估。自我评估的内容包括学校教学质量评估、学院教学工作评估、专业建设评估、课程建设评估和教师教学质量评估。学校教学质量评估与学院教学工作评估是两个不同层次的评估，专业建设与课程建设是决定人才培养质量的两个重要载体，教师是直接关系教学质量的主体。

1.两层面的评估：学校教学质量评估与学院教学工作评估

（1）学校教学质量评估

学校教学质量评估是学校层面的质量监控，可以参照教育部的评估指标体系，在教学改革方面加大创新的力度，凸显学校自身的特色。也可以建立学校教学质量年报制度，通过信息采集，问卷调查的方式，对学校的教学工作进行分析总结、诊断，提出教学调控措施。

学校教学质量评估可以使学校对教学系统的运作和成效有更清晰地了解和把握，由此比照学校的总体办学目标来作出科学的决策和管理。有了校内评估，学校的基本数据和运作状况可谓一目了然。例如，从某校某学年《教学质量年报》中可以看到，把教师素质水平、学校的硬件设施及经费投入、学校的管理水平作为影响高校教学质量的三个重要的因素，设计了问卷调查。通过分析得出结论，使学校决策和管理有了更理性、可靠的依据，也使学校各项政策、制度的推出和实施有了更强的说服力。

（2）学院教学工作评估

学院教学工作评估是自我评估的重要内容。高校中各二级学院是教学的基层单位，学院的教学管理包括了教学系统运行的全过程，学院也是学校与教师、学生沟通的重要桥梁，是获取各种教学信息的主要渠道之一。因此，学院教学工作水平直接关系着学校的人才培养质量，影响着学校的教学质量。

通过学院教学工作评估，学校对各学院的教学工作有全面地了解，学院也可以更全面地认识自身，由此科学合理地规划学院发展并力求人尽其才、物尽其用。学院教学工作评估可以有效地引导学院把注意力集中在专业建设、课程建设、教师、学生等教学过程的核心要素上，真正参与到学校的质量保证活动中。

学院教学工作评估是对各院教学工作的全面评估，要建立并实行学院本科教学工作水平评估制度，针对学校实际出台《院本科教学工作水平评估方案》和详细的评估指标体系，定期对各学院教学工作认真进行全面评估。学院教学工作评估的主要内容有：办学指导思想、师资队伍、教学条件与利用、专业建设与教学改革、教学管理、学风和教学效果、特色项目等。

2.两载体的评估：专业建设评估与课程建设评估

（1）专业建设评估

高等教育是一种专门化教育，通过专业教育来培养人才。因此，专业是培养学生的重要载体。一所高校的专业教学水平高低直接影响人才培养的质量。在一定程度上反映了学校的办学水平。因此专业建设评估在自我评估中占有重要的位置。自我开展的专业建设评估，其作用在于改进，即通过评估，发现问题，分析问题，找出解决问题的办法，从而推动专业建设。

专业建设评估的目的是提高教学质量，通过评估促进学校和学院对专业建设及专业建设效果的宏观管理和指导，重视专业基本建设，促进各本科专业自觉地遵循教育教学规律，不断明确办学指导思想，强化专业建设管理，深化专业教学改革，全面提高专业教学质量和办学效益。

专业建设评估的主要内容包括专业建设规划与改革思路、人才培养目标与培养模式、师资队伍、教学条件与利用、教学建设与改革、教学管理、教风与学风建设、专业建设效果八个方面。

（2）课程建设评估

课程是根据专业培养目标来选择和设置的，是专业的基本要素。课程建设是高校教学基本建设之一，课程建设是专业建设的基础，它要受专业建设的影响和制约。课程建设评估的目的是促进师资队伍建设，推进课程内容、教学方法、教学手段的改革，加强课程教学条件的建设。

课程建设评估的主要内容包括课程规划、师资队伍、教学内容和课程体系、教学条件、教学方法与手段、教学管理、教学水平和教学效果七个方面。

3.教师教学质量评估

课堂教学是教学的主要形式，其质量取决于课堂教学的各个阶段、各个环节。因此，对教师课堂教学质量的评估是学校教学质量管理中最基础的质量评估工作。教师教学质量评估的目的是帮助教师改进教学工作，激发教师的工作热情，让他们自觉地投入教学质量保证活动中。评估的方式通常有督导组专家评估、领导干部评估、教师自评、学生网上评教等。评估内容一般包括教师的言行风范、教学技术、教学效果等方面，要根据不同的评估方案科学设计相应的评估指标体系。

要使评估真正有助于教师改进工作，首先，要使广大教师了解评估的指标体系和具体做法，这样他们在教学中就知道应该怎样要求自己；其次，要通过学生和专家的评估结果，使教师知道应如何改进自己的教学。

作为接受教育服务的主体，学生对教师教学工作的评价尤为重要。开展"学生评教"工作，应遵循科学性、可行性与导向性相结合的原则，设计出包括教学态度、教学内容、教学方法和教书育人等几个方面在内的各项指标。学生评教工作可以由教务处牵头，学生辅导员配合，专人负责实施。学校把每位教师的得分情况，反馈给教师本人。在反馈意见中，把教师得分低的几项指标单独列出来。有些教师的整体情况较好，但可能在"师生关系""作业布置"等单项指标上存在一定的问题，这样可以让教师更好地了解自己。每位教师可以根据班级平均分、学科的年级平均分和部分低分指标，对自己的"学生评教"结果进行分析。

（三）高校教学质量自我评估的原则和流程

1.自我评估的原则

（1）内部评估与外部评估相统一

高等教育是开放的教育，高校培养的人才只有得到社会的认可，高校的教学质量才是好的。政府评估、社会评估属于外部评估。内部评估和外部评估都是为了树立学校的责任意识和质量意识，保证教学质量。内部评估才是高校不断提高教学质量，持续发展的有力保证。高校应该积极发挥作为内因的内部评估的主要作用，使外部评估能够通过内因发挥积极的作用。因此，在进行教学质量内部评估时，内部评估要与外部评估相统一。

（2）目标性与有效性相统一

所谓目标性是指自我评估必须努力体现国家的教育方针政策，国家和社会对高校教学工作和人才培养的要求，充分体现现代教育质量观，遵循教育教学规律，全面而充分地反映学校的教学目标，教学质量标准符合学校的定位。评估的有效性在很大程度上取决于各项评估所设计的评估标准的有效性，这是自我评估赖以生存和继续的基本条件。美国著名教育评估专家认为，评估者在评估中应该"牺牲某些测量上的准确性，来换取评估中的有用性"，因此，我们要在目标性与有效性之间找到平衡。

（3）导向性与激励性相统一

自我评估具有很强的导向功能。通过一系列评估，可以不断强化全体师生员工的质量意识。自我评估可以发现和诊断教学工作中存在的问题，及时制定整改措施。要使自我评估深入人心，成为师生员工的自觉行动，还必须以激励为主，要使他们认识到，评估带给自己的不仅仅是奖惩，更主要和根本的是对教学工作的改进。教师在教学质量保证的过程中发挥着重要作用，同时在自我评估活动中，教师又是被评价者，是被监控的对象。要充分考虑教师这种地位的二重性带来的矛盾心理，通过引入激励竞争机制，使教师能够自觉增强质量意识，主动投入教学研究，减少对评估的逆反心理。因此，在进行校内评估时，要坚持导向性与激励性相结合的原则。

（4）科学性与可行性相统一

要对教学质量进行客观、准确的评估，构建的评估机制就必须符合高校的教育教学规律，符合教学系统的特点，符合本校的校情。评估内容和评估指标体系要科学、合理，要能反映和覆盖教学系统的方方面面。但是，各级各类评估项目不宜过多，一定要切实可行，易于操作。学校要根据不同的对象、不同的目标确定各级各类的评估项目，对院系教学工作、教师课堂教学质量、学生学业水平、专业建设、课程建设等进行有计划、有组织的评估。

2. 自我评估的流程

实施自我评估，学校要独立设置评估机构并成立教学评估专家组，在分管校长的领导下进行。校评估专家组一般由7~9人组成，组长由聘请的教育部资深评估专家担任，常务副组长可以由校内资深的教育专家担任。校内评估机构成员必须有丰富的教学和管理经验，熟悉学校教学的各个环节。校级评估一般每两年开展一次，或由院（系）评估后提供的年度评估报告决定评估时间周期。学院评估专家组一般由3~5名专家组成，组长由校级评估专家担任。院级评估每学年开展一次，将各项评估的结论进行分析后形成专题报告，并提交校评估专家组，供校内评估机构全面掌握各学院的运行情况。

学校对各种评估都要有规范的评估流程，有方案、有评估指标、有评估标准、有反馈渠道。各项校内教学评估的基本流程包括：

第一，自查自评，各院（系）提交自评报告；

第二，专家组现场考察，对院（系）本科教学工作水平、专业、课程或实验室建设情况进行评估；

第三，专家组合议评价，对照评估指标体系进行总体评价，整理书面评估意见并给出评估结果；

第四，研究确定评估结果，学校有关部门对专家组评估结果进行审核，确定评估结论，并报主管校长批准；

第五，反馈专家组评估意见，各院（系）根据专家组反馈意见制定整改措施，逐项进行认真整改；

第六，总结评估工作，由学校发文向全校公布评估结果；

第七，检查各单位整改措施落实情况及效果。

四、评估中介机构积极参与

政府、社会和高校的利益平衡需要评估中介机构的参与。评估中介机构能比较全面地掌握零散的教育评估信息，避免因利益相关而造成的评估失真。中介机构的形成、发展不仅需要政府提供宽松的政策环境，更需要中介机构充分发挥自身的能动性。

第一，鉴于目前我国评估中介机构还没有形成独立的生存环境，生存空间狭小，评估中介机构要增强自身的权威性和公正性，建立一支具有专业评估素养的评估专家团队，自觉规范自身行为，树立评估服务意识，以高质量的评估赢得政府、社会和高校的信任，提高自身的影响力。

第二，引入市场竞争机制，促进中介机构内部的优胜劣汰。评估中介机构的生存需要政府和高校的选择，这必然存在着各个评估机构的竞争。中介机构需要深刻体会到服务质量对自身发展的影响，融入市场的自由选择中，摒弃对政府的依赖，提高竞争意识，在竞争中提高评估质量，实现长远发展。

五、大学生参与高等教育评估

我国高等教育评估很大程度上是一种政府行为，尽管近来越来越重视利益相关者的作用并出现了第三方的中介机构，但从学生参与角度的研究少之又少，而学生参与高等教育评估在国外已经有了较为完善的体系，尤其是欧洲。高等教育评估中的学生参与需要一个从无到有、由不完善到比较完善的渐进式的过程，为提高学生在高等教育评估中发挥的作用，可以从以下方面尝试。

（一）主体观念与能力的改进

在教育领域，学校与学生之间存在的听其自然或者我行我素的关系已是古老的传统，其中的深层次原因无外乎于学校薄弱的民主管理理念与学生匮乏的参与意识，除此之外，校方与学生具备的能力也不足以承担和胜任让学生参与到高等教育评估中。因此，有必要改进作为主体的学校与学生的观念及能力。

学校对学生参与高等教育评估的态度取决于校方的信念、价值观以及对这一方式的理解判断与执行经验。学校的态度同时影响着学生参与的过程、方式与程度。如果说学校的观念对学生参与高等教育评估是一种软的制约，那么学校能力则是一种客观存在的硬性限制。实现学生参与的作用需要校方对学生参与高等教育评估这一事务做出计划，包括目标的界定、人财物力资源的统筹与配置、组织机构与程序的保障等，这些都对学校能力提出要求。对此，学校应落实以生为本的民主管理观念，积极作为；口头支持、表面宣传或书面表态的泛泛执行而不做任何实质性的工作就等同于不作为。学校改进包括学生学习、教师教学以及学校管理层面的改进等内容，这里只从学校管理角度简单论述。学校管理的改进可以主要从科学设置并管理学校组织机构、定位与设计学校品牌两方面努力。学校的组织机构应是一种扁平的组织，同时这也是去行政化的要求，冗杂的机构与程序不是低效的症结，真正的原因在于利益相关者对管理体制的不信任。学校的品牌意义在于帮助学校定位，分析自己的强势与弱势，找到发展特色与目标，树立权威。总而言之，学生是学校最重要的资源，学校必须在各项管理中尽可能吸纳学生参与的力量，增强意识，提高能力。

学生匮乏的参与意识一方面存在个体主客观因素的限制，另一方面在于学生参与的程度与范围有限并且参与起不到自然的效用。然而学生通过参与学校管理评估反映出的现象或问题之所以不能全部被纳入管理者工作范畴也是因为学生的能力仍是有局限的，也就是说学生对参与教育评估的意义、重要性若没有正确的理解或者不具备作为"学生专家"进行评估的能力，那么，往往会出现学生参与的悖论，即一方面寄希望于学生的参与可以提高高等教育评估的科学性，另一方面学生的参与的客观效果又导致违背初衷的错误。为此，学生首先应该增加参与意识，将参与内化成一种精神，积极寻找参与学校管理的途径，并学会正确合理表达自己的意愿与主张。其次，学生参与高等教育评估要求学生掌握关于评估的标准与方法等相关知识与能力。目前学生参与高等教育评估还停留在较低的层面，但在未来，学生的参与应会是一种趋势，并且发挥重要的作用，为此有必要进行前瞻性的统筹。学校可以选拔学生代表进行培训，建设一支学生专家评估队伍，这在国外早已成熟。

（二）学生参与机制与程序的改进

如果把学生参与高等教育评估看作一辆前进的汽车，那么学生代表大会可以被看作刹车系统，学校的管理机制可以比成安全带装置，而独立的监督则是充气装置，要想步步推进则必须保证遇到风险时这些避险机制可以及时启动，足以看出完善学生参与高等教育评估机制与程序的必要性。

学生代表大会不应做学校的橡皮图章，它应当切切实实审查、质疑学校提出的方案并代表学生的意愿行使权力。正如 W·威尔逊所言："一个有效率、被赋予统治权力的代议机构，应该不只是像国会那样，仅限于表达全国民众的意志，还应该像领导民众最终实现其目的，做民众意见的代言人，并且做民众的眼睛，对政府的所作所为进行监督。"我国的学生参与机制目前很不健全，譬如，没有健全的法律体系及评估机构，内外部评估网络不完整。由于渠道、平台、机制的匮乏与缺陷，使学生参与难以形成合力。在这种情况下更应该发挥学生代表大会的最大效力，借鉴国外的经验，探索学生参与评估计划制订、外部评估小组、院校自我评估、现场考察与评估报告发布的路径，不断健全学生参与机制，创新现有的参与平台，强化渠道建设，拓展参与的范围，加深参与程度。

改进学生参与高等教育评估程序的核心在于"程序性正义"与"补偿性正义"间的矛盾。"程序性正义"即一种适用于任何相关者的中立程序而无论结果如何，忽视政府、社会、学校与学生间的固有的差异。"补偿性正义"则是考虑到利益相关者的状态与条件而有偏向的制定程序，以尽量去靠近公平的结果，但评估本身就是依据客观事实来实现的一种主观行为，利益相关者强势与弱势的判断同样也是一个实际中不可避免地操作性问题。肯定的是，学生参与高等教育评估需要的是一个科学并能够切实保障学生参与权利的程序，以保证学生参与各个环节的行为能得以转换为实实在在的效力。

在缺乏法律及政策明确的规范指引下，为防止主体过度使用自由裁量权，需要对过程中的行为进行监督，公开、透明操作环节与结果。除了要加强立法建设，强化监督是保证主体行为不走样的有效手段，监督可以形成目标与执行效果的良性互动，有效的监督能够避免执行组织的拖延执行，并能及时发现与目标偏离和违背的行为问题，进行微调或处理，此外通过对过程的监督而获得的反馈信息可以被用于分析学生参与高等教育评估理论，形成良性循环。

第二节　分类分层评价

高层次人才是知识创新和科技创新的核心力量，是高等教育发展的中坚力量，是人才强国的关键因素。构建与高层次人才发展相适应的评价体系，不仅是对高层次人才的激励和肯定，最大程度上调动他们的工作积极性和主动性，充分挖掘他们的发展潜力，在另一层面上，还能为学校改革对其他各类人才的评价提供基准和参照，推动高校有效、良好管理秩序的形成。高层次人才多元评价新体系的构建首先要全面考虑到高校高层次人才的特点，其次要联系高校的实际情况，适应新时期高等教育改革发展的要求，坚持公开公正公平的原则，以实现高校与高层次人才和谐发展、共同进步为目标。这个新体系构建的要素主要有：

一、多元评价的目标制定

学者潘永庆认为教师多元评价的目标定位是促进教师的专业发展。然而对于高层次人才的考评，不只要达到促进教师的专业发展，还有更多其他的功能。高校高层次人才的多元评价新体系要结合学校的实际与学校对高层次人才的发展要求，以及高层次人才自身发展的愿望。具体做法是依据学校总体发展的战略定位，根据高层次人才具体的岗位要求和他们期望达到的学术成就，经过学校、院系、教研室、高层次人才等多方的讨论与商议，确定年度工作计划和远期计划，同时以文件或合同的形式作出书面承诺，至此多元评价的目标就正式制定出来了，之后的评价都应以此为基准展开。

二、多元评价的主体组成

多元评价体系的主体组成，也可以说是评价委员会的组成，应由学校以及学科建设相关教研室组建，委员会既要包括校方管理人员代表、校内外同行专家，这属于"专家评委"，也应该包括评价对象自己、同事、学生、学生家长，这相当于"大众评委"。专家考评组要求保证一定数量的人数，一般不少于9人，其中校方管理人员代表应该有1~2人，校外同行专家不低于2人，对成员的职称、业内评价等有一定的要求，要求有正高级以上职称。"专家评委"给出的评价信息，是多元评价形成结果的主体部分，他们对高层次人才的工作表现、学科贡献作出正确、中肯、客观的评价，对高层次人才未来的发展是非常有用的。"大众评委"数量不限，但有一定的素质要求，他们给予的评价信息较全面，包括高层次人才的道德修养、个性特征等。高层次人才从中可以获得对自身较深刻的认识，不过对于这些信息的使用，在评价过程中要做出理性分析，把握信息的效度。

三、多元评价的指标创建

内容的选择是多元评价体系指标创建的基础，将这些内容作为一级指标，细分下去，相应的有二级指标。通过对高校高层次人才的内涵、所赋予的使命等分析，建立由知识素质、创新能力、道德修养、工作绩效、社会影响五个基本要素组成的高层次人才评价指标体系，详见表3-1。

表 3-1 高校高层次人才多元评价指标体系

一级指标	二级指标	评价指标解释
知识素质	学历层次	受教育的文化经历和文化程度
	专业水平	从事专业的水平程度
	知识结构	基础知识、专业知识、业务知识构成情况
道德修养	职业道德	爱岗敬业、甘于奉献
	思想品质	政治方向、人生观、世界观
	个性特征	个性心理特征、情感特征
创新能力及其他能力	想象能力	对未知事物进行想象的能力
	质疑能力	对已有见解、观点进行质疑、批判的能力
	资信能力	独立自主性
	洞察能力	正确而深刻的预见能力
	实践能力	应用知识的能力
工作绩效	科研成果	科学研究取得的项目及影响力
	人才培养	培养、指导学生和教师情况
	工作效益	为学校发展做出的贡献
社会影响	成果社会效益	对社会、经济、文化等发展作出贡献
	参加社会团体	参加学术组织情况

根据高层次人才的不同类型，各种类型人才的评价指标所占权重也有所不同。不同人才采用不同的评价标准，更有针对性，激励效果更明显、有效。

四、多元评价的流程

规范多元评价新体系没有固定的评价流程，而是根据采用的评价方法有不同的程序。多元评价主要的评价方法有问题反馈式、面谈式、自我评价式。

（一）问题反馈式

根据评价内容，设定一些与高层次人才过去工作表现、现在工作进度、未来发展方向的相关问题，通过对这些问题回答作出评价，发现优点，找出缺点和不足，提出改进意见。

（二）面谈式

一般是对高层次人才的质性评价，具体过程是：

①充分准备阶段（宣传评价目的、确定评价委员会、基本拟定评价内容等）。

②初次面谈，对被评价对象有基本的认识和评价。

③评价委员会依据初次面谈获得的信息进行信息分析，完善评价目标，完全确定评价内容，然后进行正式面谈。这种评价方式一般需要结合量性评价才能得出准确的评价结果，比如高层次人才的创新能力、工作绩效等。

（三）自我评价式

这是高层次人才多元评价新体系的创新方法，主要强调评价对象的主体地位，突出评价以评价对象的创新与发展为本的理念。主要评价内容是高层次人才总结过去工作成绩，对未来的工作计划、在计划执行过程中自我评判是否符合学校要求、是否达到自我预期。

五、案例分析

提升高等工程教育质量是我国加快建设世界科技强国的重要途径。以我国 97 所"双一流"建设高校为样本，采用结构化访谈、德尔菲法和专家打分法筛选出核心指标并确定指标权重，初步构建了由 4 个一级指标、15 个二级指标构成的多元分类模式的高等工程教育评价指标体系，其中工科优势高校侧重"创新产出"、综合性高校侧重"研究质量"、地方性高校侧重"教学质量"和服务地方的"创新产出"。研究结果显示，高质量的人才培养是我国各类高校的核心工作，但在创新产出、满足国家重大战略需求及产业需求上存在明显不足。基于此，提出构建中国特色多元分类的工程教育评价指标体系和"使命导向"的高校创新产出评价指标体系等对策建议。

（一）案例背景

2018 年 9 月的全国教育大会指出，我国高等教育须建立以科技创新质量、贡献、绩效为导向的分类评价体系。2020 年 10 月，中共中央、国务院印发的《深化新时代教育评价改革总体方案》（以下简称《总体方案》）提出，高等教育要科学评价，转变"功利化、绝对化、单一化"不良倾向，落实高校分类评价改革，推动不同类型高校科学定位、坚持特色，构建突出特色、质量和贡献导向的具有中国特色、世界水平的教育评价体系。《总体方案》的出台，对我国高等教育进一步明确发展规律、服务国家战略以及满足社会需求，具有重要的战略意义。

21 世纪以来，工程教育日益被赋予重望，但我国工程教育评价体系深受"五唯"顽疾影响，仍未有效突出特色、质量和贡献导向。国内主要的理工科大学评价体系过度参考 ARWU、QS、USNEWS、THE 四大排行榜。此外，学术界对于如何客观开展工程教育评价仍处于探索阶段，如徐小洲和姚威对 57 所国内外著名大学的工程教育进行了国际排名，黄彬等提出新型高水平理工科大学评价体系。纵观全球四大高校排行榜，其论文类指标权重均超过 50%，缺乏工程教育"工程维"的工程实践类指标和"教育维"的教学育人指标。然而，纵使国际排行榜指标在工程教育应用中存在硬性缺陷，我国尚无科学合理且可行的评价体系进行替代，如何扭转工程教育评价"单一化、绝对化、功利化"的不合理、不科学状况？案例认为，应当构建和完善多元分类的高等工程教育评价指标体系，探索建立针对不同类型高校且相对合理的以"创新质量、价值贡献和学科特色"为主的评价体系，回归科学研究和技术创新的本源。案例初步构建的高等工程教育评价指标体系正是旨在破解国际大学排行榜现存缺陷的一种尝试，以期引导高等教育评价体系加速转向"重人才培养、重学术质量、重原始创新和重社会声誉"。

（二）高等工程教育评价指标体系构建

1. 概念界定与指标选取

案例围绕高校工程教育三大办学使命以及响应"四个面向"要求来进行指标体系构建。具体的，采用结构化访谈、德尔菲法等方法，与院士、工科教授、工程教育学者、高校管理人员共同挖掘、权衡和选定指标内容。其中包括：9 名工程院院士；4 名工程教育专家；若干高校工科教授，中层管理干部及负责学科评估、科研评价的相关行政教师。访谈形式为实地个人访谈和项目专题研讨，访谈时间平均超过一小时；共举办两次项目专题研讨，时间均在两小时左右。

步骤一：一级指标确定。根据专家组深度访谈结果，案例确定以"教学质量、研究质量、创新产出、社会声誉"为指标体系的一级指标。其中，"教学质量"主要指高校人才培养的整体质量；"研究质量"主要指高校科学研究的学术质量；"创新产出"主要指高校科技成果的转移转化水平；"社会声誉"主要指高校的综合性声誉和学生就业声誉。

步骤二：二级指标选取。确定一级指标之后，结合院士专家建议以及相关文献对指标进行筛选，构建高等工程教育评价体系的二级指标。

在教学质量准则层，设置教学获奖数量、博士学位教师比例、师均博士学位授予数、国家级规划教材数量、本科教学质量、学科竞赛表现 6 个二级指标层。教学获奖数量，考察高校 STEM 学科教师获教学成果奖、国家级教学名师的数量；博士学位教师比例，考察高校工科博士学位教师 / 工科总教师人数；师均博士学位授予数，考察高校工科博士学位授予数 / 工科教师数；国家级规划教材数量，考察高校 STEM 学科的"十二五"国家级规划教材数量；本科教学质量，参考高校在教育部本科教学审核评估中的结果；学科竞赛表现，主要考察高校大学生在全国性学科竞赛中的表现。

在研究质量准则层，设置 STEM 学科高被引论文、高影响力 STEM 学科、国内权威奖项 3 个二级指标层。STEM 学科高被引论文，考察高校 STEM 学科被引前 TOP1% 论文数；高影响力 STEM 学科，考察高校进入 ESI 前 1% 的 STEM 学科数量；国内权威奖项，考察高校国家"三大奖"数量。

在创新产出准则层，设置技术转让收入、有效中国发明专利数、有效中国发明专利占比、中国授权发明专利数、工程院院士数量 5 个二级指标层。技术转让收入，考察高校技术转让实际收入；有效中国发明专利数、有效中国发明专利占比、中国授权发明专利数，考察高校专利产出的数量与质量；工程院院士数量，考察高校培养的中国工程院院士数量。

在社会声誉准则层，设置国际通用的高校社会声誉表现和高校毕业生就业率表现 2 个二级指标层。

通过将初步构建的评价指标体系作为讨论底本，研究团队开展第二轮专家访谈和项目专题研讨。研究结果如下：在评价指标上，构建由"教学质量、研究质量、创新产出、社会声誉"四个一级指标、十五个二级指标组成的指标内容，如表 3-2 所示。案例对原有指标体系做如下改动：一是新增"国家重点研发项目""科技服务经费"指标，并将原有专利指标"有效中国发明专利数、有效中国发明专利占比、中国授权发明专利数"精简为"有效发明专利数"，更加关注工程教育研究和产出的质量；二是将"工程院院士数量"改为"两院院士数量"；三是新增"教师教学发展"动态指标，去除"博士学位教师比例"以及"师均博士学位授予数"等静态指标。

表 3-2　多元分类的高等工程教育评价指标体系

一级指标	工科优势高校（%）	综合型高校（%）	地方性高校（%）	二级指标	工科优势高校（%）	综合型高校（%）	地方性高校（%）
教学质量	25	30	35	本科教学质量	25	25	25
				教师教学发展	17.5	17.5	17.5
				国家级规划教材数量	15	15	15
				学生竞赛获奖表现	22.55	22.5	27.5
				教学获奖数量	20	20	15
研究质量	25	35	15	STEM 学科高被引论文	35	40	35
				高影响力 STEM 学科	25	25	30
				工程科技国家奖项	40	35	35
创新产出	40	25	40	国家重点研发项目	27.5	30	22.5
				有效发明专利数	27.5	27.5	22.5
				科技服务经费	12.5	10	22.5
				技术转让收入	15	15	20
				两院院士数量	17.5	17.5	12.5
社会声誉	10	10	10	社会声誉	50	50	50
				就业率	50	50	50

2.指标权重设计与分类测度

访谈专家认为，一二级指标权重的分配应考虑高校类型的差异。因此，研究团队借鉴教育部新工科文件提出的分类方式，将我国高校分为"工科优势高校""综合型高校""地方性高校"，并根据构建好的高等工程教育评价指标，前往浙江大学、武汉大学、北京交通大学等高校发放调查问卷，运用层次分析法对指标进行两两比较和打分，确定三类高校各指标权重。指标权重的计算结果基本验证了大部分专家的"多元分类评估"观点，具体一级指标和二级指标权重如表 3-2 所示。

从指标体系的权重分配可以看出，三类高校的"研究质量"指标权重设置相较国内外相关排行榜均较低，且"研究质量"一级指标包含的三个二级指标中，"工程科技国家奖项"占据重要权重但与论文相关性较低，由此更降低本评价体系"论文"的影响权重。可以说，本评价体系在一定程度上破除了"唯论文"的绝对化倾向。与此同时，案例运用专家访谈法探索构建的高等工程教育评价指标体系仍存在一定的不足，如缺少过程性评价指标，缺少特色差异化指标，在指标权重设定上采用了主观性的专家打分法等，在后续研究中案例团队将进一步调整和完善。

（三）数据采集和指标应用结果

1. 样本对象

案例借鉴教育部新工科文件提出的分类方式，该分类是经多轮专家讨论和评议形成，具有较强的合理性与科学性。鉴于数据可获得性，案例选取 97 所"双一流"建设高校作为样本对象，其中工科优势高校 37 所、综合型高校 27 所、地方性高校 33 所。

2. 数据来源

案例各个指标内容数据的抓取，由专业公司"青塔"及本项目研究团队合作完成，通过各权威网站、书籍、资料汇编获取指标原始数据，对构建的指标体系进行实证量化排名。此外，案例对获取的指标原始数据进行标准化处理，处理后的指标乘以相应权重后加总形成各高校的评价数据。基于指标数据量化的指标体系排名重点揭示三类高校在各指标上的贡献度表现，分析结果如下。

（1）不同类型高校存在明显的共性特征

就整体指标而言，教学质量和社会声誉是所有类型高校都十分关注的核心指标，创新产出是所有类型高校的发展短板。但就排名结果而言，各类型高校均呈现出排名结果与"教学质量"贡献度呈负相关现象，这在一定程度上说明了我国高校普遍存在着"重科研、轻教学"的功利化倾向。

①不同类型高校均十分注重"教学质量"和"社会声誉"指标，体现了高质量的人才培养是我国各类高校最重要的核心工作。数据结果显示，"教学质量"在三类高校中均溢出效应显著，拥有最高的指标贡献度；"社会声誉"在三类高校中的实际贡献度也均超过理论设定值，表明我国高校都十分注重教学质量和社会声誉的培育和发展，并始终坚持"教学质量（人才培养）"这一高校办学核心功能。

②排名数据显示，高校排名与"研究质量"正相关、与"教学质量"贡献度负相关。在工科优势高校、综合型高校组的组内比较中，高校排名越靠前，研究质量指标贡献度越高、教学质量指标贡献度越低；在地方性高校的组内比较中，高校排名越靠前，教学质量指标贡献度越低。同时，在三类高校的组间比较中，地方性高校"教学质量"指标贡献度高达 61%，远超工科优势高校（44%）和综合型高校（46%）。

③不同类型高校整体存在"创新产出"不足的情况。数据结果显示，"创新产出"在三类高校中均表现不足，贡献度大幅低于理论设定值。其中，工科优势高校"创新产出"实际贡献度为 28%，仅为其理论设定值（40%）的 70%；综合型高校的实际贡献度仅为 12%，不足其理论设定值（25%）的一半；地方性高校的实际贡献度为 21%，也仅为理论设定值（40%）的一半。

（2）不同类型高校也存在显著的差异化特点

在实践办学模式中，工科优势高校更侧重"创新产出"、综合型高校更侧重"研究质量"、地方性高校更侧重"教学质量"和服务地方的"创新产出"。这一结果不仅验证专家观点的科学性，为我国高校工程教育多元分类评价提供数据支撑，更启示我们未来应更加关注不同类别高校的差异化特色研究，在评价过程中发现，很多理想化的科学指标由于无法量化、数据不可获得等原因导致无法进行评测，因此未来应更加关注如何科学合理地设置指标、测量指标、建设数据库等。

数据结果显示，工科优势高校各一级指标贡献度从高到低分别为教学质量、创新产出、研究质量、社会声誉。其中"教学质量"实际贡献度达到44%，溢出效应显著；"创新产出"实际贡献度为28%；"研究质量"实际贡献度为17%；"社会声誉"实际贡献度为11%。综合型高校各一级指标贡献度从高到低分别为教学质量、研究质量、社会声誉、创新产出。与工科优势高校不同的是，综合型高校"研究质量"指标实际贡献度为31%，高于工科优势高校的20%；但综合型高校的"创新产出"指标实际贡献度仅为12%，远低于工科优势高校的28%。地方性高校各一级指标贡献度从高到低分别为教学质量、创新产出、社会声誉、研究质量。其中"教学质量"实际贡献度高达61%，"研究质量"仅占其5%。

（四）案例结论

案例以97所"双一流"建设高校为样本，初步构建了由"教学质量、研究质量、创新产出、社会声誉"4个一级指标、15个二级指标构成的多元分类的高等工程教育评价指标体系。数据研究结果表明，三类高校均十分重视"教学质量"和"社会声誉"指标，体现了高质量的人才培养是我国各类高校最重要的核心工作。不同类型高校具有不同的指标侧重度，工科优势高校侧重"创新产出"，综合型高校侧重"研究质量"，地方性高校侧重"教学质量"和服务地方的"创新产出"，这在一定程度上突破了现有工程教育评价指标体系"功利化、绝对化、单一化"的不合理导向。此外，高等工程教育评价指标体系的构建是一个高度复杂综合的过程，下一步研究将会在过程性指标的完善、指标测量与数据库构建、不同类型高校指标及其权重的科学设置等方面开展重点研究。

不同类型高校在"教学质量"指标维度上的实际贡献度均居第一，但组内和组间高校存在差异。数据结果显示，"教学质量"指标在三类高校中的贡献度均最高，且组内高校排名与教学质量指标贡献度呈负相关关系。在组间比较中，地方性高校"教学质量"指标贡献度远超工科优势高校和综合型高校。这一方面表明"教学质量（人才培养）"是高校的核心功能和办学根本，高校可持续发展应更加坚持以人才培养为核心使命。

另一方面，研究结果发现，排名结果与研究质量正相关，与"教学质量"贡献度负相关，这在一定程度上说明我国高水平大学（排名较好高校）的研究质量并未有效转化和反映在教学质量（人才培养）上，科教分离现象仍然十分明显，高水平大学必须深度思考如何将研究质量转化为教学质量。

不同类型高校在"创新产出"指标维度上的实际贡献度均明显不足，说明我国高校在服务国家重大战略需求和产业需求上仍有很大提升空间。数据显示，工科优势高校创新产出的贡献度仅为理论设定的 70%，综合型高校和地方性高校均只有理论设定的一半左右，说明我国"双一流"建设高校在服务国家重大战略需求和社会现实需求方面仍显不足，未来我国工程教育应加大在创新产出方面的投入，并在评价体系中加大对创新产出的激励力度。此外，高校"创新产出"不足也反映出我国仍存在比较严重的"论文导向"，高水平大学必须深度思考如何挤压论文水分，形成高质量的创新产出。

不同类型高校的研究质量差异明显，且工科优势高校、综合型高校组织内高校排名与研究质量贡献度呈显著正相关关系。数据结果显示，"研究质量"指标在综合型高校中指标贡献度为 31%，仅次于教学质量；在工科优势高校中指标贡献度为 17%，低于创新产出、教学质量；在地方性高校中指标贡献度仅为 5%，甚至不及教学质量 1/12。"研究质量"在三类高校中的差异表现，显示三类高校不同的办学定位与实践侧重。此外，工科优势高校、综合型高校组的数据显示，组内高校排名与其研究质量贡献度呈正相关关系，这反映"研究质量"是我国高水平大学着重突破的领域。

（五）案例建议

在国家层面构建和推进体现中国特色的多元分类的工程教育评价指标体系。建议由教育部牵头，协同中国工程院、工程教育专业协会、企业代表等多维主体参与，出台《新时代我国高等工程教育评价体系建设的指导意见》，共同构建分层分类的"中国特色工程教育评价指标体系"。中国特色工程教育评价指标体系可包括 4 个一级指标（教学质量、研究质量、创新产出、社会声誉），面向工科优势高校、综合型高校、地方性高校可设置不同的指标或权重。综合型高校应侧重原始创新和理论创新的基础研究成果，工科优势高校应侧重重大关键技术突破、科技成果产业化、应用成果社会经济效益等创新产出成果，地方性高校应侧重服务地方的创新产出和人才培养成效等指标。

坚持高校人才培养的根本定位，创新设计工程科技人才的多元质量评价标准，主动服务国家和地方经济建设。建议教育部、科技部、中国工程院联合行动，推动我国工科人才从相对单一化的"论文型"向"工程型""复合型""创业型""教学型"等多元化人才转向，不同类型高校应根据其独特办学定位和办学优势，制订具体的工科人才培养方案。例如工科优势高校应培养侧重科技产出应用的工程复合创新人才，综合型高校应培养侧重基础科学的拔尖创新人才，地方性高校应侧重培养应用型工程师。建议教育部和各高校真正落实教师发展中心建设并完善评价标准，系统赋能新任教师的教学能力，引导教师持续改进和完善教学方式、教学效果。建议高校将学科竞赛实践作为学生人才培养的重要途径，引导学生将理论与实践深入融合，提升高校人才培养实效。

构建"使命导向"的中国工程科技创新体系，强化服务"国家战略需求"和"共性关键技术"的高校创新产出评价体系。针对工程科技研究成果，高校应对有效发明专利、科技成果产业化以及重大技术应用等产出予以合理评价，强调应用成果的前沿领先技术突破、社会效益和经济效益。建议国家自科基金委、工程院、教育部联合设立国家工程科学基金（NAFC），面向国家战略性技术进行长周期持续性资金投入与滚动式非竞争的资金支持，给予"卡脖子"工程技术攻关团队或研究中心 10～20 年以上的稳定性资助，将工程科学前沿发现转化为核心技术生产力。建议针对共性关键技术实行"揭榜挂帅"制度，把"卡脖子"的科技清单变为科研攻关清单，以解决最迫切的科研技术难题。

探索科学研究和科研成果产出规律，采用"科学共同体"主导和"政府—市场"引导的协同治理模式，形成多元分类的研究成果认定标准，持续提升高校研究质量。建议教育部、科技部和高校进一步明确对基础研究成果、应用基础研究成果、应用研究成果的评价标准，基础研究成果应强调原始创新和理论创新，应用基础研究成果应强调科技成果转化及应用的成效，应用研究成果应强调重大关键技术的突破性、先进性及其社会经济效益，进而引导产出高质量、高影响、原创性的学术研究成果。国家自然科学奖、国家科技进步奖、国家技术发明奖等国内权威奖项作为"高质量、高影响、原创性的学术研究成果"的集中体现，应得到国家和高校的充分重视，在工程教育评价指标体系中赋予重要权重。

第三节 多重制度保障

高等教育是一个国家、民族政治、经济、文化与社会健康发展的保障性工程，教育质量则是高等教育生存与发展的基础性条件，只有确立起完整、高效、合乎人性、追求正义的高等教育质量保障体系，高等教育才能在国家各种"崛起"命题中负担得起自己独特的使命，源源不断向社会提供国家所需要的各类价值性人才和输出民众所需的道德、伦理、概念等思想性知识，成为人才培养的高地和思想激荡的圣殿。

一、高等教育质量保障体系创新的多维视角

高等教育质量保障体系在现行教育管理体制下寻求创新的边界有多宽？以及因教育资源的垄断性、教育程度的分化而使高等教育不应有地承担起界定个体的生存发展路径和固化阶层的利益分化格局的"不能承受之重"角色，其创新的阻力有多大？这是高等教育质量保障体系创新不可绕开的两个根本性问题，涉及大学自主办学需怎样的运行机制保障和如何实现特色发展适应社会多元需求两个发展命题。因此，从多视角全面阐释高等教育质量保障体系的创新，有利于厘清高等教育改革的种种误解，重新厘定质量保障体系创新的价值、趋向和发展意义。

（一）教育创新主义视角

教育作为一个公共政策和对社会特别是个体发展甚至命运影响深远的"政治"命题，质量保障体系创新政策不仅影响高等教育未来发展，更直接与间接冲击现存的社会结构。

1912 年，美国著名经济学家熊彼特的《经济发展理论》，首次提出"创新理论"，认为创新是一个"内在的因素"，相应地，经济发展是"来自内部自身创造性的关于经济生活的一个变动"，并特别强调组织创新、管理创新、制度创新、社会创新和技术创新之间

的联系。作为"知识创新、传播和应用的主要基地，培养创新精神和创新人才的摇篮"的大学教育也就应该是一个"新的或重新组合的或再次发现的知识被引入社会经济系统的过程"，通过创新回归教育的本真，即给所有阶层提供突破权力、金钱、人脉等方面的阶层封锁、提升自我及为社会贡献价值的机会。

高等教育创新应该是一场教育的彻底变革，首先是教育思想与价值观的创新，应从社会本位向社会发展和个人全面发展相统一转变，从急功近利向追求可持续发展和科学发展相结合理念转变，从片面知识观向素质主导的多元化质量观转变；其次是教育概念的创新，应从关门办学向大爱育人转变，培养大学生高端的"读书观"，学会如何做人，成长为社会人，学会如何思维，成长为理性人，学会掌握必要的知识及运用知识的能力，成长为自我实现的人；再次是教育模式的创新，建立多元化的人才培养环境，打破学科和专业限制，培养学生多领域的知识结构体系，打造数字校园，建设共享型的知识资源平台，引进高端师资，鼓励教师与学生"走出去"，树立教育全球化视野；最后是运行机制的创新，学生评价标准真正要从单纯的考试成绩与僵化的思想考评相结合向学业成绩与社会服务能力相结合的综合评价方式转变，避免"冰山一角"式评价，教师评定应从奖惩型评价与情感管理向形成型评价与制度管理相结合转变，避免绝对化科研导向评价。

（二）新制度主义视角

经由经济学说史的研究路径，美国经济史学家道格拉斯·诺斯等人在 20 世纪 70 年代提出了新制度主义理论，建构起对制度的反思及制度与个体之间关系的重新思考的新制度主义分析范式。新制度主义认为制度本质上是"一系列被制定出来的规则、守法程序和行为的道德伦理规范，它旨在约束追求主体福利或效用最大化利益的个人行为。"并提供"人类相互影响的框架……构成一种经济秩序的合作与竞争关系。"大学、高等教育就是典型的正式制度安排，存在于一定的教育合约权利制度环境中，而教育的制度创新是非正式制度安排，是高校教育变革的最主要内容，是推动高等教育发展的主要动力。

在当前的高等教育系统中，多元化的层次结构、多样化的表征结构、跨学科的专业结构、非均衡的地区结构、金字塔式的资源配置结构同在，使高等教育形式在性质、内容、结构、功能上差异巨大，导致高等教育质量保障体系存在巨大的层次、地区差异。因此高等教育质量创新要以教育分类为基础，开展制度创新。制度创新是在教育市场失败和不完善的教育市场非均衡发展的结果，当内在约束成本大幅超过预期的净收益时，通过克服"风险的恐惧心态"，产生创新的内外部动力，一项制度安排就会被安排，从而增加教育的投资收益。

高等教育质量保障体系的创新在经由"四重过渡"，即高等教育在性质上从精英教育向后大众化教育过渡、服务对象从不发达的封闭的农业和产品经济向面向全球的外向型经济过渡、高等学校的地位从社会边缘向社会中心过渡、体制化背景从中央集权的计划经济体制向市场经济体制过渡后，旧有的体制红利、人才红利、政策红利、人口红利、特权红利逐渐式微，在政府社会教育投资一定的情况下，随着扩招和教育成本的增长，教育质量无可避免遭受前所未有的危机，而由教育质量的下滑直接导致高等教育的信任危机。因此制度创新势在必行，但又面临多重制度逻辑的制约，一是高校既得利益者的功利性行为保守选择；二是基于梯度发展的社会、政府、家庭、个体对高等教育的层级化投资、评价价值判断；三是基于阶层流动、分层与封锁判断的高等学校合法性认同危机。因此，当前的教育质量创新应遵循均衡投资——重塑大学——变革体制——创新模式——朝向市场——公众认同制度创新逻辑，使政府主导的强制性教育制度变迁能准确切进入民间推动的诱致性教育制度变迁中，形成一种"恰当性逻辑"的教育制度安排。

（三）利益相关者理论视角

质量管理的基本出发点在于对于顾客等相关利益群体利益的持续关注，服务于组织内外的所有个人、群体、机构，为他们提供满意、合乎道德、符合审美情趣、合格的产品与服务，并结成忠诚的利益共同体。因此，从某种意义上说，利益相关者理论是质量管理变革的先导性理论命题。教育作为一个影响广泛的公共政策领域，教育质量的好坏不仅直接影响到高校本身的声誉和发展，更涉及多领域的群体利益，特别是高等教育走向社会中心舞台，被动地成为社会阶层、利益分配的"标尺"。所以，政府、家庭、社会、个体都是高等教育质量的相关利益群体，政府关心的是高校是否能有效利用公共教育资源，改善绝大多数社会成员的教育处境，实现"帕累托改进"；家庭关心的是通过不菲的教育投资能否在毕业后换来更好的工作并进入更高的社会阶层，改善家族的"非强势"命运或巩固强势地位；个体关心的是通过纠结式的教育学习能否按照自己意愿实现匹配式就业，实现自我价值的提升；社会关心的是教育能否实现更好的人才分布，促进国民财富的生产和增长，优化整个社会的智力结构和阶层结构。

事实上，中国高等教育和高校本身不断受到公众挑剔式的批评，质疑其教育质量，社会渴望得到易于理解的、关于是什么造就了一所好的高校的信息。从实然角度看，高校利益相关者思维还集中在市场化经营领域，功利色彩比较浓厚，而且由于高校本身的非透明化、功利化，阻隔了公众对高校的信息获取、认识判断与利益参与。普通民众、政府机构等对高校的评价、判断与选择都是非理性和直观的，认为"好"的大学只有"学"与"学后"的好处，没有"术"的价值要求，一所高校有多少院士、博士点、顶尖科研成果成为衡量一所学校的最主要标准，教育主管部门的评估主要是大学学术生产力的评估，而不是大学教育核心竞争力的评估。因此，高等教育质量创新首先要建立社会问责机制，向利益相关者负责，提升教育的价值质量、过程质量、结果质量和服务质量，才是应然之举。

当然，学生是高校质量保障体系的关键一环，也是最重要的利益相关者，是高校的当然主体。高校应高度关注学生在高校中有什么样的权力，获取权力的方式与途径是否易得，学生能否参与大学的各项教育改革决策，学生参与获得怎样的政策和运行保障等，而不是因为热衷批项目、搞经费、弄课题而只关注高校外部教育资源分配者等外部利益相关者。

二、高等教育质量保障体系创新的政策选择

中国高等教育已经经历了两次革命性的变革，一是概念性变革，从应试教育走向素质教育；二是技术性变革，从以"教育扩招"导向的教育规模化发展走向以"教育评估"为导向的教育指标的技术量化。高考人数的连年递减、大学生的退学风潮及大学生的冷漠式学习等无不暴露了大学教育的脆弱质量，既保证不了学生"学得好"，也无法确保学生"学而优"，学生用脚投票放弃大学教育无疑是一种现实的理性选择，因为大学无法改善大学生的发展境地。因此，即将开始的第三次变革必将是一次理念性变革，改变高等教育长期的粗放式发展模式，向内涵式发展模式转变，实施全面的高等教育质量管理。

（一）社会问责——高校内外部的持续关注

亚历山大·阿斯汀认为有两种高等教育质量观，一为质量的声誉与资源观，二为最好的高校能够最大限度促进学生的学习与发展的"才能发展"质量观。但由于高等教育发展的现实，大学普遍处在一种公众的不信任发展处境中，公众对高校普遍存在发展的焦虑感。在此情况下，提高大学的质量声誉与学生的才能发展是当务之急。而通过建立社会问责机制是重塑公众对高校信任的唯一路径。

1.要创建一种强劲的问责制和透明文化

改变高校半封闭的运作方式，为外部群体审视和检查大学内部的财政状况与教育活动开启方便之门，在问责制的要求下，大学必须就诸如成本、价格、学生学习结果等事务进行报告和证明，与学生及其家庭等利益相关群体分享信息，使高校时时有一种紧迫感与压力感。

2.改变"公报"式的总数据发布方式

建立从市—省—教育部建立统一的高校发展综合数据网，包括各院校的特性、毕业分类数、人力资源、毕业率、财务、学术项目等，弱化原有的综合性数据，完善各级各类各省市的完整的教育详细数据，具体到每一个教育单元、财政微支出、科研单元、人事变动、学生注册，为社会公众的监督与择校提供翔实的数据支持，使社会问责"落地"。

3.建立自愿式社会问责体系

包括学生特征、财务状况、院校特性、学科发展、教师特色、学生经验与感受调查的结果及学生学习评估的结果，鼓励各高校资源加入，政府对其实施一定的倾斜性财政支持，同时，由于政府与公众给予的更高的信任度，实现"信任的外部化"，社会奖赏性评价更高，使高校在学生择校与就业市场更具竞争力。

（二）政府行为——从行政管理走向战略管理

随着教育在国家发展中发挥着越来越重要的作用，政府对高等教育的重视不但深化，突出表现在以财政梯级配置建构起各级高校的"财政依赖"，以教育立法和教育行政手段实现政府公共教育权力向高校内部的延伸，以科研项目差别化分配建构起各高校及内部的"学术依附"，以教育评估建构高校声誉层次体系，政府行为体现在高校生存与发展的各方

面。应该说，政府凭借社会制度优势和资源占有优势，具有承担发展高等教育重任的天然优势。但是，高等教育除了公共性质，更多的是自治性质和私人性质。因此，政府应重新定位自身的教育管理角色，尽可能地减少对教育的行政干预，更多的战略管理。

1.重新制定教育发展目标

如国际21世纪教育委员会的报告《学习——财富蕴藏其间》所提倡的"改变人们对教育的作用的看法"，"教育的任务是毫不例外地使所有人的创造才能和创造潜力都能结出丰硕的果实"，高等教育的目标应从当前的"寻找与培养下一个打工者"向"寻找与培养下一个未来领袖"转变，不能矮化教育的作用，要以信息经济时代为着眼点，以培养适应未来社会需要的创新人才为基本价值取向，以劳动者在未来社会的"角色需要"为出发点，高瞻远瞩制定《中国未来教育发展战略》。

2.规范发展社会各种高校评级机构和认证机构

使之成为真正的脱离政府、高校直接管治的第三方独立运行组织，政府通过对第三方认证、评级机构的注册管理实现对高校的监督，建构起政府、市场与学术的三方配置力量，"在中心—边缘之间合理化并大规模重新分配职责"。

3.落实高校自主权

除了科研项目自主申报权、教材选用权、培养方案设置权、教学事务决策权继续全部下放外，尽快推动学科发展的自主权包括学位授予权、学位文凭决定权、二级学科研究生学位点设置权、重点学科设置权、二级学院设置权及本科专业设置权的下放，改变学校在政府与高校之间的严重示弱状态，给予学校相应的自我发展的空间与自由，使高校自主权限的边界不断得到拓宽。

4.充分发挥政府财政援助的杠杆调节作用和公共教育资源的配置作用

建立基于学生学业成绩和就业能力为导向的财政援助机制。

（三）学生参与——被动接受者到主动参与者

传统的国家中心与行政中心的治理模式中，政府与高校之外的利益相关者的利益往往处于被忽视、被边缘，而由于缺乏回应性机制和利益表达机制，利益相关者的公共教育权受到侵害时缺乏正当的利益诉求渠道。在当前公共教育不断市场化的过程中，适当引入学生参与模式区别于学生参与管理长期缺位的行政管理模式，对学生赋权与分权，有利于教育权利的"归位"。

①"学的自由"，学生可以在学习内容与大学生活方面拥有自由选择权，包括学生选课、学生择师、转学、转专业和使用图书馆、课本的自由，"从而在知识和追求生命的热情之间架起桥梁"。

②明确学生的地位与作用，应修改《高等教育法》中的关于"学生"的管理色彩浓厚的内容，增加学生的详细参与管理的具体内容事项，使学生参与有法理基础，并在"总则"中增加一条："学生是高等教育的正式成员，是国家高等教育区建设过程中有能力的、积极的和有建设性的合作伙伴，应鼓励学生全面参与高等教育治理。"

③丰富学生参与的内容，而不仅是与学生日常生活学习的职能管理，如教育管理、后勤管理、图书馆管理与教学管理等，应着重提升参与的层次，对学校发展目标战略规划、学科发展定位、专业设置与课程体系的优化、课程改革与行政学术权力变革的决策等进行深入的参与，不能停留在摆设层面上。

④整合高校学工处、团委、青志协、学生会等参与职能机构，理顺关系，避免这些机构退化成学生评奖评优、入党、评干的逐利场合，特别要增强青志协、学生会等纯由学生组成的组织的独立性，弱化其依附性，使其成长为评教议事、利益表达的校园内第四方监督评估组织，从根本上保障学生的参与权益。

（四）制度创新——建构现代大学制度

"大学从来都不是静态的，而是随着环境改变和调整的机构。"大学成长于大学制度的建立，大学发展于大学制度的创新。在知识经济时代，由于人才培养的多样性、科学研究的社会化、大学责任的厚重化、办学方式的国际化与高校管理的多元化，各高校在建构现代大学制度基础上，都应朝向建立"进取性大学"这一新型大学而内化为自身的发展使命。

在当前，由于现有的行政体制的强大束缚力与管理惯性、经济体制的强大诱惑力与功利导向以及大学制度变革的脆弱动力基础，应着眼于三方面的工作：

①推动举办权、管理权与办学权的分离，教育行政部门不能直接参与高校的管理，从关注"做什么"转向关注"怎样做好"，即只管教育公平与教育质量，高校自身通过三权的分离，逐步去行政化，实现学术权力与行政权力的分离，并组建教授治校委员会及评议委员会，明确学术权力的主导地位，形成对行政权力的有效约束。

②对大学制度进行章程式立法，西方国家大学章程普遍是在法律框架范围内根据自身的发展特点由立法机关量身打造的，使章程成为国家立法体系的组成部分，从而在法理上赋予高校独立法人地位，实现高校管理的人格化，当前，中国各高校应根据法律制定有特色的章程，并经人大讨论通过从而具备法律效应，高校按自己的章程运转，确立办学自主权。

③完善校长的生成与退出机制，高等教育法规定我国高校实行校长负责制，但在实际运行过程中，实行"党委领导、校长负责、教授治学、民主管理"管理架构，只是一种模糊的校长负责制，应改校长委任制为选任制或聘任制，既可以从全校正教授中择优选择校长人选并经教工大会表决通过，也可以根据学校的地位有选择地在全国或在全球公开招聘校长，校长只对高校本身发展负责，而不对政府高校宏观管理负责，形成大学强有力的领导机构。

第四节　信息技术支持

在大数据时代下，应用于商业领域的大数据分析技术给了我们启发，如果将大数据技术应用于高等教育人才培养质量评价体系，通过对海量人才培养数据的采集、交换、清洗、整合、分析，实现对学生教育相关信息的动态跟踪与监测，预测学生在培养过程中不同方面的发展趋势，找寻毕业生就业质量与教育教学间的关联因素及其关联关系，发现新的人才质量评价标准和方法，为高等教育人才培养创造新的价值。

一、大数据的概念与价值概述

大数据，是指总量极为庞大且快速增长，需要以最新信息处理技术才能够汇总、储存和管理的数据。大数据具有四个显著特征，可表示为"4V"，分别为容量大、种类多、时效快以及价值高。从统计的角度分析，大数据的"4V"特征源于数据覆盖全样本，并且全程记录动态数据，反映数据之间的消长变化，以及不同模块数据之间的联系。大数据的出现深刻地改变了社会各领域，从大数据中发掘的价值推动了实践形态的更新。

当前，大数据正不断地深入教育领域，深刻地改变着数据密集型的评价活动样态。在高等教育的语境下，大数据是指与高校教育活动有关的全部数据，包含多主体产生的数据信息，可以由不同的部门记录和提供。随着高等学校信息化装备水平不断提高，在办学各环节中生成的全部数据都可以由计算机完成归档、保存和处理，作为开展评价活动的基础。每个高校都拥有丰富的大数据资料，是学校办学的重要参考依据。

二、大数据背景下构建高等教育评价体系的意义

（一）转变高等教育评价理念

大数据可促进高等教育的评价理念从经验主义向数据主义转变。从宏观层面看，传统的高等教育评价往往依赖专家驱动，具有一定的主观性和随意性，而且评价的价值导向并不明确。不同地区与类型高校的发展环境与办学定位不同，教育产出存在显著差异，套用共同的评价指标不尽适用。从微观层面看，在传统的高等教育评价体系下，高校教学与研究人员凭借经验分析和利用评价结果，存在许多现在的分析盲区，许多关键难点未能凸显出来。部分重要的评价指标未纳入评价体系，地位被边缘化，长期受到忽视。基于大数据的评价可以更清晰地揭示办学各要素的特征，分析数据与数据之间的隐性关系，准确地定位关键问题，以便于更科学地认识对象，并促进高校内形成重视数据与质量的办学文化。

（二）提升评价的广度与效度

传统的高等教育评价对数据的利用大多表现在学业评价、课程质量评价、学生就业评价等模块，形成描述式的评价报告，以具体的数据表现出来。但是，对学生的综合素质评定、学科建设、校园文化建设等重要模块，却缺少有效的评价依据，仅以组合教育活动事实的方式进行概要表述，其对教育对象的具体作用并不明确。并且传统的评价报告大多仅是给出客观的数据，对造成数据的原因缺少有力的分析，缺少阐释数据的能力。使用大数据开展高等教育评价，则可以提升高等教育评价的广度，将大量学习过程与结果方面的数据整合进体系中，从各方面展示教育证据，使高校教育评价建立于更为广阔的基础上，建

立精细的分析模式。高等教育各主体能够对教育质量形成基于多因素模型的全面认知，并有效地利用评价数据指导教育活动，以发挥评价对于教学质量调控的间接作用。

（三）丰富教育评价参与主体

评价主体的差异与评价尺度的差异息息相关，评价主体的多元化可以丰富评价的标准，形成有益的高等教育发展监督环境，促进高校以符合学生发展需求和符合公众利益的路径办学育人，是当代高教质量评价发展的必然趋势。

传统的评价方法以高校和学生为主要的评价主体，学校先期设立评价指标的思路会影响解读评价数据的方式，并且学生主体发挥的作用较为有限。学生的评价结果多用于指导教学活动的调整，仅为学校主体提供借鉴，无法作为外界的参考数据。大数据背景下的高等教育评价体系依托于互联网展开，强调要使用信息技术连接一切数据，为多元主体提供了参与教育评价的便捷路径。教师、学生、学生家庭、用人单位、社会机构、高校办学出资单位等相关主体都可以成为评价者，从不同的角度给出评判，可提升评价结构的开放性与多样性，从而避免传统高等教育评价体系下评价指标与结果的内部指涉现象。

（四）推动教育决策的科学化

大数据是开展科学教育决策的重要依据，可以使决策者掌握客观的数据，形成基于数据驱动的决策机制。

对教育活动做出的决策，特别是涉及专业与学位设置、办学政策、招生调整等方面的宏观决策，实行后就可造成全局性和持续性的影响，影响全体学生的发展与学校的未来走向。传统的评价策略具有滞后性，缺少有效的纠偏机制。评价指标以既往的教学模式为基础生成，所反映的多为教学活动本身的情况，对高校内外部环境的变化适应能力不足。虽然高校面临的发展形势不断变化，部分教育评价活动仍沿用约定俗成的指标体系。基于大数据作出的决策可体现科学性，促进对教育资源的高效利用。依托大数据形成的分析技术，又可反映在教育决策背景下生成的新数据。通过对数据开展纵向对比，可以明晰教育决策的有效性，减少传统决策环境下信息不对称的问题，促进决策的循环调整，以实现高等教育机体的整体性改善。

三、大数据背景下构建高等教育评价体系的策略

（一）科学采集多模块教育数据

1. 数据的来源

高等教育评价体系的源头可分为"人"与"物"，"人"包括相关各主体，"物"则指在教育教学过程中需要使用的各项设备。按照高等教育的实施样态，又可将教育数据分为两个方面：

第一是结果性数据，如学业评价数据、学生发展评价数据、课程质量评价数据、用人单位评价数据、学生就业率与就业质量评价数据等。这部分数据大多以结构化的方式储存起来，对应不同的教学时段。在数据生成时，包含了大量的量化内容，也是既往的评价活

动中较为系统化的模块，便于提取、整理和分析，并与教与学的质量密切相连，其中许多数据可以整块直接调用。

第二是阶段性数据，如学校的专业设置数据、师资队伍数据、课程结构数据、科研项目数据，教学环节中产生的讲义、微课程、在线教育视频点播、学习平台的使用数据以及学生主体的基本信息、书籍借阅、社交自媒体的使用、课堂出勤等方面的教学与管理数据。其中也包含了部分与学生在校生活有关的数据，如门禁出入、在校消费、校园网络的使用等。这些数据显示了教育的过程，体现学校在一定时间节点上使用的教育手段、高校教师的教学策略和学校的学生管理方法，可以为回顾教育事实提供重要的参考依据，反映学校运作的全貌，同时提炼结果性数据与阶段性数据，使不同的数据模块共同存在并且相互印证，是开展数据分析的基础。

2.数据采集方式

高校可以使用系统日志采集、网络数据采集以及人工采集的方式来汇总数据，构成动态化的数据中心。

首先，针对能即时联网的数据，可以定期采集各系统内的日志文件，了解一定时期内学生与教职工的状态，以及教学资源与硬件设备的使用、管理、折损率等情况。

其次，针对以结构化的形式储存在专项系统中的数据，如学生学籍信息、科研课题项目及进度、MOOC平台学习数据、学生终期成绩评价等，通过API接口对接的方法采集这些数据，将数据汇总到学校的教育数据中心。

最后，对部分数据运用人工采集法。人工采集法是指以人工查询、整理与录入的方式来实现对部分数据的采集。人工采集涉及教育软件资源的上传，由教师或教学管理人员来完成操作。此外学生出勤率、教师基本信息、学生就业以及教研活动信息中存在部分内容，有待教师或行政人员录入信息，将其上传至数据中心，以完整地记录高校教育与科研痕迹。针对以上几种数据采集方式，高校在构建大数据评价体系初期，应当重视提前规划设计，明确各模块信息的采集渠道、更新机制和责任人，以提升评价数据的覆盖面和精确度。数据的粒度应体现适宜原则，对应特定的评价需求，将粒度层级不同的数据储存于不同的单元中。粒度小的数据信息容量大、精度高，包含详尽的内容，适宜课程教学质量评价、学生学业评价、创新创业成绩评价等项目；粒度大的数据便于使用，能够方便快捷地进行查询，适宜办学水平评价、专业建设质量评价等项目。

此外，应当兼顾数据采集的全面性和数据隐私问题，对涉及学生个人信息的数据设置访问限制。针对所采集的有关隐私的数据，可以取百分比分布的形式进行利用，对部分隐私数据应用多重网络安全保护策略。

（二）形成教育数据分析方法

以符合教育规律的方法分析数据，是有效利用大数据的必然要求，数据的意义经过解读才能够呈现。高校可以按照评价指标的区别将数据中心划分为多个功能区，聚合相关联的教育要素，以支持大数据分析的实施，如在办学条件方面，可综合学校优势专业数量、学生数量、教师队伍规模、学校固定资产现状等方面的因素进行分析，以反映优势和劣势指标。

与此同时，要重视将数据与数据之间建立横向联系，为教育结果的原因分析提供便利。如针对在线课程质量的评价，可以将学生对在线课程的评价数据、平台自动记录的课程访问量、课程基本信息统合起来，再将其与学生学业数据对比，分别了解主观原因与客观原因的占比，进而明确影响课程使用的关键因素。重视挖掘数据之间的纵向联系，以时间段作为分析线索，反映变化趋势，并以问题为导向，显示出异常情况，形成可视化的分析结果，定期出具评价报告。

教育数据分析要体现定量与定性相结合的原则，首先依据学校数据系统的内置程序，通过高效的计算机算法列出影响因素的排序，重视"通过指标的类属关系，进而确定各指标的层级及指标权重"。除以量化方式体现各因素的实际形态外，更应表明变量与变量之间的联系。其次，学校组建教育分析小组，从各专业中选取专家，对突出的因素进行全面研讨，结合教学活动并深入分析细节，以分类指导相关教学工作的开展。

（三）目标管理与过程监控相结合

高等教育评价改革的基本逻辑是通过提升评价效度，影响教育目标的达成度，因此对教学过程的监管是实现目标管理的载体。鉴于此，应发挥大数据挖掘技术的核心优势，实现目标管理与过程监控的有机整合。高校的人才培养活动是环环相扣的体系，教育过程的完成度对育人目标的实现起决定作用。对课程教学过程，应以分解目标的形式进行数据采集和分析，将评价标尺与教学目标结合起来，以评价促教改。可以设立面向过程监控的评价活动定制，改变传统的在学期末等时段集中观察与分析评价数据的方式，在高校教育教学全过程中提取数据进行解读，使评价活动贯穿于学期始终。

为实施基于大数据的有效评价，通过数据挖掘初步提取出有关教学过程的粗糙知识后，应对知识进行"二次挖掘"，即借助关系分析模型，结合以价值判断为基础的教研活动，透彻理解在教学期间生成的过程性数据。学期结束后，将过程性数据和评价目标对照，明确后者的达成度，指导后续的教学活动。过程性评价体系应当与目标性评价体系融合，体现教育教学要素之间互为影响的动态发展过程。

（四）创设数据考核与反馈机制

基于数据开展考核与反馈，可以实现大数据的应用价值，使技术优势转换为学校的育人优势。从考核的角度而言，学校内部要形成基于数据的科学考核方法。学校应当成立对教职工开展考核的长效化机制，依据促进学校内涵式发展的要求，将要求分解细化，促进各节点上教育工作的改进。应基于相关的数据生成科学可行的标准，作为人员评价与质量评优的尺度。对于学生，应当改变过去单纯以学业终期评价结果定优劣的方法，结合过程性数据生成全面的学生发展评价报告，以督促学生在校努力向上，专注于知识学习与社会实践。评价策略的应用可反过来影响学生的学习观念，通过准确的数据引导学生形成正确的自我认知，提升学生调控和管理个人学习活动的能力。

在教学反馈方面，应建立向学校管理部门进行反馈的机制，促进学校管理层掌握可靠的教学数据。此外，应当建立向外部反馈的有效机制，应依据教育大数据，撰写并发布专项教学监测报告，面向教育管理部门、社会公众公开部分数据，如教学质量评价报告、年度就业报告、各专业学生人数增减趋势报告等，以提升高等教育过程的透明度，使相关的利益主体对高校办学活动形成准确认知。应向第三方评价机构公开部分数据，以促进高等教育评价的多样化。随着全社会对知识变现要求的不断提高，高校应打破传统的封闭式评价模式，将教育活动与社会要求相对接，全程接受监督。对于重要的教育教学事项，高校要以专项报告形式陈述教学整改过程，结合数据分析中体现出的关键教育节点提出所应用的具体教改措施，说明教改效果，进而为教育质量的改进提供持续性的动力。

（五）配套应用评价活动改进措施

1.评价指标要具备可调适性

应参考在不同时间段内形成的评价数据，对照综合数据评价结果，调节评价标准，以促进指标与实际的教学活动相适应。只有评价指标合理化，才能有效地考察教学活动。通过对评价指标自身的调适，可以建立对学生发展、科研活动的合理期望值，为教育教学质量的改进提供引领。

2.大数据评价体系的分析模型要具备可调适性

随着高校办学活动的推进，教学制度、教学环境、软硬件设备发生改变，可能出现全新的影响因素。应当对接生成性的要素，不断将新的影响因素加入大数据评价体系中，提升评价结果的解释能力。对于在既往的评价活动中被证明影响性较小的因素，要降低其在大数据评价体系中的权重。

3.解读各个子体系之间的数据，捕捉关键性的问题，改变对宏观评价体系的设计

可针对由家长、社会、学生提供的评价数据，调整原有的目标设定方式与评价方式。

四、构建大数据教育评价体系的保障

（一）技术保障

虽然高校普遍具有较高的信息化水平，但是"信息孤岛"现象也比较突出，不少有关教育的信息并未被整合进数据网络。很多部门和个人虽然常年累积大量教育数据，如高校的网站平台中保存着众多的课堂实录、数字化学习资源等数据，学校网络中心长期保存计算机使用、学生上网行为等方面的数据，各院系教师也拥有许多关于学生平时学业的数据。但是，许多数据的价值未能得到有效应用，而是分别被用于支持不同主体的教学与管理活动，尚未形成体系。加强技术与技术之间的互联，使之被整合成为统一结构，是构建大数据教育评价体系的重要课题。高校要重视进行技术层面的顶层设计，搭设数据库共享与集成平台，再在此基础上开发计算机分析程序，以支持对海量信息的处理。

学校可以对部分信息采集终端进行升级改造，以提升计算机网络的效能，并改进其与学校网络中心的连接方式，使其更便于在教育评价活动中使用。

（二）组织保障

大数据评价体系涉及高校的多个部门，因此促进各部门之间的高效协作，便成为创新评价体系的应有之义。高校要改善现有组织构架的合作方式，理顺各种流程和制度。部门之间应当在信息收集和分享上高度配合，不同的教育主体要协同互联，形成沟通交流的长效机制，以组织部门的高效协作打通信息模块之间的壁垒。在信息的利用和反馈上也应当密切合作，以充分发挥大数据的能动性，形成采集—反馈—改进的良性循环，使大数据真正成为高价值的数据资源。教学评价部门要及时向教学活动负责主体反馈评价结果，将数据以条理化的报告整理出来，促进各院系教师理解教情。

高校目前的教育评价活动主要由教学管理部门完成，在现有的组织架构基础上，高校应扩大教育评价部门的规模，更新对部门职能的要求，使其在促进部门协作方面发挥积极的能动作用。

（三）人才保障

高校要重视人才梯队建设，增加有能力从事大数据分析的人才，促进大数据评价体系的落地。

1. 要增加技术型人才

构建大数据评价体系，要求将粒度细、容量大的教育数据稳定地储存于网络空间中，并且支持随时访问、调出和使用，与学校的网络融为一体，这样的活动必须以高素质技术型人才队伍为后盾。

2. 学校创设条件

引进具有统计学专业素养的数据分析人才，促进其与学校教师、各学科研究专家相对接，依据实际教情，形成具有实效性的教育分析模型，使评价活动体现学校的发展特色。同时要对教学管理岗位的人员进行培训，以提升人员对评价体系运行要求的理解，使其更好地配合专家开展工作。针对从事教学研究活动的教师，应引导教师依据大数据评价体系下的要求进行授课，以构建完整的教育教学生态。当各方面的保障被落实时，大数据评价体系才可发展为学校的常规化制度，构成高校核心竞争力的一部分。

五、智慧型高等教育评价体系创新

高等教育强国的核心是质量发展程度的考量，其全面提升离不开科学合理的评价体系。但如今，我国传统的高等教育评价体系与评价理念、评价方法、评价过程等还存在着一些弊端。而处于工业革命 4.0 时代的高等教育也必然面临着 4.0 新常态，以人工智能、普适计算、虚拟现实、大数据、区块链等为代表的智能信息技术驱动着教育评价智能化，使教育评价更加智慧运行，不断向现代化、专业化方向发展。那么，智慧型高等教育评价体系面临着怎样的时代之需？新需求与传统高等教育评价体系又有怎样的矛盾所在？新兴信息技术融入又会给予教育评价体系哪些冲击与重构？智慧型高等教育评价体系建设路径又有哪些？这是新时代高等学校教育评价体系改革的起点和依据。本文通过对我国高等教育评价体系的现状分析，构建了智慧型高等教育评价体系的"顶层设计—催化剂—机制保障"创新路径模型，从而系统地对我国高等教育评价体系进行革新。

（一）智慧型高等教育评价的背景

1. 评价理念：功利导向明显，理论基础薄弱

思想理念犹如浇灌沃土所需的水源，具有重要的引领以及支撑作用。我国高等教育评价体系的理论与实践尚处在起步阶段，尚未建立起科学合理的评价理论体系以及范式，评价的理论基础还比较薄弱。在这样的基础上，我国教育评价具有一定的"黑箱"色彩，且多为"自上而下"进行，联动性差，以政府或者市场的主导为主。而政府或者市场导向多以终结性目标为主，以量化指标为手段，容易形成"短平快"的评价策略，在评价来临之前用尽手段搞一番"大动作"，以满足政府的问责，提高自身的市场排名度，以便获得更多的资源及声望，但却损害了高校的长远利益，难以达成真正的质量改进。

2. 评价主体：象牙塔式封闭，供给侧不足

处在万物互联互通、教育4.0新时代的我们，应更为深刻地认识到教育不能再是"象牙塔"式的发展，而应成为国家、社会、公民的"加油站"，以多元化发展为特色满足时代之需。而高等教育评价更应一马当先，使评价主体多元化，加强各主体之间的联动性。现今，高等教育评价以政府及市场导向为两大评价主体，一方面，如此导向使高等教育评价变了味，在某种程度上成为权力游戏，沦为声望荣誉的"牺牲品"；另一方面，政府的紧抓不放，使其他评价主体如第三方评估机构、学生、教师等高校利益相关者主体很难参与进去，从而导致高校被排名"绑架"，造成唯排名论。在政府和市场的掌控下，当前的高等教育评价体系存在着"权力集中""身份固化""严重同质化"等诸多问题。

3. 评价指标：抽离碎片化严重，忽视特色发展

评价指标是否科学合理直接影响评价结果的信效度与公信力。但现如今，我国高等教育学科体系划分过细，我国2016年参评的一共有95个一级学科，而欧美国家的一级学科划分平均为35个。我国过细的学科体系划分加深了学科与专业之间的鸿沟，使学科与专业之间出现了明确的分水岭，不利于跨学科交流与学习。而评价指标却多采用综合性宽泛的评价指标，但学科内部却形成了较为封闭的环境，分类评价的实行寸步难行，层次不分明导致评价错误或重叠，无法取得真正的绩效，视野受限更无法全面联动地进行系统性的评价。再者，高校学科划分与西方相比相差较大，但高校的评价指标多为西方"舶来品"，更多地为跟随式的发展。在评价过程中，忽视了自身特色，成为"在中国"的世界一流大学，而不是"中国的世界一流大学"。

4. 评价结果：定量结果主导，学生本位意识弱

高校评价在绩效主义的导向下，一流学科评价基本都是各项指标的量化设计，以便于更好地计算出最终结果，服务于政府政策大方向以及市场导向。基于结果化定量指标的评价结果的计算，只能得出静态的科研产出以及基于科研的排名信息，而很难真正了解到教学能力、学生水平以及学科在投入产出之间的转化效率。在高等教育评价体系中，目前最薄弱的环节便是高校对自我的评价，一个过程性、定性与定量相结合的评价结果对于高校的自我评价来说是势在必行的。教育4.0时代，以人为本的理念被推到高等教育发展的高潮，而现如今高等教育评价多从单一的维度出发以偏概全地对学生进行评判，只重视对学生科研或者成绩的评估，而忽视对学生的心理健康、国际视野、身体素质、道德素养和创新能力、主动思维等方面的评估，这与时代所需多元化、复合型、创新型人才的发展背道而驰。

（二）智慧教育对高等教育评价的影响

1.评价理念：功利封闭—开放包容

智慧教育的环境不是割裂式、孤岛式的存在，而是通过信息技术将社会、学校、家庭、企业、政府等各种场所连接起来的教育生态系统。海量数据库、联动的物联网、强大的云计算、高能的互联网使整个社会系统成为全面感知、互通互联的"蜘蛛网"。智慧教育的出现会促使高等教育评价打破传统的功利封闭状态，以更加开放包容的理念屹立在高等教育系统之中。传统的功利导向"短平快"的评价理念在新的信息技术潮流的冲击下将会被淘汰，取而代之的是全方位审查分析、全领域环绕参与、全员参与、开放性、民族性、多元性的教育评价理念与方法。

2.评价主体：单一粗放—多维联动

智慧教育背景下的物联网、泛在网络等现代信息技术的发展将社会高度协同融合，实现跨网络、跨专业、跨行业、跨领域、跨应用的多技术协同应用。当下的校园还存在着"边界界限"，在一定范围内依然是一个开展教学的物理场所，还没有彻底摆脱"象牙塔"式的存在。高等教育评价的价值本应体现在多方位、多行业、多领域、整个社会各界各方共同参与、全民反馈的庞大系统所带来的真实性、实用性信息的力量，但现今高等教育评价方式却仍是粗放式的评价，与真正的评价价值背道而驰。智慧教育的不断进步，将会打破高等教育评价的"围墙"和环境边界的"围栏"，使高校评价与社会各界各方并轨，使正式与非正式的边界变得模糊，最终使高等教育评价通过大数据等信息技术的支撑形成多维联动的评价体系。

3.评价指标：经验主义—数据主义

智慧教育时代的来临将众多物理属性演变成数据。利用云计算、可视化分析工具深度挖掘海量数据间的多维空间关系，全时空数据，精准计量深度分析，深层次分析，挖掘其个性特征以及优劣状态，发现其潜在规律以及其隐藏价值，从而使每个指标个体的"区分度"以及"信度"更有效实现。但目前我国的高等教育评价指标看似中立，实然只重视共性因素，漠视个性因素，反映出其评价指标过于借鉴西方的评价体系，同质化严重，依赖性强，忽视扎根中国大地特色化发展。学科内部形成了较为封闭的环境，分类评价的实行寸步难行。智慧教育支撑背景下的高等教育评价指标体系的构建，将充分利用数据的挖掘、数据的分析、数据的计量，把握评价客体的个性特征与自身特色，高效实现分类评价，使其评价指标体系绽放出最大的特色光芒，实现不同教育评价模式的价值与功能所需。

4.评价结果：结果导向—过程导向

智慧教育支撑下的教育 4.0 时代，各种高新信息技术的掌握对人力资源的需求达到了一个新的高度，以人为本地强调成为核心科技的掌握、时代的繁荣、经济增长的助推器，更成为教育评价体系的核心理念。传统的以结果导向单一维度的评价，由评价主体搜集资料，以成绩为最终分数而单调地加以对评价客体考评，无法达到主客体之间的双向互动，是一种滞后的评价结果处理方式，整齐划一、协调一致的评价结果标准，无法促进学生的多元智力的开发，无法满足时代发展所需的多元价值复合型人才的需求。智慧教育背景下各类信息技术，如大数据、可视化分析、云计算等持续性的认知与情感计算、识别技术、道德行为跟踪技术、课程学习电子记录技术等实现全样本数据的全面采集，使评价数据无限接近并反映评价对象的真实状态，评价结果标准会促使其向"以人为本"的方向转变。

（三）"双一流"背景下智慧型教育评价的实现路径

1.区块链：决策导向过程为主，更加开放更具公信力

智能时代高等教育评价理念应以一种更为开放的状态贯穿于评价体系的全过程中。区块链技术具有去中心化、开放以及自治性的特点，利用区块链技术任何节点都可以创建交易，经一段时间的确认之后，就可以合理地确认该交易是否为有效。利用区块链开放且具有公信力的特点从顶层设计出发，使信息化建设观念深入每位管理者、参与者内心，明确信息技术对高等教育评价体系建设的重要性，加强引导与宣传。

同时，转变社会各界对评价理念的固有观点，通过区块链开放包容的特征打消社会各界认为高等教育评价只需要市场导向或者政府部门等官方机构参与的固化思维，树立更为开放公正的理念，构建全方位、透明性、全领域的高等教育评价体系，使我国的教育评价理念"下移""民间化"，基于其更为丰富的养料，使高等教育评价这棵大树带动高等教育这整片森林的茁壮成长。

2.物联网＋泛在网络：高度融合打破界限，多维联动全方位参与

评价主体参与度就好似是高等教育评价体系"诊断把脉"的医生，如医生只有单维度的专业技能，那么他所查漏补缺的弊端必然也只是单方面的。就如同高等教育评价的主体一样，若只是一味地"象牙塔"式的封闭，必然是与这个要求多元化复合型的时代相悖的。智慧教育时代可实现数据的自动采集、集中存储、智能分析和智能推送，为评价主体提供更为开放、全面、动态的数据体系。而在网络多维联动将实现跨网络、跨行业、跨应用、异构多技术的融合和协同，将信息空间与物理空间实现无缝对接，促使评价主体的角色不再固定，实现社会各界各方的高度协同融合。不仅评价体系内部各个系统相连，上通下达，评价系统外部各方跨行业、跨领域、跨专业的各个主体也可参与，形成横向与纵向、深度与广度、动态与持续并存的多维联动评价主体，全方位参与。

3.大数据＋云计算：打破限制特色评价，评价指标多元联动

评价指标是衡量一个评价是否高效全面的关键因素，评价指标的质量代表着整个评价的质量。但目前，我国评价指标经验主义比较严重，重视共性因素，漠视个性因素，同质化严重，依赖性强，忽视特色。智慧教育背景下，应建立起一个持续性、多元性、全面性，以学生"能力导向"为标准的评价指标体系，这是国家、企业以及社会各界检验高校成果的一种高效率手段，也是高校检验自身的"反思镜"，更是推动高校内涵式、高质量发展的重要工具。利用大数据和云计算技术建立学生每一个知识点学习的微调控，着眼于学生多元智能的发展，感知学生的心理、情绪、态度、能力等多方面的数据变化，进行全体数据的动态搜集、分析以及计量，持续挖掘、多元化分析、多维度集成，纵向横向体系交错分析，超越时间与现实，进而有效实现评价功能的最大化与最优化，从而构建"全面性"质量监测、"全员性"主体观照、"全方位性"数据搜集、"全域性"督导跟踪的评价指标。

4. 人工智能 + 互联网：重心下移学生本位，动态增值结果可视

定位教育的发展程度必须以培养了学生怎样的能力作为第一出发点，定位一个国家或者一个社会是否掌握科技创新也必须从符合创新型的人力资源作为关键影响因素。工业革命 4.0 所带动的教育 4.0 时代，需要对人才的需求重新进行目标定位：由培养"知识人"向培养"智慧人"转变。如此，教育评价结果更不能单单以冰冷的分数作为终结评价的结果。智慧教育时代，我们应利用人工智能以及互联网等信息技术，掌握学生发展状态，挖掘学生潜能，支持学生个体、群体的学业水平评估与动态监测，帮助学生智慧型学习并达到自身的智慧型评价。在对教育评价对象进行过程与结果的全貌客观展示的同时，利用人工智能以及互联网智能化的共享与分析在教育评价的信息反馈阶段，通过大数据技术与互动智能平台等进行智能化、精准化与个性化的技术推送，把握对象的进步和变化，进而提供个性化与差异化的发展建议。

在大数据、人工智能、区块链等智能信息技术的推动下，我国高等教育评价正发生深刻的革新，无论是高等教育评价体系的理念、主体、指标还是结果，都发生着无法阻挡的改变，推动教育迈向智能化、数字化方向。如此，高等教育评价的真正价值才能对教育进行问诊把脉，从而做到以评促管、以评促建，成为高等教育这棵大树肥沃的土壤，使中国高等教育扎根于世界高等教育强国之林。

第四章 高等教育多维评价体系的着力点

第一节 促进质量文化建设

高等教育质量文化主要由三方面组成，即以教学资源硬件设施为主的物质文化；以纲领指导性文件、规范通用性文件、方案措施性文件和记录性文件为支撑的质量保障制度文化；以反映高校质量管理认识自觉和行为意愿的精神文化。三者之间互为依存，相得益彰，形成质量文化的整体，对高等教育质量起着潜移默化的作用。高等学校内部教学质量多维评价体系具体实施举措的实践是一个全景式、全员制的评估与监控机制，其具体实践需要通过对质量文化的评价与监控促进评价主、客体的认识与行为自觉，质量文化建设是先导。同时，文化育人也启示我们，高校必须重视质量文化建设，通过建立一套与人才培养和办学目标相适应且具有特色的质量文化体系，推动质量评价与监控体系的不断优化和具体举措的有效实践。

一、高等教育质量文化的内涵

（一）高等教育质量文化的路径论

我国高等教育质量文化研究并不是内生性的，它依据的标准、建设的理念大多借鉴了企业质量文化的研究成果。其实"质量"与"文化"原本是既有不同内涵、又有必然联系的两个词语，高等教育以质量为起点，以质量文化为桥梁，最终指向高等教育组织。在高等教育质量文化的形成过程中，质量文化、企业文化是一个重要的前置，董立平、孙维胜等人将质量文化作为一个过渡，其向前是企业文化，向后是高等教育质量文化。从"质量"到"高等教育质量文化"的推演过程中，形成了两条不同的技术路线。一条路线是以"质量文化"为纽带，以"质量→质量文化→高等教育质量文化"为技术路线进行的研究；另一条则是以"教育质量"为桥梁，以"质量→教育质量→高等教育质量文化"为技术路线进行的研究。此外，还有学者在从"质量"到"高等教育质量文化"推演过程中，选择了其他不同个体。

高等教育质量文化路径论争议的焦点在于"起点"的差异，但其本质是科技力量推动下的质量文化形成过程，路径论关注的是质量标准与"产出效应"，其核心是塑造根植于内心的质量意识与以约束为前提的自觉行为的结合。所谓"高等教育质量文化"是一种文化在质量管理上的沉淀和凝结，是高等学校在长期教育教学实践过程中形成的，它继承了优秀的民族文化传统、借鉴了国外大学文化精华，并结合高校自身的质量管理实践，经过总结、凝练和创新所形成的，是具有明显个性特点的一种校园文化，它是由教职员工共同创造和一致认可的质量意识、质量价值标准和质量行为规范。

（二）高等教育质量文化的结构论

文化具有不同层面、不同维度的内涵与外延，需要我们做更加深入的研究。从高等教育质量文化的组成入手，对其层次结构进行精细梳理、深入剖析，有助于我们对高等教育质量文化内涵、特征和功能的进一步理解，有助于我们系统认识质量文化和精心培育质量文化。质量文化不仅包括高校的质量精神文化，还包括质量精神文化的外化，而且在各个组成部分之间还存在着相互作用的关系，且有一定的层次性。质量文化从里往外又包含了三种文化，分别是质量管理的精神文化、制度文化和物质文化。精神文化是质量文化的内核，它的外层由实物质量和服务质量构成，精神文化深刻影响着高校的教育管理实践和师生的行为规范。质量文化的精神层面是一种更深层次的文化现象，它在整个高校质量文化系统中处于核心地位，它对师生的行为规范是一种无形的"约束"。制度文化是质量文化的中间层，由高校质量管理的领导体制、组织机构、管理制度等三个部分组成，它能体现不同高校对质量文化的认可程度以及对质量文化的个性表达。物质文化是质量文化的最外层，往往根植于高校的物质设施及其管理过程之中，它是高校质量文化的外显，能够让人直接感觉到，并能成为师生对不同质量文化直观判断的标准。此外，蒋友梅提出的由显性形态、隐性形态和关系形态这"三种形态"构成的大学质量文化，本质上也可以归结到"三层次论"观点之中。其中，显性形态指的是质量文化的依托物，它是可以耳濡目染的物质形态，包括学生、校园和教师；隐性形态是对大学组织内部质量文化中物质形态的二级抽象；显性形态和隐性形态之间的"桥梁"便是关系形态，这三种形态共同构成了大学质量文化。

还有学者提出了"四层次论"，即高校质量文化应该具有四个层次，由内到外依次是精神层（观念层、道德层）、制度层、行为层和物质层。董立平与孙维胜将其解释为：物质层是指质量文化的物质部分以及建设质量文化的物质基础；行为层突出体现在所形成的作风与行为准则方面，还体现在遵纪守法、照章办事等方面的原则；制度层是指各种制度、规范和教职员工行为准则的总和，是高校质量控制的制度文化；精神层面是高校进行质量决策和质量管理时的指导原则和行为规范，是一所高校的普遍价值观，更是其质量文化的核心和源泉。

高等教育质量文化的结构论基本上是基于"内在"与"外显"两个层面进行的衍生，是全体师生关乎质量领域的精神活动以及精神物化产品的总称。正如欧盟大学协会（European Universities Association, EUA）所提出的大学文化包含"硬"的方面（如质量管理、战略和过程）和"软"的方面（如价值观、信念和承诺）两个维度。对此，安心与张鹏提出高等教育质量文化是高等教育质量保障体系中内外相生、以外促内的"统一体"，是高校以质量为目标的价值认同和履行质量承诺的行为表征的统一，是高校保障教育质量的技术操作和文化认知的统一，是在大学内部群体一致认同的情境之下，上升到大学组织文化层面在大学内部凝结而成的一种"文化模式"。

（三）高等教育质量文化的功能论

何茂勋、张蓓等学者曾把高等教育质量文化功能归结为师生员工利益、员工目标导向和学校文化氛围的凝聚引导功能，学校无形的行为准则和潜意识的规范约束功能，学校无形的精神驱动力激励促进功能，以及学校外部主体的辐射反馈功能等四个方面的价值功能。

柏昌利则认为高等教育质量文化具有质量的认同感与使命感形成的凝聚功能、个人质量观与学校质量一致的导向功能、质量文化定式与氛围的激励功能、文化"软"因素下的约束功能以及社会化的辐射功能五个方面。

高校质量文化在引领学校发展、塑造品牌形象、凝练学校文化、满足各方需求等方面发挥了促进作用，具有统整价值、引领价值、塑造价值、发展价值和愉悦价值。质量文化是高校的无形资产，它能促进高校内生机制不断健全，提升学校的核心竞争力；它能聚拢高校的师生员工，增强学校的凝聚力；它能塑造高校的社会形象，提升学校的知名度和美誉度，对学校的高质量发展具有极其重要的现实意义和深远的历史意义。学校是一个集中的教育组织，它的质量必定以教学质量为主题，以教师、教学管理人员、学生为主体，以教育过程为主线的一种文化。高等教育质量文化是管理的一种有效的手段或工具，它以无形或有形的途径治理着教育实践。学校在长期的教育管理过程中形成的师生认可的价值观，能够渗透到学校的各项规章制度、管理规范和每一位师生员工的思想意识与教学实践中，以便对学校的教学质量管理起保障作用，同时成为学校质量管理规范对各方面工作指导的必然结果；它也一定是以人才培养质量为中心，并具有高等教育特色的意识形态、行为模式以及与之相适应的物质特征的综合，是质量管理层面的技术文化与质量理念层面的精神文化的有机统一。当然，过度强调质量文化的管理性，必然会造成"本本主义"与"功利主义"，致使高校的"公司化"发展以及教育属性的丧失，值得教育管理者警惕。

（四）高等教育质量文化的多重定义

事实上，高等教育质量文化并没有一个统一的定义，目前被采用较广的"大学质量文化"或"高校质量文化"，是指高校在教育教学过程中自觉形成的涉及质量领域的价值观念、规章制度、道德规范、环境意识及传统习惯等"软件"的总和。

高等教育质量文化正是高校致力于质量提升的环境建设与内涵需求，是全体师生员工对质量价值的共同理解。

对上述"高校质量文化"定义的认可，主要由于：一是该定义被学界引用频次较高；二是该定义通过何茂勋、唐华生与叶怀凡等学者文章的转用阐释，并赋予了其更深层次的内涵；三是柏昌利在此基础上又提出的一个改进型的定义。由此延伸，高校质量文化就是与高等教育相关的质量理念、质量价值观、质量形象、质量制度与规范、质量行为方式及其物化形态的总和。

高等教育质量文化由里而外的功能描述，正是高校大学精神的有效彰显，更是大学经久不衰的原因所在。大学的知识创造、批判精神、社会关怀和社会示范，正是大学独树一帜、引领社会发展的人类社会文明的高级形式。因此，质量文化是大学精神的体现，它深深植根于大学的内核之中；质量文化注重人的个性发展与人生意义的追求，是基于教育者与学习者交互式的以价值实现为目标的教育；质量文化涵括了系列制度、机制、措施等全体成员共同遵循的道德和规章的总称，以确保质量文化不错位。

二、高等教育质量文化的特征

从精英化阶段向大众化阶段过渡的中国高等教育，质量成为研究热点；从大众化阶段过渡到普及化阶段的中国高等教育，内涵建设、质量保障更是被提上了重要议事日程。综合以上对高等教育质量文化内涵的辨析，我们可以归纳出高等教育质量文化大致存在的特征。

（一）高等教育质量文化是一种因地制宜、百花齐放的文化

各国有各国的国情，各地有各地的地情，欧洲的质量保障、美国的教育认证以及发展中国家的教育质量评价都各不相同。我国大学质量文化，更加注重以人为本、强调特色、追求卓越等基本原则，强调不忘立德树人初心，牢记为党育人、为国育才使命。当然，即使同一地区的不同类型高校，在办学理念、管理思想、组织结构、行事风格、质量文化等方面也会存在一定差异，正如潘懋元先生所说，不同的高校有不同的质量标准，各级各类高校都应当有不同的质量标准，难以形成具有普适意义的质量文化建设指导意见，更无统一的质量文化建设通用范式。在党和国家提出加强高等教育质量文化建设的新形势下，只有鼓励各个高校因地因校制宜，才能形成既有中国特色又有自身特点的高等教育质量文化。

（二）高等教育质量文化是一种改革持续深化、管理持续创新的文化

党的十九届五中全会提出"高等教育进入普及化阶段"的重要判断的同时，进一步提出要加大高等教育创新发展的力度，要从专业、课程、教材、技术等方面加强建设，打好高质量本科教育攻坚战，全面推动"四新建设"。大学管理者都应具有一种强烈的质量精神，把价值、目标、过程、激励、结果、质量作为影响质量文化的六个要素。

只有在强化高校质量主体意识和责任意识的基础上，持续深化教育教学改革，大力推进教学管理创新，高等教育质量文化特征与研究展望，积极探索建立自省、自律、自查、自纠的质量文化，构建起有质量标准、有专门机构、有专业人员、有监测评估、有及时反馈、有持续改进的质量保障制度，才能实现高等教育的高质量发展。

（三）高等教育质量文化是一种以绩效为导向构建资源配置机制的文化

伊拉克尼·格拉马泽（Irakzli Gvaramadze）指出，质量文化的共同价值是制度自治、透明度和灵活性，以及大学的高层管理者要有远见卓识和战略领导能力，并辅之以不同利

益相关者的参与。影响质量文化的文化壁垒主要包括管理者的管理文化、高等教育的阶段性文化以及文化传统基因和全面质量管理的挑战，只有促进高校把分散的举措和行动聚焦于发展战略，进一步明确自身的目标定位，促进学校将绩效理念融入办学各阶段、深入学校各方面，才能更好地运用绩效精神办学；只有以绩效评价为指引，不断完善学校治理体系，并通过对高校重点工作进行连续跟踪评价，推进高校更加重视规划引领，更加重视内涵提升，更加重视建设成效，才能使质量文化建设更有实效。

（四）高等教育质量文化是一种全面提高人才培养能力和质量水平的文化

高校是实践立德树人、培养创新人才的主阵地，而社会却蕴藏着丰富的教育和学术资源，高等教育只有打开学科边界、打开学习边界、打开学校边界，抓住影响人才培养质量的核心要素和关键环节，从资源、组织、制度和管理等各个方面得到有效支撑和有力保障，全面提高人才培养能力和质量水平，才能使我国高等教育司稳致远；只有对高校的专业、课程、教学、督导、评价、监测等各种标准的制订方法和路径进行深入研究，并形成权威性的指导意见，才有可能在不同高校建立起"三全育人"以及利益相关者共同参与的公共治理的质量文化。

（五）高等教育质量文化是一种关注学科前沿、重视知识创新、改革传统评价机制的文化

新一轮科技创新、新一代信息技术正以前所未有的广度深度推动着高等教育创新发展，同时也给高校关注学科前沿、重视知识创新、改革评价机制带来了机遇迎来了挑战。解决我国科学技术上的"卡脖子"问题，实现关键核心技术的革命性突破，迫切需要高校进行学科间的深度交叉融合。在"交叉学科"正式成为与传统学科并肩的学科门类之当下，只有切实制定好根据学科门类组建队伍、建立平台、投入资源的制度，更好更精准培养高层次创新型、复合型、应用型人才的制度，以及针对知识创新、学术研究、成果转化、服务社会的评议评价制度，才能建立起适应新时代要求的质量文化。

（六）高等教育质量文化是"以学生为中心"、促进学生主体发展的文化

高等教育质量文化是高校人才培养质量保障的核心和根本，这已成为高等教育管理者和研究者们的共识。在欧洲高等教育界，大学质量文化建设会更多地强调学生参与、多元评估以及信息共享，这就要求大学要通过发展质量文化的道德来面对教育过程中所有参与者的选择。

世界上一些发达国家对于高等教育质量保障问题研究，已从强调外部质量保障向内部质量保障转变，从强调资源要素投入向强调服务学生成长与发展转变，并形成"以学生为中心""成果导向"和"持续改进"的三大质量保障理念。在我国"全面推进教育治理体系和治理能力现代化"的号角声中，加强高校内部质量保障和质量文化建设、全面提高人才培养能力已成当务之急。

三、实施质量准则是高等教育领域一场重要的文化变革

（一）质量准则的实施对大学的发展产生了积极影响

质量准则既是一种管理方法，也是一种个人理念和组织文化，它运用科学的结果测量方法、系统化管理技术，并通过相互协作实现组织使命，使组织运行更有效，并成为更加愉悦的工作场所。这些准则已被爱德华·戴明等学者加以阐述并被称作全面质量管理（TQM）而在美国工商界得到广泛应用。美国高等教育持续质量改进计划协会的一项调查结果发现，许多大学办学实践证明，实施质量准则能够改变一所大学的文化，对于高等教育质量保障大有裨益。美国教育理事会1993年调查统计显示，有70%的高校采纳了TQM，1995年为65%。研究表明，实际运用质量准则的高校比那些遵循传统模式的高校更成功。它们通常会取得很好的效果，例如，利益相关者满意度越来越高，服务质量越来越高，而运行成本越来越低。质量准则的实施对这些学校的发展产生了积极影响。

具体来说，赞同质量准则的组织：

1.是愿景、使命和结果驱动的

一个组织的愿景、使命和结果是由其所有利益相关者的期望来决定的，必须敏感地反映组织的价值观和文化，而且必须用可测量的术语来加以界定以便适于问责。如果一个组织没有一个由可测量的结果来清晰界定的使命，它便缺乏明确的定位和工作重点。尤为重要的是，组织使命应该由那些能够从组织使命的实现中受益的利益相关者来确定。因此，在确立组织愿景和使命以及决定系统的结果和过程时，应考虑到这些人的期望。质量是基于那些为组织服务的人员的看法，因此在确定组织使命和结果时，必须系统化地跟踪和分析利益相关者的期望。一个组织的目标和预期结果的概念界定越明晰，它对利益相关者的影响就越大。

2.是系统依存的

作为一个相互依赖的系统或者过程，一个组织运行质量的高低取决于其内部程序及成员之间相互作用的状况。组织中一个组成部分的几乎所有行动都影响着组织的其他部分。因此一个组织中的绝大部分问题往往是由于其工作过程或系统出了问题，而并非组织中的人出了问题。对系统内部各组成部分之间或者系统之间关系及相互依赖性的深入理解可以大幅促进系统的决策。

3.拥有一位能够创造并支持质量文化的领导者

（1）创造质量文化需要领导者拥有非凡的领导才能

要使组织成员参与决策并参与改进过程和系统，就有必要将自上而下和自下而上的领导才能结合起来。领导者应牢记利益相关者共同制定的愿景、使命和结果，并以此为出发点来评估当前的组织文化。当前文化与组织目标不一致时，领导者就有责任对这种文化做出系统化的变革，以使其与组织目标相协调，帮助组织成员理解新的思维方式和行为方式对于实现组织愿景、使命和结果的必要性。

（2）在创造一种能欣然接纳变革和持续改进的文化时，高层领导需要确保有合适的系统和可供利用的资源来支持质量准则的实施

他们必须乐于始终将质量准则与对贯彻准则的奖励制度挂钩。要使这种变革发生并持续下去，高层领导应始终认识到他们必须始终如一地支持那些进行变革的人。要尽快增强新的领导方式，就必须建立基于质量准则的奖励制度并进行必要的变革，使质量准则既成为一种个人理念，又成为组织价值观的有机组成部分。应坚信这些准则是组织基本价值观和成功的基础，必须理解这些准则之间的相互依存关系，并努力使合适的资源和系统得到有效利用。

4.关注系统中个体的发展

一个组织对每一项工作和技能的要求是不断提升的，因此有必要确保每一位员工都有一个特定的计划，以便不断发展其人际关系技能和职业技能以适应组织变革的需要。

5.基于事实作出决策

组织运行中很多问题反复出现，究其原因在于没有人愿意花费时间和精力去明确界定这些问题，收集实证数据以弄清问题根源所在，然后逐步探索解决方案，直至最终找到最有效的办法。调查越深入细致，决策越科学有效。

6.一线工作人员参与决策

最了解组织计划日常贯彻实施情况的是那些具体执行人员。如果他们能够不断更新其技能并获得合适的数据，那么他们在日常决策中就最有发言权。

7.有效协作

要有效协作，就必须实现信息共享，并拥有共同理念和目标。个体之间以及相互依存的单位之间的协作意识和团队精神越强，整个组织的工作效率就会越高。

8.谋划变革

高等教育的物理、技术、人口统计及智力环境都处于不断变化中。一个组织越是弘扬鼓励和期望变革的文化，它就越有可能能够满足变革的需要。上述准则之间是一种持续不断的、永无止境的关系，它们紧密关联：新的系统和进程会导致质量的提高，而质量的提高可以增加系统中成员的自信心与自豪感，从而引起其态度和行为的转变。行为的转变反过来又会对组织文化产生积极的影响。而经过变革和改进了的文化又对系统和程序提出更高的要求。这样周而复始、不断循环，最终将导致质量的持续改进。质量准则是相互联系和相互依存的，因此应将其作为一个系统来加以实施，这一系统受组织愿景和使命的驱动。

质量准则是根据组织的利益相关者的需要和期望来确定的。随着利益相关者期望的变化，组织愿景和使命也会相应地发生变化。质量准则的威力来自整个系统的协同作用，它从根本上将使命与可以测量的结果联系起来。从根本上说，这些准则可以与高等教育基本价值观相提并论，与高等教育质量文化的内涵具有内在的一致性。

（二）实施质量准则是高等教育领域一场重要的文化变革

对于高等教育而言，实施质量准则是一场重要的文化变革。原因在于，首先，提高教育质量已成为我国政府部门、教育机构、社会公众及市场共同关注的焦点，要求大学及时作出回应。与此同时，目前我国大学管理和组织文化还存在诸多问题，亟待进行变革：

①尽管许多大学已制定了学校章程，但同质化现象较为显著，存在形式雷同、内容空泛，缺乏可操作性，未彰显大学精神和特点等问题，其中对学校使命和愿景的表述通常是模糊的，使人们难以区分不同高校之间对于使命的阐述。而且许多大学往往都不习惯甚至内在地排斥对其运行结果的评估。

②提高管理技能和掌握管理知识通常不被视为质量准则。我们的高等教育文化造就了一批以直觉与个人职业经验而不是以调研取得的实证数据为基础来做出决策的领导者。他们往往由某一领域的专家学者转型而来，而非教育家。他们常常习惯性地以一种学术的思维、实验室的思维来管理学校。

③传统上，大学一直作为独立的实体运行，拥有独立聘任的教师、管理人员和其他职员，他们工作条块分割，而不是相互协作。

④职业发展通常更多的是针对具体学科和特定个体而言的，而不是以能够共同促进大学运行和发展的成员的发展为目的。

⑤尽管在指导大学组织运行方面进行数据收集工作的目的各种各样，而质量准则强调系统化的数据收集，以用作学术和管理决策，但目前我们在这一方面仍存在缺陷。

⑥在学术界，委员会制是一种很普遍的组织形式，但时至今日，为了实现共同目标而进行的真正的团队协作仍然不常见。

⑦长期以来大学并未形成关注利益相关者期望的传统，对其需求仍然缺乏必要和及时的回应，质量管理方式上政府指令性过强、社会力量参与不足，以学校为主体、以学生为本位、基于学生学习效果的理念还未完全深入人心，教育教学理念落后、教育教学方法陈旧等问题依然存在。

⑧质量意识和质量文化不够，培养质量文化等国际先进理念未得到应有重视。质量准则正是针对这些"病症"开出的"一剂良方"。由此看来，大学应该遵循质量准则的基本要求，进行相应的文化变革。

四、遵循质量准则是高等教育质量文化变革的路径选择

（一）做好顶层设计，发挥校长引领作用

在组织文化变革的过程中，大学首先应制定好长远发展规划，使用所有利益相关者都能够理解的语言，清晰描述其愿景、使命和结果。大学章程被视为大学"宪章"，章程内容要完备贴切、科学可行、顺理成章，彰显学校个性和特色，充分体现个体大学的办学理念和特殊使命，符合大学发展实际，做到当前目标与长远发展有机融合。同时，应体现多元利益相关者的诉求。文化是由文化的领导者来创造的。校长应成为大学质量文化的创造

者、领导者、推动者和支持者。在一种质量文化中，领导者的职责包括保证组织的愿景、使命和结果得以确立并能够为组织成员所清晰地理解；确保系统的合理性，以便质量准则能够得以贯彻；提供必要资源用于支持质量理念的宣传工作；创造文化符号并帮助人们理解符号的含义。

①大学校长应了解文化建构的方式，否则就可能会发出一些错误或令人误解的信息。行胜于言，领导者的行为表明了其设想和价值观，领导者扮演的是榜样、教师角色还是教练角色取决于他们的行为。因此，应注意自身行为的影响，需要谨慎地传达正确的信息。

②组织文化是一个基于感知的现实的系统，未必是一种奖励、惩罚或说教。领导者态度明确和言行一致深深影响着文化的发展。大学校长应亲自去践行新的价值观，始终如一地支持那些进行变革的人。

首先，应该是教育管理专家，能够把握高等教育发展的内在规律，善于运用现代教育思想和管理方法治校，注重研究学校改革发展的重大问题，能够认识到创造一种支持性文化的重要性。

其次，通过与个人和团队分享信息以及让他们参与决策等方式来授权给他们，并高度重视协作理念和团队精神的培育。这种方式将使大学的使命更富有活力，有助于大学师生员工协力为共同目标而奋斗，并在教育过程与结果之间建立一种必然联系。采取灵活方式与各部门进行沟通；持续跟踪调查员工、学生和教师的情况；组建专门小组解决问题和作出决策；始终致力于消除大学内部的恐惧感；确保获得质量倡议和行动所需的资源；投入精力和资金等资源用于系统中个体的发展。

③校长应具有洞察力，善于察觉阻碍组织良好运行的不利因素；应具有很高情商以应对因变革而引起的焦虑，并敢于为此承担风险；必须矢志不移并表明其有关学校发展的新构想。

（二）完善人才选聘制度，关注个体发展

在文化构建与变革中，人员选拔和聘用是最重要的环节之一。在质量文化中，只有个人的领导风格和理念与组织正致力于创造的文化风格和理念相一致的人才能够担当起新领导的重任；只有那些乐于学习并能融入团队的人才会被聘用。对于长远的文化变革而言，有关聘用的决策至关重要。新教师、管理者及其他员工的选聘无论是维系一种文化价值观，还是为组织带来新的理念和信仰，都塑造着大学未来文化发展的方向。奖励制度在创造质量文化的过程中发挥着重要作用，因为人们往往会根据奖励方式及导向来采取相应的行为。因此，应科学设计奖励制度和激励机制，以促使大学成员为完成学校使命所确立的目标而做出更多的努力。这种制度应与大学使命、愿景和目标紧密相关。个人会因为为整个组织的利益努力工作而受到奖励，而不是以牺牲组织的整体利益为代价来最大程度地满足个人利益。对于教师来说，当大学认可他们教学方面所做的改进并给予这些工作合理的奖励时，那么在如何分配教学与科研时间问题上的长期辩论将会得以澄清。从质量角度出发，教师的发展是一个持续的过程，在质量文化中教师聘任制鼓励创新，并且在对教师实

施问责以达到共同商定的结果的同时，通过给予教师充分自由以使他们敢于冒险和进行变革等方式来激励创新。

系统发展是创造文化与变革文化的一个重要因素，因为它为成员提供了进行变革所需的知识、技能与信息。一个组织总是处于变化之中，因此有必要不断更新成员的知识和技能以适应这些变化，并有计划有步骤地为未来变化做好准备。这就要求所有成员能被纳入教育和培训活动等个人发展计划当中。如果组织不能提供教育和培训的机会，那么个体成员就不可能减少失误，从而提高工作效率。在一种支持持续质量改进的环境中，继续学习是一条重要的文化准则。在质量文化中，学校各级人员需要定期接受学习和培训更新知识和技能，而且也应相互学习、共同提高。

（三）充分调研，科学决策

如果不能系统地收集相关数据，那么就无法确认或者清楚地了解真正的问题及其原因。要理性地分析一个问题需要三种数据：测量预期结果的数据；测量过程的数据；能够促进对决策背景理解的数据。但数据本身并不能说明问题。必须将数据置于特定的环境当中来考察，分析其所拥有的被验证的关系，并将其视为作用与反作用，这样才能使其产生意义。

另外，如果让组织中的个人对任务的完成负责，那么就必须让他们认识到他们的职责和行为与组织的使命密切相关，并给予他们灵活处理问题的权力以便其在工作中作出必要的改变。个人越是能够意识到他们对组织进程的影响力，他们就越能够以一种主人翁的精神去为进程的成功作出贡献。但个体成员需要掌握必要的知识和技能，以便做出明智的决策。通过持续发展，对进程负责的各个部门就会更好地理解他们的责任范围；一个人越是能够接近实际问题，那么他在改进进程所需的决策方面就越有发言权。因此，在创造质量文化的过程中，应确保学校重大决策建立在充分调研、科学论证和集体参与的基础上。

在决策前，应广泛听取一线教职员工的意见。当组织者和与结果有利害关系的个体都参与影响结果的决策时，协作和团队工作就会起作用。小组可以依据个人的实力来进行分工以完成一个共同目标，而集团或委员会虽然可以共享信息，却未必有共同目标。协作源于那些在目标追求中有既得利益的人，他们共同努力，以取得各方都满意的结果。让能够影响组织进程的人参与进来，可以确保他们有机会更好地理解有关进程的真实情况，并在决策一旦做出以后，他们将以更强的主人翁意识去促进决策的成功实施。

（四）转变观念谋划变革，多方参与

形成合力要实现文化变革，大学成员必须转变传统工作学习观念。当一所大学传统的工作方式发生改变时，思维范式就会发生转变，成员开始提出不同的问题，并就同样的老问题寻求新的方案。持续质量改进以持续变革为基础，大学成员将变革视作文化中一种积极的价值观而欣然接受。通过接受专门培训，人们感到变革令人振奋和愉快，而且不会因花费精力去参与组织质量改进工作而心存疑虑。质量准则的一个基本设想为，组织的使命是基于利益相关者的期望。因为根据设想，这些期望处于不断变化之中，由此可以推出，一个组织的使命也处于不断演变之中。因此，大学应将变革作为一种文化价值观来接受，

应以积极的态度看待变化，并且期待着变革。质量准则不是一种自上而下的方法，而是具有很强的包容性，需要倾听参与其中的每一种声音。

在支持质量改进的文化中，人们会经常审视关于大学愿景和使命的陈述，关注专业、课程设置和教育教学方式方法，以不断接近预期目标。因此，应该让当前利益相关者参与制定和完善大学愿景和使命、学校管理、专业和课程设置，教育教学应充分反映他们的需要；引导教师潜心育人，创新教育教学理念、模式、方法和手段，创新学生学习方式，重视作为质量主体的学生的参与；学校内部管理应落实好管理育人、服务育人、全员育人，形成人人关心、人人参与、人人服务质量提高的良好风尚；扩大社会参与，建立学校与社会的良性互动机制。这样可以确保所有利益相关者能够投入大学改革与发展过程，形成提高质量强大合力。

（五）坚持不懈，循序渐进

在变革时期，大学文化通过让师生员工铭记大学的价值观来使大学保持稳定，并且有助于大学提高总的运行效率。然而为支持质量运动而进行的文化变革不可能一帆风顺，会遭遇许多阻挠和挫折，因此，需要大学成员有极大的耐心和决心，并需要花费大量时间和精力。文化变革通常会引起矛盾和冲突。

因此，需要渐进式的文化变革，以确保这些价值观潜移默化地渗透到大学的日常工作当中去。持续质量改进包括：确立能够充分反映利益相关者期望的使命；基于调查数据作出决策；将大学视为一个系统；授权员工使其切实担负起责任并能够参与团队工作；有效沟通是一个关键因素，因此大学所有的交流活动，无论是言语上的还是行动中的，都必须始终保持畅通，并且必须传递这样一种共同理念："这是一所高水平大学"。当人们认识到大学中每个成员的成功都是相互联系的，并完全和平等地为相互的成功承担起责任时，质量文化才会得以存在。只有当高层领导者（校长）将所有准则作为一个完整的系统来加以实施，从而真正致力于创造一种质量文化时，质量改进才会实现并持续发展下去。

第二节 实践"目标—举措—实施—监测—改进"模式

高等教育的质量生成过程体现着教学质量的多维评价是建立在一定的价值基础上的，该价值基础集中反映于学校的人才培养目标定位，它是教学的使命所在；支持实现目标所拥有的体制、机制和资源等举措是质量形成的条件；办学过程是举措组织实施的载体，也是质量形成的核心过程；办学成果的形成和评价需要依靠对举措落实效果的检查以及对举措的不断改进和优化。

一、目标：时间、空间与价值尺度

监测评估的对象是系统的状态。状态一般是指"表征物质系统所处的状况的范畴。指在一定时间内、一定的物质系统的存在方式或表现形态"。"状态是人们认识事物的前提，没有状态就不可能认识事物"。高等教育状态是高等教育系统的诸要素及其相互关系在特定时间的存在方式和表现形态，是高等教育监测评估的对象，具体包括规模、速度、质量、结构、效益等。

状态可以用数据进行符号化表示，其测度的标尺称为尺度（Scale），主要有两种含义。第一种含义是变量意义上的，表明采用哪些变量对事物进行测量，主要包括定类（nominal）、定序（ordinal）、定距（interval）和定比（ratio）四种。尺度的第二种含义是抽象意义上的，表明从哪些角度对事物进行测量。监测评估的抽象尺度主要包括时间尺度、空间尺度和价值尺度。

（一）时间尺度

时间尺度是状态监测的"计步器"，反映系统状态变化过程的时间分布和周期，通常以年、季、月、周、天、时等为计量单位。系统无时无刻不处于发展变化中，任何状态都是过程累积的结果，今日之势正孕育明日之变。时间尺度的选择与系统的稳定性有关，直接影响状态变化揭示的完整程度。系统变化较慢时，监测的时间尺度可以较长；系统变化较快时，监测的时间尺度应该缩短。现代高等教育系统的变化日新月异，长周期的评估无法清晰反映系统状态变化的过程。这就要求监测评估的数据采集频率更高、更新速度更快、延续时间更长且没有间断，因而高等教育监测评估具有时间尺度密集的特点。

（二）空间尺度

空间尺度是状态监测的"分辨率"，反映系统要素及其结构的空间分布和延展。空间尺度的选择与系统的复杂性有关，直接影响要素特征和关系揭示的充分程度。系统结构和环境简单时，监测的空间尺度可以较为单一；系统结构和环境复杂时，监测的空间尺度应该多样。按照状态要素的层次，空间尺度可以分为宏观尺度和微观尺度，前者关乎总体，后者关乎细节。高等教育的规模、速度、质量、结构、效益等状态，是通过对要素进行测度反映出来的，这些要素有的处于国际、国家、区域等宏观层次；有的处于院校、学科、专业、课程、教师、学生等微观层次。空间尺度的差别在数据粒度上有所反映。数据粒度是数据的细化或综合程度，细化程度越高粒度越小，细化程度越低粒度越大。数据粒度决定数据所包含信息量的多少，直接影响数据的存储、访问和分析能力。现代高等教育系统日益复杂，客观上要求利用多种来源、多层次、多类型和多粒度的数据反映这些特征和关系，以便寻找其中隐含的规律，因而高等教育监测评估具有空间尺度多样的特点。

（三）价值尺度

价值尺度是状态的主观参照系，反映客体对主体预期的满足程度。价值尺度的重要性在于，高等教育系统既是物质系统也是价值系统，开展状态监测评估活动不能只见数字不见人，不能忽视"不可测量之物"。例如，高等教育的质量状态，要以教师、学生、课程等方面的事实来反映，而质量的高低通常取决于利益相关者的价值取向，即取决于质量观。价值尺度的选择与利益相关者的数量多少有关。利益相关者少时，价值尺度可以较为单一；利益相关者多时，价值尺度应该多元。现代高等教育系统与外界的联系日益紧密，利益相关者众多，不应在价值标准上"一刀切"，应尊重多元主体的价值选择，因而高等教育监测评估具有价值尺度多元的特点。

系统的特点不同，状态监测所关注的重点也有所不同。自然科学和工程技术领域如桥梁、道路、大气、资源、水文、地质等的监测评估活动，主要涉及物质系统，其状态主要以时空尺度来衡量。而社会科学领域如经济、医疗、卫生、移民、扶贫、舆情、科技特别是教育的监测评估，不仅涉及物质系统，也涉及价值系统，仅以时空尺度衡量是不够的，还需要以价值尺度来衡量。因此，社会科学领域的监测评估，可以借鉴自然科学与工程领域监测评估的方法，但不可完全照搬。

二、举措与实施：为持续改进、科学决策与多元判断服务

服务任何评估活动都无法回避目的问题，即为什么评估和为谁服务的问题，这个问题有时是根本性的。"虽然评估在实证论——量化取向与现象学——质性取向两方倡导者间有了更多的对话，但两大阵营间的发展却呈现两极化的现象，这种极端发展的根源不在方法论，而是反映了意识形态和认识论上的差异。"与时间尺度密集、空间尺度多样、价值尺度多元的特点相对应，监测评估在目的取向上追求服务持续改进、科学决策和多元判断。服务持续改进主要强调监测评估为办学者和学习者服务，服务科学决策主要强调监测评估为政策制定者服务，而服务多元判断则主要强调监测评估为社会公众服务。

（一）及时反馈信息，服务持续改进

"评估最重要的目的不是为了证明（prove），而是为了改进（improve）。"一个系统、组织和个体要想长久保持生机与活力，必须做到自我改进。改进的本质是通过正反馈或者负反馈来调整和矫正组织和个体的行为，使其与预定的目标相符合或者建立更合理的目标。改进的可能性和有效性取决于信息反馈的及时性和持续性。要连续反馈信息，就要连续采集和更新数据。然而，传统的高等教育外部评估和认证活动，由于成本、技术等条件的制约，时间间隔往往长达 3~5 年甚至更长，一些专项性的评估活动也经常时断时续，这都导致反馈严重滞后，信息的"新鲜度"难以保持，对持续改进的帮助有限。监测评估通过信息技术手段极大地缩短评估时间尺度，数据采集和更新的时间间隔至少缩短至一年及以下，部分数据达到每季、每月、每周、每天甚至实时采集，这样就能够完整记录和及时反馈评估对象的状态，发现异常、预测趋势、促进改进。

（二）关注系统变化，服务科学决策

现代社会发展的总体特征是"快"，既需要坚守，也需要变革。随着高等教育大众化、国际化、市场化步伐的加快，高等教育系统和高等教育机构时刻处于变化的环境之中，要化解危机、赢得竞争、抓住机遇、应对挑战，就必须迅速和科学地进行决策。然而，现代高等教育系统的内外部关系极为复杂，高等教育系统知识生产、传播和应用活动与经济、社会发展越来越密不可分。这要求高等教育的决策者和管理者必须具有系统思维和战略眼光，既要关注教育系统内部状态的变化，也要关注教育系统外部环境的变化，洞察社会变

革、市场竞争、行业发展、政策变动等外部因素对高等教育的影响，提高科学决策水平。传统评估存在一种局限，即更容易将目光集中在具体的教育教学活动本身，集中在高等教育系统内部，而对外部环境的变化不敏感，容易就事论事，缺乏系统性。

监测评估具有空间尺度多样性，既重视高等教育系统的宏观层面，也重视其微观层面。数据粒度涉及各个层次，数据来源不局限于高等教育系统和机构的内部，与国际、区域、行业需求等数据相结合，更利于提高决策的洞察力和前瞻性。

（三）坚持用户导向，服务多元

判断大众化高等教育催生了对评估活动的多元需求，高等教育监测评估应提供观察纷繁复杂的高等教育系统的多维视角，促进社会公众对高等教育的知情权、选择权和参与权的实现。监测评估既涉及事实关系，也涉及价值关系和行为关系。但监测评估重点要解决"是什么"的突然问题，借助技术手段充分展示状态的特征和模式。而在"应该是什么"的价值问题上，应保持谨慎与克制，尊重利益相关者多样化的价值选择，不将单一的价值尺度强加于人。需要指出的是，监测评估是一种专业活动，考虑用户的多元需求不意味着被用户的意志左右，防止量化评价与权力和利益结合导致不易被发现的评估滥用。

三、改进：数据密集型评估

图灵奖获得者吉姆·格雷将有史以来的科学划分为四种范式：实验科学（Experimental Science）、理论科学（Theoretical Science）、计算科学（Computational Science）和数据密集型科学（e-Science 或 Data-intensive Science）。数据密集型科学是随着数据采集和计算能力的无所不在，整合前三种范式并由计算科学分化出来的第四种范式。数据密集型科学的思想倡导以数据为中心，开发支持科研数据全生命周期（采集、整理、分析和可视化）的工具；让所有科学文献都上网，让所有科研数据都上网，而且它们之间具有互操作性；发展每种学科平行的数据学科。这种让科学联网、以数据驱动科学发现的思想，对各学科的发展都将产生深远影响。近年来，数据密集型科学在自然科学与工程研究领域展现出光明前景，"Nature"和"Science"都发专刊讨论"大数据"的发展及对科学研究的影响，微软研究院组织科学家出版专著讨论第四范式在地球与环境科学、生命与健康科学、数字信息基础设施等领域的进展。

此外，社会科学领域兴起具有数据密集型特点的新分支，例如计算社会学（Computational Sociology）、数据新闻（Data-driven Journalism），以及新近随着大规模开放在线课程（MOOC）兴起的学习分析（Learning Analytics）、等。一些学者还于 2011 年发起成立国际教育数据挖掘学会（The International Educational Data Mining Society），专注于对教育环境下的数据进行挖掘，以更好地认知学习者的行为。

（一）高等教育监测评估是数据驱动的评估

数据驱动（Data-driven）指监测评估从数据出发揭示高等教育状态的要素特征和结构关系，而不是从专家判断出发。监测评估强调让数据说话，评估的结论通过深度的数据分析来揭示，以现代信息技术来保证评估的专业性，依靠数据处理的技术规则来保证评估的规范性。传统评估主要是专家驱动的，评估过程依赖专家，评估结论主要依靠专家"心证"判定，以专家的理性、知识、经验来保证评估的专业性，依靠票决、回避、公开等程序性规定来保证评估的规范性。数据驱动不仅是利用数据作为评估结论的证据，更重要的是，通过数据所反映的高等教育活动规律引导教育政策制定、院校管理和教与学的行为。

监测评估并不否定专家作用，因为毕竟计算机不能完全取代人的思维，数据也会说谎，需要发挥专家经验在评估设计、数据采集、分析和解释中的指导作用。但是，监测评估并不依靠专家做出最终结论，不将判断的责任完全交给专家，而是坚持技术分析的主导地位，让数据成为主角，有效降低专家驱动的评估的主观随意性，并防止道德风险，更合理地发挥专家的专业智慧。数据驱动的评估和专家驱动的评估各有其优势与局限性，应该相互借鉴、取长补短。

（二）高等教育监测评估是数据密集型评估

高等教育监测评估的基础是"大数据"而非"小数据"。一些研究人员和机构使用"3V"（Volume 海量性、Velocity 时效性、Variety 多样性），"4V"（3V+Value 价值性或 Veracity 真实性）等来描述"大数据"的特征，这些特征都是"大数据"在时间、空间和使用价值上特点的不同概括，监测评估尺度特征与"大数据"的上述特点是相同的。

监测评估与基于"小数据"的定量评估在方法论上有重要区别。"小数据"时代的定量评估，以数据佐证专家判断或验证理论假设，追求从更少的数据中获得更多的信息量。通常讲求科学抽样，要求数据是结构化的，重视变量之间因果关系的推断。而监测评估基于"大数据"或"准大数据"，探索数据内部所隐含的特征、关系和模式。这种探索是一个反复迭代的过程，常常超越了直觉和经验。当然，"大数据"和"小数据"是相对的概念，数据规模的大小与非结构化数据（Unstructured Data）和流数据（Streaming Data）所占的比例有关，不同领域的标准也不尽相同。基于"大数据"与"小数据"的监测评估核心差异不在于数据规模，而是各自所遵循的方法论和思维方式的差别。监测评估倡导"大数据"思维，追求使用全部样本而不是随机样本，接收数据的混杂性而非追求精确性，更关注相关关系而非因果关系。

数据密集型评估在高等教育中何以可能？随着计算机与互联网的飞速发展和高等教育信息化进程的加快，高等教育领域的数据呈指数增长，高等教育的"大数据"时代正在来临。这些数据除了高等教育状态监测数据库，还包括源源不断产生的学校管理数据、教学活动数据、科学研究数据、MOOC 课程学习行为数据、大规模学业测验数据、大规模问卷调查数据、社交网络数据、新闻报道数据以及经济、科技、人口等相关的社会公开数据。随着数据开放共享程度的提高和现代信息技术在高等教育领域的发展和应用，这些数据中的价值将会被越来越多地发掘出来。

总之，高等教育监测评估在范式上不同于传统的专家主导的评估，也与基于"小数据"的定量评估存在较大区别，而是一种从数据出发，探索数据间未知模式的"发现之旅"。

第三节 建立动态化、规范化、差异化的评价机制

一、过程性评价机制

引入过程性评价与发展性评价技术，实践集质量要素的过程控制、质量状况的内部评审、质量信息的反馈调控、质量保障的再评价为一体的教学质量健康监控实践体系，变教学质量的"散点管理"为"系统保障"。

在高等教育教学体系中，对于过程性的评价大体上可以从三个方面开展，在高校学生管理过程中，学生间的过程性评价，教学环节间的过程性评价，以及高校管理过程间的过程性评价。这三者相互融合，构成了高校教育教学体系的核心，在学生价值观的构建，高校课程质量上的构建以及高校教育发展间的构建是过程的重要体现形式也是高校教育创新的又一重要方向。

（一）高校过程性评价的定义

1.高校过程性评价的定义、特征

①高校过程性评价是一个对学习过程的价值进行建构的过程。

②高校过程性评价在学习过程中完成。

③高校过程性评价强调学习者适当的主体参与。

④高校过程性评价是一个促进学习者发展的过程。定义本身表明了过程性评价不可能通过一次评价完成，它应该是在学习过程中发生的、学习者参与的、渐进的价值建构过程。这里的"过程"是两个不同的概念：一是讲评价本身就是一个价值认知并建构的过程，二是讲学习活动过程中的评价。对过程性评价的双重"过程"意义的揭示恰好是重要"价值"之一。

2.高校过程性评价的存在性解析

过程性评价是基于人的主观介入的精神活动过程。过程性评价是人的意识对学习者的学习过程的一种反映，也是人发挥主观能动作用的认识过程。过程性评价的实施需要人的意志参与，作用于过程性评价的各个环节，调整评价注意中心、选择评价参照体系、控制人的情感因素以避免过程性评价中渗入太多的感情色彩。

合理地调配主观作用，能动地反映学习过程中的客观事实，将过程性评价的目标始终定位于为了学习者知识的获得、技能的培养、能力的形成；定位于完整地评价学习过程，以合理肯定学习者学习过程中的阶段性成果，增进学习者对亲历的学习过程的认识，推动学习者成就感的生成，有效地促进学习者的发展。

依存于学习过程中的过程性评价，通过正确而合理地反映学习过程的阶段性成果的价值存在而显示其本身存在的合理性。从高校过程性评价的发生看，作为一种对客观存在的

反映，其本身也具备存在的合理性。学习的过程是学生获得知识，提升能力，增加对人类已有经验的接受与理解并有所发展的过程。客观地讲，学习过程本身是一种实践过程，它是一种社会实践，一种个体走向社会之前以及进入社会后所必需的实践活动。掌握、控制与推进这一实践活动，依赖于在实践活动中实施的评价。缺少过程性评价这一内嵌于学习过程的认识过程，就难以知晓学习过程的真正意义与价值，也就难以指明正确改进学习过程、提高学习效率应该采取的措施。

3.对高校过程性评价的意义

高校过程性评价的意义有利于深化对高校过程性评价本征内涵的理解，也有利于完成对高校过程性评价的规范性建构。我们可以从两个视角去解释高校过程性评价对高校大学生的意义、对学习过程的意义。

①一个融入价值教育的过程性评价是一种过程价值取向的评价，从本质上讲，这种评价是受'实践理性'支配的，它强调评价者与被评价者的交互作用，强调评价者对评价情境的理解，强调过程本身的价值．对过程性评价中体现的对人的价值关怀。

②过程性评价对人的价值判断发生于过程之中，对学习的某一环节进行否定，并不妨碍对邻近的及其他学习环节作相反的判断。过程性评价是一种面向存在过程的价值关怀。对学习中曾经发生的存在，过程性评价以实事求是的原则给予事实的认可。

③与其他事物一样，能否更好地发挥高校过程性评价的作用，取决于能否深刻地认识、全面地揭示高校过程性评价的意义。对高校过程性评价本体意义的认识是一个渐进的、发展的过程，实践将逐渐深化这种认识的层次。从哲学层面去把握过程性评价、理解过程性评价，对于建立和完善学习评价的理论、技术与方法，使之更好地在学习过程中发挥作用，促进学习者学习，促进学习者发展，都将起到重要的奠基作用。

（二）过程性评价对高校学生测评中的应用

在高校建设过程中，学生的综合能力构建是当今全方位人才发展的核心，通过自评与互评的过程性评价能够在学生发展过程中起到重要的促进作用，首先指出学生的自评过程性实施，学生自评由教师组织学生自主进行。举例说明，当学生在进行课题研究时，事前，先就学生评价的意义、方法、需要注意的问题向学生做出说明，提出明确要求。学生自评以学生自己的成长记录为主要依据，描述和分析自己在一级指标四个维度的表现，用"★"作为标准4颗星以上为"优秀颗星为"良好"，2颗星为"中"，1颗星为还要加倍努力"。最后写出自己对课程学习的学习心得，表达自己的感悟，提出自身前进的方向，并为自己在四个维度确定一个分数。

"成长记录"是一种很好的检测工具。"成长记录"可以有多种形式：理想型的成长记录是让学生收集自己心目中最理想的作品，学生在筛选时可以提高对他人作品的分析与鉴赏的能力，逐步建立起自己特有的一套价值系统和方法时学生基本素质提高和创新精神的培养是非常重要的。展示型成长记录让学生收集自己的作品并对作品进行反思和分析，可以养成学生的分析与反思习惯，提高分析与反思的能力。文件型的成长记录要求高校学生将老师或其他学生对自己的考评、观察、测验的结果，甚至自己学习中的故事系统持续地记录下程很自然地成为学生反思自己行为表现的过程，积累下来的资料既为学生课程回顾、总结经验提供一份完整全面的材料，也为他人了解学生的全面情况提供一份完整而充分的描述。评价型成长记录也即学生的学习档案，不过不是简单地记录考试成绩，而是由教师和管理者根据事先建立的标准，将学生作品收集起来，用学生真实的作品向家长和社会提供一个关于学生的更为全面而又形象具体的各种类型的成长记录。两种记录方式各有长短，通常可以综合起来使用。成长记录最大的功能不是给学校作为学生的档案或记录，而是促进学生自己的反思，这种反思可以是即时性的，也可以是经过一个阶段的学习之后才进行的。成长记录也促进了学生与教师之间、家长与子女之间的交流，帮助教师真正理解学生，促进父母与子女之间的相互理解。

值得提倡的还有学习总结会，既节省时间又可以有好的效果。学习总结会应科举行，这样可以结合学科知识内容和学习方法特点，让总结更深入更有针性。学习总结会需要教师对反思的内容进行让学生有总结的方向。在总结的过程中，教师应特别关注学生在学习方式上出现的问题，包括学习态度和学习法技能。在总结会最后还要以适当的方式对学生的问题进行归因，分析问题的根源，提出克服存在问题的途径。

过程性评价中的学生互评，学生互评是在自评的基础上进行，学生以 4～6 人为一组，采取任务驱动法，学生之间可以互相帮助，并对完成作业的小组用一级指标的四个维度进行登记作为学期总评的依据之一，学生为每一个同学在四个维度确定一个分数。最后由教师计算出平均得分，作为学生互评的最终得分学生通过自评及互评，了解了自己在学习中存在的问题，写出学习心得，总结不足之处，提出改进的建议。

过程性评价之班内展示，教师对高校学生学习情况的实时评价贯穿整个学习过程，评价的过程就是学生学习、成长的过程，在学习过程中，学生可以把成功的经验、遇到的困难写下来和老师、同学分享。其他学生针对此意见进行评论，每发言或评论都及时地被所有学习者所看到。教师可以通过班班通，将优秀的作品放到班上展示，以此表扬学生，肯定学生的成长继续努力学习。

（三）过程性评价在教师端的应用

关注教师在课程发展中的需要，突出评价的激励和调控的功能，激发教师的内在发展动力，促进其不断进步实现自身价值是高校教师进行过程性评价的根本。学校应不断完善《高校教师工作考核评价手册》。平日的考核以对教育教学工作过程评价为主，注重考核成绩积累，在平日考核的基础上，期末进行终结性考核。把教师的教学研究和教改实验、创造性教学和科研工作的进展及师生关系引入考评内容，建立校园过程性评价平台"他评"是促进教师素质提高的外部机制。通过评价主体的扩展，加强对教师工作的管理和监控。

自评是促进高校教师素质提高的内在机制，"自评"是一种自我激励、自我诊断、自我反思和自我调整，不断更新自己的知识，改进自己的教学，高校教师通过"自我评价"，促进自我发展。教师评价要以教师为主体，要强化教师的自我评价，从而通过评价变管理中的他控为自控。具体举例应用例如：每位教师建立"自我成长档案"。成长档案中包括"自我评价篇""教育教学篇""科研篇""创新特色篇""荣誉篇"和"阶段反思篇"等。高校教师们自主制定三年奋斗目标和近期奋斗目标。"教科研篇""创新特色篇"将工作中的点点滴滴记录；"荣誉篇"和"阶段反思篇"使每位教师不断得到成长的不竭动力，改进教育教学工作。"自我成长档案"的建立做到了信息反馈迅速。从"教育创新篇"中能够了解到教师在实施过程性评价探索中，有许多创新的点子和切实可行的做法，于是，就邀请这部分高校教师与大家交流，老师们在交流中碰撞火花、相互借鉴、共同受益，使评价研究得以不断深化；在"科研篇"中，"自我成长档案"为大家提供了一个共同展示、交流的平台，每个教师都能够寻找不足，及时调整、及时控制和及时改进。

二、规范化与差异化的评价机制

根据高等教育对教师绩效考核的需要，结合教师和学生在教学过程中的各个方面和环节，按照惯例的需求特征，将管理者、教师同行、学生分成三个不同的层面和阶段，对不同的教师所开展的教学工作进行较为全面的考核和评估。这样教师在遵守学校的教学制度，个性化教学方法，以及学生对所授课程的感受和理解等方面能够得到更为客观地评价。具体对教学过程的考核评价的实施方法由三个考核评价表构成。

（一）教师教学制度执行评价

"教师教学制度执行评价表（表4-1）"是学校管理部门采集的数据，可由教学督导组织实施负责对教学制度执行情况进行评价。影响教学效果和质量的因素首先是教学制度，虽然是静态的，但是在执行过程中由于人为的因素总是存在差异。因此，管理部门的关注度，可以评价检查教师教学过程是否符合学校现有的规章制度。

表4-1 教师教学制度执行评价表

考核结果		教学大纲遵守机制	教学计划方案制订	教学过程记录	课程成绩构成	试卷构成	试卷批阅	调课、停课代课、缺课
等级	（得分）							
优秀	90～100							
良好	80～90							
合格	60～70							
不合格	60以下							

"教学大纲遵守机制"是考核教师在教学过程中对课程教学大纲的把握和执行程度。

"教学计划方案制订"是考核教师对课程进行的总体计划安排、教学方案制订是否合理和切实可行。

"教学过程记录"是检查教学过程中应有的点名、提问、完成作业等情况原始记录，可以反映教师对教学工作的投入程度，越详细教师付出的精力越多，同时对教学效果的提升也是必要的条件。

"课程成绩构成"是检查教师在给出学生最后成绩时，除闭卷考试以外的成绩部分，学生成绩的考核以及构成的元素是否单一，是否达到合理的要求。一般情况下，单一的考核方式对学生的学习效果的考核不能反映学生真实的学习情况，教师对学生的学习过程关注得越细致，教师给出的学习效果越准确。

"试卷构成"是检查教师闭卷考试试卷的命题涵盖内容、试题难度、试题类型、试卷命题和试卷组合方式。用闭卷考核的方式来检查教学效果尽管不准确，但也能部分反映教学的情况，然而如果考核的试卷没有达到应有的标准，那么剩下的这一部分的功能也将损失殆尽。

"试卷批阅"是检查教师在试卷批阅过程是否严格按照制度要求进行阅卷，试卷批阅质量是个重要的环节，人为的因素较容易出现，人造痕迹越重，教学效果的水分越重，同时也是教师责任心的具体体现。

"调课、停课、代课、缺课"是对教师在整个学期停课期间遵守课程时间表的情况的检查和考核，此种情况出现次数越多影响教学效果的可能性越大。

（二）同行专家课堂教学评价

"同行专家课堂教学评价表（表4-2）"是同专业或者相同领域专家采集的数据，可由专业的教师组织实施，负责对教师课堂教学情况进行评价。课堂教学是教学过程中最为重要的环节，教师工作的质量直接关系到教学的效果。在课程进行过程中它是动态的过程，每一个教师每一节课的表现都可能不同，对于在执行过程中存在的差异，只有同行的专家能够更为客观地鉴别和把握。因此，同行教师间充分的交流与互动成为这项考核和评价准确性、可靠性的基础。

表4-2　同行专家课堂教学评价表

考核结果		教学内容	教学方法	教学课件	教学仪容	板书	课堂互动	课堂气氛
等级	（得分）							
优秀	90 ~ 100							
良好	80 ~ 90							
合格	60 ~ 70							
不合格	60以下							

"教学内容"是考核教师在课堂是否按照教学大纲的要求进行教学。"教学方法"是考核教师在教学过程中是否根据内容和学生的具体情况，对所传授的内容采用适当有效的讲授方法。"教学课件"是考核教师在课堂上授课时运用多媒体设备是否足够充分和熟练。"课堂仪容"是针对教师包括语言、衣着、站立和动作等课堂形象的考核。"板书"是考核教师在教学过程中板书运用是否合理，书写是否工整、清晰。"互动"是考核教师在课堂教学过程中与学生实时交流的把握、调动学生积极思考。

"课堂气氛"是考核教师在课堂教学时教师和学生是否处于积极向上的精神状态。

（三）学生课堂教学评价

"学生课堂教学评价表"（表4-3）是上课学生采集的数据，由学生针对教师包括课堂和课后教学情况进行评价。学生对教学过程的感受与教师工作的质量直接相关，也是教学效果的体现。在课堂进行过程中它也是动态的过程，每一个学生对每一节课的感受都可能不同，对于存在的差异，只有学生自己对教师的授课情况能够更为客观地进行描述。

表 4-3　学生课堂教学评价表

考核结果		语言表达	上课时间	知识掌握	课堂仪容	板书	答疑	作业批改
等级	（得分）							
优秀	90 ~ 100							
良好	80 ~ 90							
合格	60 ~ 70							
不合格	60 以下							

"语言表达"是学生对任课教师在课堂上是否按语言规范标准进行而对教师做出评价。

"上课时间"是学生对任课教师在教学过程中是否严格遵守上课时间进行的评价。

"知识掌握"是学生对任课教师在课堂授课时，学生对内容掌握和理解程度的评价。

"课堂仪容"是学生针对任课教师包括语言、衣着、站立和动作等课堂形象的评价。

"板书"是学生针对任课教师在教学过程中板书运用是否合理，书写是否工整、清晰的评价。

"答疑"是学生对任课教师在课后与学生实时交流的情况的评价。

"作业批改"是学生对任课教师在作业批改方面进行评价。

三、考核及差异化分配机制案例分析

针对高校不同类别人员设置科学、合理的评价指标体系是实施绩效考核的前提和基础，依据绩效考核结果实行具有激励导向作用的差异化分配是高校绩效工资改革的重点和关键，也是促进高校提升教学、科研水平，激发教职工工作积极性的重要途径。案例以HN 省某本科院校为例，阐述了高校构建富有活力的绩效考核机制、实施差异化分配的主要举措，同时剖析了高校实施差异化分配的难点问题，并对相关问题提出了对策建议。

（一）高校推进绩效考核与差异化分配的实施路径

1.根据不同类别人员设置具体的考核指标体系，按岗位实行分类绩效考核

根据不同岗位人员的特点设置具体的、操作性强的绩效考核指标体系是高校实行差异化分配的重点和难点。高校人员类别多样，主要可以分三类：专业技术人员（含专任教师、科研人员、教辅人员等）、行政管理人员（含双肩挑人员）、工勤技能人员（含技术工和普通工），针对不同类别、不同岗位人员实行分类绩效考核管理是推行差异化分配的基础，高校各类人员具体考核指标、考核侧重点各不相同。

（1）专任教师的绩效考核

专任教师是高校教职工的主体，占高校教职工总数的 60% ~ 70%，高校专任教师的主要考核指标为教学工作量、教学质量和教学效果、教学改革及研究情况、科研业绩等，专任教师绩效考核指标及权重具体见表 4-4。

表 4-4　海南某本科院校专任教师绩效考核测评表

一级指标	二级指标	考核内容	指标内涵	权重（%）	得分
科学工作量	年度教学工作量	年度综合教学工作当量	教师教学质量综合评价	15	
教学质量和教学效果	课堂教学质量	课堂教学质量评价结果	获奖等级、刊物级别、专利类型	15	
	指导学生各类获奖、发表论文及专利情况	指导学生参加各类科技、文艺体育类、校园文化类竞赛获奖情况；指导学生发表论文及获专利情况	获奖等级	10	
	在师德建设、教书育人方面的获奖情况	主持或参与各级专业、课程、教材、实验室、教学基地等建设项目、承担教学改革与研究项目等	保证教学的规范性，维护正常的教学安排	20	
	教学事故/差错	工作纪律及教学规范的执行情况	保证教学的规范性，维护正常的教学安排		
教学改革与研究	承担的教学建设与研究项目	主持或参与各级专业、课程、教材、实验室、教学基地等建设项目、承担教学改革与研究项目等	立项等级和参与情况	10	
	教学改革与研究获奖情况	获教学成果奖或优秀教材奖等	获奖等级	10	
	课程形成性评价（教考分离）	实施课程形成性评价（教考分离）	开展形成性评价，建立标准化试题库，进行教考分离	5	
科学研究	承担科研项目及获资助经费	主持或参与各级科研项目并获经费资助情况	立项等级和参与情况、获经费资助情况	10	
	发表论文、论著	公开发表或出版的教学研究论文、论著（教材）	公开发表或出版的教学研究论文、论著（教材）的篇数和级别	10	
合计				100	

完成规定的教学工作量是专任教师的基本职责和任务，教学工作量是专任教师的重要考核内容之一，其具体考核内容为教师的年度综合教学工作质量。专任教师教学质量与效果也是考核的主要内容，其具体考核指标如下：其一是课堂教学质量。教师课堂教学质量的评价分学生评价和教学督导专家评价，综合两者情况确定为优秀、良好、合格、不合格四个等级。其二是指导学生获奖、发表论文及获专利情况。包括指导学生学科竞赛获得国

际奖、国家奖、省级奖、校级奖；指导学生以第一作者在 SCI 等三大检索期刊、中文核心期刊、非核心期刊发表论文情况；指导学生获得专利情况。其三是教师在教学工作方面获奖情况。获国家级教学名师、省级教学名师、省级优秀教师、省级"师德标兵""教书育人楷模"等先进个人、省级青年教师教学大赛获奖情况，按获奖级别计分；教学技能比赛获国家、省级、校级等奖励。其四是教学事故 / 差错等，分重大教学事故、一般教学事故、教学差错三个等次分别扣分，多次教学差错应累计扣分且不封顶。教学质量与效果的各个考核项目根据相应的级别或类别分别计扣分。

教学改革与研究项目的主要考核指标如下：其一是承担教学建设与研究项目，含教改项目（国家级、省级、校级重点、一般项目）；教学实验室建设项目、教学基地建设（包括国家级、省级教学团队；国家级、省级人才培养实验区）、专业建设（国家级、省级、校级、新专业）；课程建设（国家级精品课程、省级精品课程、校级重点建设课程）；教材建设（立项当年）（包括国家级"十一五"规划教材、省重点教材、校级教材建设）；其二是教学改革获奖情况：获国家级、省级、校级教学成果奖；获国家级、省级、校级优秀教材奖。其三是课程形成性评价（教考分离）：开展形成性评价，建立标准化试题库，进行教考分离。教师教改情况按相关项目的开展情况或获得奖励的相应级别分别计分。科学研究主要考核指标如下：其一是承担科研项目及获资助经费情况：在研期间的国家级、省级、校级科研项目及经费，有新增国家级、省级、校级主持项目。其二是发表论文论著情况：公开发表论文（包括 SCI 三大检索收录期刊、中文核心期刊、国内一般期刊、正式出版的会议论文集）；著作编写（包括权威出版社著作及译著、非权威出版社著作及译著）。其三是成果、专利。获国家级、省级、校级科研成果奖；专利（含新专利和有新专利登记公示）。教师科研情况按相关项目的级别或类别分别计分。

（2）科研人员绩效考核

科研人员主要考核指标为科研项目及经费、科研成果、发表论文、申报专利、著作、学术讲座及人员培训情况等，科研人员具体考核指标及权重见表 4-5。

表 4-5　海南某本科院校科研人员绩效考核测评表

考核项目	考核具体内容	权重（%）	得分
研究项目及经费	有新增主持国家级项目满分；有省级项目，且到账经费在 10 万元及以上满分；有新增主持项目不足 10 万元的 10 分；有在研国家级项目 20 分；有在研省级及以下项目 5 分	25	
科研成果	有省级科研成果满分；近 2 年获省级成果 10 分；其他低档次成果 5 分（包括论文奖、行业、协会奖励）	20	
发表论文	以第一作者或通讯作者新发表 SCI 等三大检索源收录论文 1 篇 15 分；2 篇或以上的满分，每降一名次扣 2 分。新发表核心期刊，每篇 5 分，每降一名次扣 1 分。新发表一般刊物，每篇 2 分，每降一名次扣 1 分	25	
申报专利	有新专利登记公示，5 分；有新专利满分；每降一个名次扣 2 分；有新专利 5 分	10	
著作	主著专著一部及以上满分；参著 3 分；近两年主著 5 分，参著 1 分	10	

考核项目	考核具体内容	权重（%）	得分
学术讲座	校外讲座或国际会议报告或全国级会议报告1次及以上满分；校内讲座1次1分，最高5分	5	
人员培训	有在读研究生1名及以上满分；在校内培训会上主讲1次1分，团队内讲座2次1分，满分5分	5	
合计		100	

（3）教辅人员绩效考核

高校教辅人员包括实验技术、图书档案、杂志编辑、工程技术等系列，教辅人员大体参照教师的绩效考核指标执行，但由于其岗位性质有别于专任教师，侧重考核协助和参与教研教改项目及劳动纪律等情况，同时对于有新增主持或参与国家级和省级科研项目或者发表论文、专著，年度考核优秀，以及主持相关专业技术讲座、培训的人员，按其相应业绩分别计分，教辅人员考核内容、指标及权重见表4-6。

表4-6　海南某本科院校教辅人员绩效考核测评表

考核项目	考核具体内容	权重（%）	得分
日常工作完成情况	完成日常工作好、无缺勤、无投诉满分。根据情况酌情扣分	30	
参与项目研究	参与国家级项目1项2分；参与省级及以下项目1项1分	20	
参加技术培训	参加全国技术培训1次2分；参加省内技术培训1次1分	5	
上年度考核结果	考核"优秀"满分；考核"称职"减2分；考核"基本称职"减4分；考核不称职不给分	100	
项目及经费、发表论文、申报专利、著作	有新增主持项目或论文或专利（第1作者）满分；每降一名次扣2分，参编专著1部5分	25	
讲座	主讲技术讲座1次2分，满分5分	5	
人才培训	在校级科研培训中，主讲1次1分；满分5分	5	
合计		100	

（4）行政、后勤人员绩效考核

高校行政和后勤人员虽然岗位不同，但由于都是属于服务性质，相关人员绩效考核的基本内容、考核指标、考核方式基本一致，主要考核指标为德、能、勤、绩等，具体包括思想品德、工作能力、工作作风和工作态度、工作业绩等方面，行政、后勤人员绩效考核指标体系见表4-7。

表4-7　海南某本科院校行政、后勤人员绩效考核测评表

类别	考核项目	考核具体内容	权重（%）	得分
德	思想品德	作风优良，具备良好的职业道德、社会公德和个人品德。师德师风良好，团结同事	20	
能	工作能力	能熟悉岗位职责，业务能力强。对执行各项工作任务目标明确、有计划，沟通协调能力强，有团队意识，工作到位	20	
勤	工作作风和态度	事业心、责任心强，爱岗敬业。遵守工作考勤制度，积极参加集体活动。工作积极主动，态度热情，不拖沓，不推诿	15	

类别	考核项目	考核具体内容	权重（%）	得分
绩	工作业绩	能按时按质按量完成本职工作和领导交办的工作任务，且符合工作岗位质量要求，工作效率高，效果好	45	
合计			100	

2.充分下放权限，由二级院系部根据实际情况自主制定

二级院系部是高校内部管理的基层组织，也是贯彻落实高校相关决策的中枢力量。为使绩效考核及差异化分配得以有效实施，学校充分下放权限，全面加大二级院系部人、财、物管理的自主权，由二级院系部参考学校制定的各类人员基本考核指标体系，结合部门实际，在广泛征求本部门教职工意见的基础上，自主制定更符合部门实际的各类岗位具体考核指标体系以及差异化分配方案，同时成立绩效考核与差异化分配小组，考核小组成员由二级院系部党政领导及教职工代表组成，按照"多劳多得""奖勤罚懒"的原则，对部门内不同类别、不同岗位人员进行全面的绩效考核，并根据考核结果，对本部门所有人员实施差异化分配，充分调动和发挥二级院系部的积极性、主动性。

3."部门间"差异化与"部门内"差异化

分配相结合，建立富有活力的差异化分配机制为在全校范围内全面构建充满活力的收入分配机制，差异化分配分"部门间"差异化和"部门内"差异化两部分。学校各二级院系部按类型及职能不同可以划分为教学、科研、教辅、行政、后勤等板块，"部门间"的差异化，即学校每年对不同板块部门进行综合考核排名，并根据考核结果对各二级院系部绩效津贴总额实行差异浮动调整。具体做法是学校根据各二级院系部年度工作任务完成情况，年底统一组织考核并确定各版块院系部的综合排名，并根据综合考核排名情况对相关部门的绩效津贴总额进行上浮或下调，对排名前1~3名（具体名额根据相关板块二级部门总数确定）的绩效津贴总额上浮5%，综合考核排名最后1~3名的二级部门绩效津贴总额则下调5%。"部门内"的差异化则由二级院系部在学校核定的绩效津贴总额范围内，根据实际情况自主制订差异化分配方案，按照教职工个人业绩、考勤、工作表现等情况进行绩效考核，并根据考核结果实施分档次的差异化分配，"部门内"的差异化分配要求划分3~5个档次，其中中间档次占比60%~80%，最高档和最低档不少于5%~10%，切实打破平均主义，体现差异化。

4.差异化分配设定

基本"门槛"，未入"门槛"者不享受"差异化"津贴。为构建有效的激励约束机制，在校内营造积极向上、奖勤罚懒的教学、科研风气，激励广大教职工积极工作，提高工作效率和工作质量，学校对差异化分配设定了基本"门槛"，未入"门槛"者不享受差异化津贴，即凡在考核时间内按要求应实施（如闭卷考试课程）而未实施教考分离的相关教学部门及人员；科研人员无课题立项和无论文的；年度考核不称职人员；重大教学事故责任人员；影响较大的事故责任人员以及违法违纪人员等属于考核期间未入"门槛"者，相关

人员不列入差异化分配范围，相关人员的津贴扣除后由二级院系部自主分配。

（二）高校实施绩效考核及差异化分配存在的问题

1.“部门间”综合考核排名问题

实施差异化分配的难点是确定二级教学、科研、教辅、行政及后勤等各板块部门之间的综合考核排名，部门间的综合考核排名情况直接影响到各二级院系部绩效津贴总额的上浮或下调，也直接影响到每位教职工的切身利益和工作积极性，更关系到相关部门的集体荣誉。在制定科学、合理、令人信服的考核内容及评价指标前，不宜贸然推行，否则容易引起攀比、激化矛盾，影响学校和谐、稳定发展，须稳妥、慎重推进。如何确定科学、合理的“部门间”综合考核的具体指标，或者通过何种方式来确定各个部门年度工作任务完成的质量和效果，并确定各个板块二级院系部的综合考核排名情况，是高校推行“部门间”绩效津贴总额差异核拨及实行差异化分配的重点和难点问题。

2.行政、后勤人员绩效考核问题

高校教学、科研、教辅等专业技术人员，一般有明确的工作量要求（含教学工作量、科研工作量等），相关人员绩效考核可以根据其教学、科研工作量及业绩等情况制定具体的量化考核指标体系，根据考核结果分出等次并实施差异化分配。高校的行政、后勤人员，由于其岗位、工作性质与专业技术人员不同，没有具体的工作量要求，相关人员难以进行量化绩效考核。

目前高校行政后勤人员较为通行的绩效考核办法一般由相关部门组织所有人员进行测评、投票或打分，按测评成绩获得票数多少分出等次，人情关系的因素较重，不能客观、公正的反映行政、后勤人员的工作业绩，很难实施具有激励性质的差异化分配；有的部门则采取“轮流坐庄”的方式，部门内人员轮流评优及评选相对落后档次，轮流享受第一档次及最后一档次的差异化津贴，谁也不得罪，未体现差异化津贴的绩效激励导向功能。

3.少数部门难以实施差异化分配问题

推行绩效考核及差异化分配以来，大部分二级院系部能切实根据本部门实际，充分利用绩效考核及差异化津贴分配这个指挥棒的作用，制定切合部门实际的、能充分激发教学科研活力、公正合理的绩效考核指标体系，并真正实行优绩优酬的差异化分配，充分发挥了差异化分配的绩效激励作用。但也有少数部门，尤其是党政管理部门及教辅单位，由于人数少，有的部门不足10人，有的仅有3~5个人，相关人员难以按学校要求的差异档次及比例实施差异化分配；有的部门虽然实施了差异化分配，但部门内优秀人员与一般人员的差异化分配的差额较小，第一档及最后档次的比例也较小；也有极少数部门的领导做“老好人”，相关部门内的人员差异化分配停留在形式上，即部门内所有人员按月或按季度分别轮流实行差异分配，但年度决算时其实仍无差异化，明里实行了差异化分配，实际上暗地里仍推行新的平均主义，未能发挥绩效考核及差异化分配的真正激励作用。

（三）推进高校绩效考核及差异化分配的相关建议

1.实行"部门工作目标责任制"和"年终集体考核制"，推进"部门间"综合考核和差异核拨

为在全校营造你追我赶、积极向上的良好氛围，激励教学、科研、教辅、行政及后勤等各板块二级部门的工作活力，高校部门之间的绩效综合考核排名，可以实行"部门工作目标责任制"及"年终集体考核制"，即年初高校制定各部门工作目标和具体工作任务，明确各部门职责，由部门负责人主抓、落实。年底由学校统一组织考核，成立由学校领导及年度工作任务相关督导专家组成的考核小组，实行"年终集体考核制"，二级部门负责人对部门年度工作目标落实情况逐一进行汇报，学校考核小组根据二级部门年度工作目标完成的质量和效率、部门取得的教学科研业绩情况及各类获奖情况等综合因素进行评分，分版块对二级院系部进行综合考核排名，并按相应比例确定优秀及相对落后等次，学校根据考核等次按比例对二级院系部的绩效津贴总额进行上调和下浮，将调整后的差异化津贴总额核拨给二级部门，由二级院系部根据本部门差异化分配方案进行分配、决算。

2.行政、后勤人员实行"岗位目标责任制"及"部门统一考核制"，推进公正公平的绩效考核好差异化分配

高校行政、后勤人员虽然不能进行量化考核，但可以实行"岗位目标责任制"及"部门统一考核制"，即年初由二级院系部确定部门内每位教职工的岗位职责、年度工作目标及具体工作任务，明确岗位职责，年度工作结束后，由二级院系部成立绩效考核小组（由部门领导及教职工代表组成），对部门所有人员进行绩效考核，由个人对年度履行岗位职责、完成工作任务等情况进行述职，考核小组根据个人履行岗位职责情况、完成工作任务的质量和效率、工作态度、工作业绩和服务质量等情况进行综合考核，严格标准，实行统一考核，并根据考核结果确定部门内教职工差异化分配的档次，按比例实行差异化分配，杜绝人情关系、轮流坐庄等不公平现象。

3.构建绩效考核及差异化分配监督机制，相关职能部门严格审核、把关，切实有效推进差异化分配

高校推行绩效考核及差异化分配，应建立相关监督机制，由人事、财务、纪检等相关职能部门组成差异化分配审核小组，对各二级院系部的差异化分配方案、差异化分配结果等材料进行严格审核，对于切实根据教职工业绩等情况分档次按比例推行差异化分配的二级部门，及时发放相关人员差异化津贴；对于差异化津贴差额小、未按比例按要求进行差异化分配的二级部门，以及"换汤不换药""新瓶装老酒"实行新平均主义的相关部门，要求重新进行绩效考核并实施真正意义上的差异化分配后才予以发放；对于人数少、难以开展差异化分配的相关部门，采取职能相近的几个部门联合的方式进行绩效考核，由相关部门负责人及教职工代表组成考核小组，对所属相关部门的所有人员进行绩效考核，并根据考核结果分出档次进行差异化分配。

第四节　评价结果使用与教育治理能力建设

一、高等教育评估的结果

研究高等教育评估结论使用，首先需要弄清评估的类型与范围，因为不同范围和类型的评估，其目的、标准以及方法是不相同的，评估的影响与结果使用也就会存在差别。在我国，高校接受的评估数目是比较多的，这些评估，若从评估主体分，大体包括高校自我评估、政府评估和社会评估；从评估范围分，有整体评估（综合评估）、单项评估和项目评估，整体评估包括大学综合实力排名、高等教育质量评估，单项评估包括教学评估、专业认证、课程评估、高校单项实力排名等，项目评估主要指政府实施的项目或计划的评估（如优秀博士论文评估、精品课程评估等）；从评估内容分，有教学评估、学科评估、科研评估、学位评估、体育评估、艺术教育评估、校园安全评估等；从评估方式分，有专家进校现场评估、数据监测以及跟踪调查；从评估等级划分，有合格评估、选优评估、质量审核等；从评估时间分，有固定周期的评估（如年度大学排名、政府或专门机构实施的若干年一次的周期性评估）、一次性评估（如精品课程评估、"211工程"评估等）、常态性信息质量监控等；从评估的作用分，有终结性评估、过程性评估、发展性评估等；从评估的自由度分，有高校自主开展的内部评估、必须接受的具有强制性的外部评估、有选择参加的外部评估（如ISO族的质量认证、国际同行评估、大学学科或专业排名）等。

不同类型的评估，有的给出明确结论，这方面又分两种，一种是定性等级式结论，如我国首轮高校教学评估中所划分的优秀、良好、合格、不合格，或者香港地区学术评审局所实施的大学教育审核评估中值得赞扬、需要改进和必须整改，工程或医学认证中的通过（但有长短不同的有效期）和不通过；另一种是分数式等级制，如英国高等教育质量保障署（QAA）实施的学科评估中采取的24分级制，英国高等学校科研质量评估（RAE）的5分制，印度、马来西亚等国实施的高校评估百分制等。有的评估则没有明确的结论，它只是一种事实、状态说明或表征，这方面以大学各种排名最为典型，无论是《美国新闻与世界报道》的排名，还是英国《泰晤士报高等教育副刊》大学排名或者我国各种大学排名，都仅仅给出大学在排行榜中的分数及其相对位置，但并不代表谁合格谁不合格，或者谁优秀谁不优秀，高低优劣完全由公众自己来判断。高校开展的过程性评价或者发展性评价，其指向于师生真实的教学生活本身，师生既是教学的参与者，又是评价主体和对象，评价的目的在于发现自身、关注自身发展和过程中的持续改进，所以，这种评估没有明确的评估结论。

二、高等教育评估结果的使用形态

高等教育评估的结果存在着规定主体和使用主体区分。所谓规定主体，即评估的政策制定者及评估的组织者，评估的目的、评估指标体系以及评估结果或用途皆由其规定，规定主体主要有政府、高校和专门机构。使用主体指利用评估结果达到自身目的的利益相关者，包括政府、社会用人部门、高校以及公众。

在各种各样的评估中，有些评估的结论具有特定目的和用途，在评估设计中便已经充分考虑和设计，因而以文件的形式加以规定。在欧洲某些国家，政府往往以高等教育评估的结果决定对大学进行财政拨款，如英国的学科评估和科研评估就是如此，学科评估结果影响政府对大学学科建设和科学研究的拨款份额。法国高等教育评估委员会组织实施的高等教育质量评估，其结果也决定和影响政府与大学之间所签订的教育与研究合同。在原合同行将结束时，委员会要对合同项目执行情况及其效果进行评估，依此决定是否继续执行合同，而政府若要与高校签订新的合同，也需要进行相应的评估（专业评估、学科评估或者科研评估）来确定。所谓合同，就是高校获得政府的项目及其经费支持，并且执行该项目以取得预期结果。美国法律规定，只有顺利通过六大区域认证机构或相应专业认证机构认证的高校，才能优先得到联邦或州政府的经费资助，包括学生的奖学金和助学金。我国 1996—1999 年实施的"普通高等学校本科教学工作优秀评估"，其本来目的是配合国家"211 工程"计划。因为该计划要求，凡是准备申请加入"211 工程"重点建设资助的高校，必须接受优秀评估并且通过，即获得优秀结论，否则就将失去进入国家重点建设行列的资格。我国有些省份也规定，学校升格（如专科升本科）、改名（如学院改大学）、发展研究生教育、各种奖励、预算外拨款等，也需要在相应的评估中获得相应的等级。这些说明，评估是一道准入门槛。当然，有的评估也规定了奖惩式的使用规则。如我国高校教学工作评估就规定：对在评估中未获得"合格"或者"不通过"结论的高校，不仅要限期进行整改，而且还要在招生规模、新专业设置、质量工程项目审批、教学成果评奖等方面加以限制。至于大学排名，则没有相应的结果使用方面的规定。

通过分析可以发现，不同的评估，在结果使用上存在明显差别。有的评估明文规定结果的用途及使用范围，有的评估没有给出明确规定。但事实上，凡是评估，都有结果的使用问题，只是程度或方式不同而已。

（一）正式使用与非正式使用

凡是在评估方案中明确宣示评估结果用于某种特定目的的，就是评估结论的正式使用，反之，则属于非正式使用。一般情况下，官方机构或者具有官方背景的专门评估机构以及基金会组织实施的评估，结论往往非常明确，结果的使用目的也有明确指向。这种情况下，评估结果通常用于选择性、竞争性或者非均衡性的政策，比如经费拨付、学校或专业设置、学位授予、项目资助、计划实施、评审奖励等，评估及其结果使用是有条件的，需要以评估及其结果作为资源分配的依据。前面所列举的英法美等国家实施的评估即如此，我国的"985 工程""211 工程"计划评估、高校教学质量工程项目评估、"2011 计划"评估、学校升格或改制评估等，也是这样。

评估结果的非正式使用有两方面含义，即指某一种评估并没有明确的结果，因此也就不存在结果的正式使用；又指虽然有评估结果，但是评估组织者并没有明确规定结果应该如何使用，或者对于这种评估结果应该如何利用，权利不在评估组织者，而在于被评部门、单位或个人。通常情况下，评估结果的非正式使用往往比正式使用的范围宽，各种各样的高校排名、高校内部开展的教师互评、学生互评、师生互评等自我评价活动，就没有明确的结论使用说明，如何利用则取决于使用者和公众自身。比如高校排名，社会公众可能用于了解信息、高校志愿填报、研究生专业报考或者企事业单位用于录用高校毕业生参考，然而，这些并非出于排名者的直接意图以及对结果使用的直接规定。

（二）实质使用与形式使用

实质使用，就是评估结果总是指向于某种实际用处，如物质奖励、经费获得、项目支持、政策倾斜等。形式使用，就是评估结果使用不是可见的物质方面，而是指向声望、名誉、发展、自我实现等精神层面。关于前者，在不同的评估中都有不同的表现，例如，学生评教（即学生评价教师的教学工作）是高校内部评估中很普遍的一种形式，不少高校学生评教结果与教师职称晋升、福利分配、评选优秀等挂钩，同样，高校教学、科研和行政人员的津贴、资金、福利、职务晋升、住房等资源性分配，也会与内部工作绩效评估结果直接挂钩。在这一意义上，评估是资源分配的手段。关于后者，也普遍存在，某些评估或评价的目的与物质利益并没有直接的关联，其目的指向于主体精神发展和素质提高的内在需求，例如，高校内部自我评估中的学生互评、教师互评、外校同行评价以及具有评估性质的教学状况调查等。在这种真实性的评估中，双方通过参与评价，获得关于自身和对方的认知，了解自己与他人的特点所在，互相学习、分享经验，促进自身的发展和成长。发展性或者过程性评价的结果使用，就是形式上的使用方式。

（三）直接使用与间接使用

直接使用，是评估工作所产生的结果直接用于某种特定的目的，一般情况下，它由评估政策、评估方案直接规定出来，例如，一些国家在评估文件中有正式规定和表述，如评估与拨款条件、学位授予、奖励、项目支持或者惩罚性措施。间接使用，有两层含义，一是评估结果直接使用后所产生的附带性影响，如质量、声誉的影响以及由此导致的招生、社会资源等方面的影响；二是评估并未明文要求结果如何使用，但它却对被评估者以及利益相关人产生了影响，如大学排行榜或大学声誉调查、毕业生跟踪调查，任何一个排行榜或调研报告，对社会公众而言，通过排名或报告可以对国内外各高校的总体情况和相关方面的情况有比较直观、明晰的了解，在选择高校及专业的时候可以以此为参考。对政府部门而言，大学排名或报告从一个侧面反映了国内高校的有关情况，可能会为政府的宏观调控和决策提供依据。对高校自身而言，通过与其他学校对比，可以了解自身的优势和不足，促使学校完善自身，更好地提高教育质量和办学效益。这说明，虽然是间接使用，其评估的导向性也是明显的。

（四）平行使用与交叉使用

不同的评估相互之间存在着较复杂的关联，这种关联有时可能是正向的，有时可能是负向的。因此，不同的评估，在其结果的使用上，一般情况下有着明确的规定和条件限定。有的评估之间存在着互相说明和佐证的关系，因此，在结果的利用上承认对方评估的效用。如台湾地区高校的系所评鉴与专业认证就是如此，如果某一学校的某一专业已经参加了行政部门认可的认证工作，那么在该学校所接受的系所评鉴中，那些经过前期认证的专业可以免评，其过程、结论及其结果使用等均被认可。这种情况在其他国家和地区的评估中也不少。我们把这种相互承认并相互印证支持的评估，叫作交叉使用。

不过，更多的是各种评估及其结论之间的并行关系，它们并不相互支持和利用，各行其是，互不干预。我国目前的许多评估就属于此种情形。比如，针对大学排行榜可能给高校带来的影响，政府就明确指出，政府不会依靠排行榜的排名来决定高等教育资源分配及制定相关政策，不仅如此，政府还曾一度拟取消大学排行榜，认为它扰乱了高等教育秩序。只是近些年来，随着高等教育大众化、社会化以及国际化进程的加快，政府才不再宣称取缔，虽不明确反对，但绝不支持。政府开展的各项评估，从来不会考虑社会上大学排行榜的数据、指标和名次。同样，政府间的科研评估、教学评估、就业评价、素质教育评估、体育艺术评价等，也是独立进行的，不会出现某一种评估在先，其他评估就可以承认此评估进而免除该项目的评估情况。究其原因，是这些评估出自不同的行政部门，其间不交叉，但确实有重复评估和增加学校评估负担的问题。

三、当前高等教育评估结果使用中的问题及其规范化

无论是什么样的评估，都可能影响高等学校的声誉、资源、质量和发展，影响到学校的教育、教学和研究等工作，因此，在当今所谓的评估化时代，去除评估几乎是不可能的，世界各国都在强化而不是弱化评估。评估的影响和作用很大，所以，其结果的使用也须认真研究和对待。

（一）评估结果使用中的问题

评估结果使用中最易出现的问题，主要有两方面，一是过度使用，二是不当使用。

过度使用，是对评估结果的使用超越了评估实际所能发挥的作用范围。将评估的结论与某些政策直接挂钩本无可厚非，因为评估本身是实现目标的手段，为了达到某一特定目的，需要通过评估这一形式。运用得好，会取得令人满意的效果，但若运用不好，不仅无法正确发挥评估机制效能，甚至适得其反，将会带来消极后果。当前，有的高校及部门过分迷信和依赖评估，将评估视为万能工具，什么任务不好推进、什么工作不好开展，就企图通过开展相应的评估来驱动，造成评估项目过多、形式过滥、评估负载过重，影响学校正常教育教学工作秩序，影响评估声誉。对此，高校反应比较强烈，纷纷建议取消那些不合理的评估。所谓不合理，即本来可以被其他评估形式所覆盖或替代的评估，没有存在的必要，但某些单位和部门却出于本位主义考虑，设立相应的评估。另外，政府评估文件、评估方案中对评估结果已经有明确规定的，有些部门或单位却超出规定范围任意使用，附加了文件中所没有的内容，造成评估结果使用中层层加码现象。比如，高校首轮教学工作

水平评估，评估方案只规定了评估结果分为"优秀、良好、合格与不合格"四个等级，其中对于结论为不合格的高校，规定限期整改，两年后复评，如复评还达不到合格标准，将在招生、项目评审、新专业设置等方面采取限制性措施。然而，有的地方教育行政部门，却把在评估中获得不同结论的高校进行二次排名，甚至对相应的二级指标和观测点专家打分情况进行排名，优秀的给予表扬、奖励、增加资源；而在高校内部，对教学评估结论更是高度重视，对于在评估中工作做得好、有可能为评估加分的二级单位或个人，进行不同程度的奖励，有的还可能获得职务提升，而对于可能带来不利影响的部门、工作或个人，则采取惩罚手段。由此导致高校在评估结果上的攀比，最终影响评估形象、质量，首轮评估中部分学校出现的形式主义、弄虚作假以及兴师动众，大学排名中出现的营私舞弊等，都可以说是评估结果过度使用造成的。

评估结果的过度使用肯定会出现不当使用，但不当使用不一定是过度使用。评估结果使用怎样才是合理的、正当的，需要认真研究。一般地说，只要在评估功能范围内的使用，都应该是合理和正当的，超功能使用则带来不合理和不正当。

不当使用，就是没有把评估结果应用到恰当的地方或时机，或者应该使用而没有使用。当前许多评估工作，结果都存在不当使用的问题。比如，大学排名，本来可以增强高等教育利益相关者对高校办学、教育教学等信息的了解，它仅仅是提供了一种认知工具和参照，但是，有的高校却唯大学排名是从，为了能够排名靠前，根据排名指标而决定办学目标和选择重点工作，这就偏离了办学方向。同样，社会也过分依赖排行名次来决定高考志愿以及专业选择。政府已经指出，不依据大学排行榜决定资源分配和项目支持，这是非常理性的，尽管政府的评估与排名完全平行也有其不合理的一面，但在这一点上，却表现出它的正当性。还有，各种评估过程和评估结果，都有改进教育教学工作的价值，可是，人们往往忘记了过程改进本身的意义，从而放弃了评估改进教育教学的功用，而去追求评估直接的名誉、地位、经济功效等外在功能。各种因评估而设立的奖励、项目等，在某种意义上背离了评估结果使用原本的宗旨。我们看到，当前，一些评估本义是改进教育教学，提高教育教学质量的，然而，评估已经几个轮次过去，教学还是那种教学、观念还是那种观念，几乎没有发生变化。之所以如此，就在于评估结果未能得到正当使用，缺乏反思、改进、提升的环节，内在的需要没有得到扩张，外在的功利需求却大行其道。

（二）实现高等教育评估结果使用的合理化与规范化

由于评估影响高等教育利益相关者的利益，因此造成了评估结果的各种不当使用和过度使用。评估要想发挥正确的导向作用，必须首先规范评估结果使用范围、使用方式及其使用边界。

科学设计评估指标体系。不同的评估有不同的目标，不同的目标有不同的方案和指标体系，因此，任何一种评估及其评估方案、指标体系，都应该为其目标服务。比如，高校教学评估，其目的是以评促建、以评促管、以评促改，提高质量。质量是目的，建、管、改是内容。因此，评估方案和指标体系的设计，必须围绕建、管、改和质量做文章，否则，就会引起评估的偏差和结果的不当使用。所以，教学评估，要有边界意识，不能将教学评估的边界无限扩大。有的教育行政部门希望在教学评估中加进非教学工作的内容，以期实现相关目标，如共青团工作、社群工作、就业工作等，就有不合理之处。而大学排行榜指标体系设计欠缺更为明显，在排行榜指标赋值中，把大量精力放在一所学校的财富、声誉和研究项目等外延性指标上，而对学习方法和有效教学等内涵性指标关注太少。这说明，评估方案和指标体系设计的科学化具有根本性、本源性的地位与作用，优化评估方案和指标系统是评估结果发挥作用的前提。

减少评估结果使用上的功利行为。现在不少评估工作，设计者为了实现预期目标，如通过评估促进建设和发展，或者引起被评估者对评估工作的高度重视，以便顺利实施和推进评估，往往在评估结果的使用上下功夫，把评估结果与相关利益直接或间接挂钩。这种做法表面上确实能够实现设计者或组织者的意愿，但如果某一项评估过分与现实的功利目标相连，就会使评估走向事与愿违的地步。目前的一些评估，结果使用上可操纵的东西不是少，而是太多；不是轻，而是太重了，应该给评估减负降压。与其通过结果无限使用达到目标，不如更少功利地利用评估的自然影响。越是往评估身上加压，评估就越偏离，越容易出现形式主义。我们看到，欧美一些国家尽管在拨款上引入了绩效评估，但绩效评估结果影响拨款的范围和比例是相当有限的，一般不超过总费用的10%，且只涉及发展性或竞争性的拨款，如科研合同项目的拨款、某些尖端项目的拨款等等，根本不影响高校日常教育教学支出的拨款。也就是说，高校基本资源的分配，原则上并不通过评估实现，这就从根本上保证了教育资源分配的基本公平和均衡。日本大学学位授予机构实施的院校评估，其结果也影响学位授予甚至拨款项目，但评估中很少有学校不通过的情形，是因为日本政府和评估机构在评估结果使用上采取了相当稳健、谨慎的态度，使得评估越来越柔性化。我国也有学者建议评估不要与过多的利益挂钩，以免过分强化评估，使评估走向机械管理主义，同时也免除对高校自主办学和创造性办学的损害，这不失为好的办法。

四、推进教育评价改革提升教育治理能力

大众化和普及化时代的高等教育，早已摆脱了先前那种与世隔绝的封闭状态，昂首阔步走进了社会中心。今天，社会大众不仅日益广泛地接受着高等教育，而且日益深入地参与着高等教育管理和评价。我国高等教育已经迎来了一个评价的新时代，它的每一步发展和改变，都离不开评价的影响和作用。

（一）高等教育评价的实质是治理

作为一种现象和活动，高等教育评价产生很早。可以说，评价是与高等教育同时出现的，二者如影随形。但评价作为一种制度或建制，则是现代以至当代高等教育发展和改革的产物。众所周知，美国拥有世界上最发达和最完善的高等教育体系。之所以如此，在很大程度上得益于发达和完备的评价体系及评价制度。20世纪初，美国高等教育开评价风气之先，研究探讨并实施高等教育质量评价，建立起许多官方或民间的高等教育评价组

织。之后，这一制度和实践逐渐扩展到欧洲国家。高等教育评价真正获得快速发展，是在20世纪60年代末。这一时期，欧洲爆发了学生运动，促进了高等教育改革，使高等教育朝着平等化和民主化方向发展。其中，学生自治和社会"参与"（Participation）高等教育管理成为教育民主化改革的重头戏。而学生和社会参与高等教育管理的主要形式，就是评价。到了20世纪80年代，随着欧美国家高等教育大众化以至普及化过程的加速，高等教育质量问题一度成为政府和社会关注的焦点，欧美各国掀起了以质量评价、审核、认证、问责等各种形式的高等教育质量保障运动，促进了高等教育管理的多样化、民主化和社会化。

由于高等教育大众化导致的利益群体多样化，人们对接受高等教育的立场、目标、价值诉求等各不相同，如何体现并保障不同群体的受教育权力和利益，协调和平衡不同利益主体之间的利益关系，是现代高等教育管理面临的重要课题。在西方国家，受各种理念、制度、文化及历史传统等因素影响，总体上形成了以大学自治为核心、以政府宏观（间接）管理、问责和以社会监督评价为两翼的外部治理格局，也形成了以学校学术权力为核心、以行政权力和民主参与权力为两翼的内部治理结构。高等教育评价属于治理体系的重要组分，其本身也面临一个"如何进一步科学化和民主化"的问题，经历一个"从单一评价到多元评价"的发展演变过程。就教育评价而言，美国著名的教育管理专家泰勒在1933年正式提出了教育评价（Education Evaluation）概念，并提出以教育目标为核心的评价原理。美国教育评价学者古贝和林肯梳理了美国评价理论发展，将其归纳为四代评价理论。第一代评价理论是指从19世纪末到20世纪30年代之前，以泰勒为标志的教育测量理论；第二代评价理论出现在20世纪30年代至20世纪50年代，主要目的是运用测量工具描述和说明教育绩效；第三代评价理论，是在20世纪的50年代至70年代末，其特点是在描述绩效基础上对教育质量做出价值判断；第四代评价理论，是从20世纪80年代至今，强调教育评价的目的不在于测量和说明，而在于相互协商对话，共同致力于质量改进。

理论是实践的产物，思想反映现实。从四代评价理论发展演变的基本脉络和轨迹看，前三个阶段评价理论着重于强调教育管理，行政人员掌握着评价政策、标准和话语权，质量高低、效果好坏都由管理者给出判断，评价主体单一、管理主义色彩浓重。第四代评价理论则强调利益多元主体或者利益相关者在评价中的地位和作用，强调对话与协商，肯定了不同主体在教育活动中的主体需要和价值判断，认为教育评价只有通过不同主体价值认可与平等协商才能取得效果。显然，这是一种全新的评价理念，也是全新的治理理念，它将评价看作不同主体利益表达和利益诉求的机制，看成不同主体共同参与、监督并分享高等教育质量的平台。第四代评价理论之所以在这个时期出现，与我们前面提到的20世纪60年代末期欧洲各国掀起的学生民主化运动、新自由主义文化哲学思想、新公共管理理论以及20世纪80年代兴起的质量保障运动分不开。从测量描述到协商对话、从质量评价到质量保障、从单一管理到多元治理，正是现代高等教育质量评价、质量保障和质量治理的发展进步之所在。

（二）着眼于提升治理能力的评价体系优化

改革开放以来，经过几十年的实践探索，我国基本上建立了高校内部自我评价、政府和社会外部评价等多主体多形式的高等教育质量评价制度，在提高高等教育质量、调动各方面共同参与国家治理中发挥了十分重要而积极的作用。新的时代，需要继续坚持并不断改进和完善评价制度，建立起具有中国特色和世界水平的高等教育质量评价和保障体系，为实现高等教育内涵式发展、建设高等教育强国做出更大贡献。

推进评价制度和质量保障体系改革，其基本目标就是促进管办评分离。这是建立现代高等教育治理体系和提升治理能力的重要途径。管办评分离的前提，是政府实现放管服，即真正转变职能，向高校和社会放权，同时加强宏观管理和服务。就评价而言，政府需要对高等教育加强宏观管理和指导，这是我国高等教育社会主义性质决定的。政府加强宏观管理，除政治领导外，还要建立国家最低质量标准，包括高校设置标准、人才培养标准、专业设置标准、课程标准、条件标准等，将基本政治要求、意识形态要求有机纳入具体标准和规范中，以此作为高校科学办学和社会组织合理开展评价活动的基本依据。

政府要加强对高等教育质量进行问责，开展相关的评价评估工作，同时要逐渐把具体工作委托或者以购买服务方式交付第三方评价机构来组织，以保证评价的客观性、公正性、专业性和权威性。政府还可以更从容地从具体评价事务中抽身，加强宏观政策研究，通过法律法规、经济、信息等手段，调控评价市场走向，对不同的评价组织者进行元评价，建立评价组织的进退机制，保证评价市场的规范、合理与有序。

在政府有目的、有重点、有针对性地培育和扶持评价中介机构过程中，社会中介组织也要加强自身专业发展和能力建设，尤其是要根据活动性质、评价市场需要科学合理定位，加强评价机构组织建设、标准建设、人员素质建设，不断提高评价水平和服务能力，提高评价信誉，增强评价市场竞争力和综合实力；要建立评价机构行业自律机制，自觉接受政府评价检查和有效指导，开展行业自我检查、监督和评议，自觉维护评价评估客观公允，对于质量好和声誉高的社会组织机构予以表彰奖励，对于质量和声誉差的机构进行警示甚至取消评价资质。

管办评分离本身并不是最终目的，按照新公共管理理论、新治理理论以及第四代评价理论，分离之后更要合作。多元评价和多元治理，归根到底在于平等对话，从而发挥各自优势与协同力量，促进高等教育质量与效益提升。也就是说，我们需要管办评分离，需要明确各自的权利边界，明确各自的责任权利，但绝不是因此画地为牢，井水不犯河水，各管一方各行其是，而是建立更加紧密和更加有效的合作对话机制，不仅在评价工作上取长补短，发挥合力，而且确保各方公平地表达自身利益，彼此尊重各自利益，实现自身利益最大化，实现高等教育整体效益最大化。这才是办人民满意的高等教育题中应有之义。

在具体方式方法上，政府发布的评价制度法规、建立的评价体系（包括组织结构体系、评价管理制度体系和评价标准体系）均需向社会公开。评价政策和决策出台前，需要向社会广泛征求意见，看其是否表达了高校和社会民意，是否科学合理，是否符合高等学校办学规律、教育教学规律和人才成长规律，是否反映高校学术发展规律和知识生产规律，是否能够正确发挥评价评估指挥棒和方向盘的作用。我国高校数量众多，各高校目标定位、基础条件、历史传统、服务面向等各不相同，学生、家长、公众、高校以及社会用人部门需求不一。这种条件下，评估评价如何针对和考虑方方面面实际需要，进而引导高校科学办学、分类发展、特色发展和高质量发展，在各自基础与水平上办出一流，是必须认真回答和解决的重大课题。应该看到，长期以来存在的过于强调单一学术标准，以论文数量、课题数量、经费数量、帽子数量、影响因子等数字化管理和评价制度，已经严重影响和制约了高校健康发展，严重破坏了高校的学术生态环境，造成了高校办学千篇一律、千校一面、同质同构，高校人才培养工作被严重忽视，教育教学质量严重降低。这种畸形的评价观和评价模式不仅危害高等教育，也不利于国家治理体系和治理能力现代化。在某种意义上说，单一的量化评价观和评价模式是管理简单化和机械化的表现，是管理专业化程度低甚至是无能化的集中表现。

要加强和提高数据治理能力。政府、高校和社会中介组织机构应依法建立有关高等教育数据和信息调查制度，有效收集有关方面信息，并加以梳理、归类、统计和分析。要建立质量数据发布制度，促进信息数据开放，让社会知情、监督、参与、共享、建言、献策，协同促进高等教育健康发展。同时，政府部门要合理使用数据，以此掌握不同地区和高等学校发展情况，从而制定有效政策，调配资源和建立机制。社会组织和专门机构要依法从事评价评估活动，定期向政府、高校、公众和媒体报告评价标准、评价过程、评价行为和评价结果，自觉接受政府和社会公众以及媒体的监督和问责。

高校内部要建立规范常态的质量评价机制和保证体系。高校是办学质量的直接责任主体、实施主体和检验主体，建立健全内部质量保证体系是切实提升高校办学水平、管理能力和教育教学质量的有效手段。高校要牢固确立办学以教师为主体、教学以学生为主体的现代教育理念，将学生中心、产出导向与持续改进的质量评价机制贯穿于教育教学、人才培养和组织管理全过程全方面，充分吸收学生、毕业生、用人部门以及社会组织参与教育教学、科研和服务等活动的评价，发挥校内外学者、学术同行作用，广泛建立以高校及其院系为核心的校本评价机制与评价模式。尤其是要维护、提高和强化学生质量权利意识及参与意识，调动学生评价

教育教学与管理的积极性和主动性，切实改进传统落后的学生评价方法和评价手段，借鉴国际先进的评价理念、评价模式和评价经验，研制和开发科学合理的评价工具，提升学生评价的真实性、可靠性和实效性。要以人才培养为中心，平衡好教学工作与研究工作的关系，克服以往评价工作中片面强调科研成果、科研产出、科研数量而忽视研究质量、忽视教学质量的功利主义倾向。要细化教学工作标准和评价标准，变教学质量软评价为硬评价，以人才培养和教学质量为根基，调整人事和劳动分配制度，调整奖励和激励制度，合理使用评价结果，建立质量持续提升机制，营造良好的学术生态，打造卓越的质量文化。

参考文献

[1] 刘初生，金继承，蔡首生. 以院系评价为主的高校校本教学评价模式探究——以湖南工业大学为例 [J]. 大学教育科学，2012（6）：58-63.

[2] 何忠国. 坚决克服"五唯"痼疾 [N]. 学习时报，2018-09-19（1）.

[3] 熊丙奇. 职业技术人才缘何缺口大，生难招 [N]. 光明日报，2019-01-17（2）.

[4] 刘立. 破除"唯论文"痼疾的现实路径 [N]. 中国科学报，2018-10-29（1）.

[5] 杨国营. 选才识人不能"唯帽子论" [N]. 中国教育报，2018-04-25（1）.

[6] 靳玉乐. 教育评价改革的"去三化"与"兴三化" [J]. 大学教育科学，2021（1）：13-15.

[7] 张铭凯. 第三方评价机构参与中小学生综合素质评价：可能、角色与运行 [J]. 教育发展研究，2014（20）：34-39.

[8] 张端鸿. 教育评价改变大学办学导向 [N]. 中国科学报，2020-10-06（1）.

[9] 陈玉锟，李如海. 我国教育评价发展的世纪回顾与未来展望 [J]. 华东师范大学学报（教育科学版），2000（1）：3.

[10] 赵婀娜，吴月. 专家解读《深化新时代教育评价改革总体方案》：用好教育改革的指挥棒 [N]. 人民日报，2020-10-20（12）.

[11] 周洪宇. 深化教育评价改革加快推进教育现代化——《深化新时代教育评价改革总体方案》解读 [J]. 中国考试，2020（11）：8.

[12] 刘振天. 为何要提"高等教育质量文化" [N]. 光明日报，2016-06-07（13）.

[13] 中共中央　国务院印发《深化新时代教育评价改革总体方案》[EB／OL].（2020-10-13）[2020-12-10].

[14] 靳诺. 立德树人是高等教育的根本任务和时代使命 [J]. 中国高等教育，2017（18）：10-11.

[15] 李艳红，樊同科. 浅谈教育评价的发展趋势 [J]. 教育界·上旬，2013（6）：102.

[16] 马陆亭. 新时期"双一流"建设的推进战略 [J]. 中国高教研究，2019（12）：17.

[17] 王香丽. 20 世纪 80 年代至 90 年代中期中国高等教育体制改革：成绩、动因和特点 [J]. 广东工业大学学报（社会科学版），2011（8）：6-10.

[18] 课题组. 中国特色高等教育思想体系论纲 [M]. 北京：高等教育出版社，2017：238.

[19] 刘振天. 共治·分类·增效：新时代高校教学评估变革的三个向度 [J]. 中国高教

研究，2019（10）：53-60.

[20] 肖红缨，乔伟峰，王战军.高等教育监测评估的哲学审视 [J].中国高教研究，2015（2）：38-41，45.

[21] 张民选.回应、协商与共同建构——"第四代评价理论"评述 [J].外国教育资料，1995（3）：53-59.

[22] 人民日报评论员.在危机中育新机于变局中开新局 [N].人民日报，2020-05-25.

[23] 徐佳丽.高等教育监测评估理论与方法研究 [J].黑龙江教育学院学报，2016（7）：1-3.

[24] 王战军，乔刚，李芬.高等教育质量保障新类型：监测评估 [J].高等教育研究，2015（4）：39-42，60.

[25] 马陆亭.建设一流的高等学校体系 [J].中国高教研究，2009（9）：25.

[26] 宋旭红.学术型—应用型：我国普通本科高校分类之论 [J].山东师范大学学报（人文社会科学版），2019（5）：96.

[27] 马陆亭.教育体系是当前推动教育制度成熟定型的工作抓手 [J].中国高等教育，2020（7）：32.

[28] 徐小洲，姚威.国际工程教育评估方法与排名分析 [J].高等工程教育研究，2016（3）.

[29] 黄彬，姚宇华，曾华.新型高水平理工科大学关键评价指标研究 [J].中国高校科技，2018（8）.

[30] 朱高峰.中国工程教育发展改革的成效和问题 [J].高等工程教育研究，2018（1）.

[31] 陆国栋，王小梅，张聪，等.我国普通本科院校教师教学发展指数：设计、实践与启示 [J].中国高教研究，2019（7）.

[32] 陆国栋，陈临强，何钦铭，等.高校学科竞赛评估：思路、方法和探索 [J].中国高教研究，2018（2）.

[33] 崔育宝，李金龙，裴旭.我国世界一流大学建设评价体系的构建及完善论思 [J].学位与研究生教育，2017（11）：23-29.

[34] 杨清华，孙耀斌，许仪.建立中国特色的世界一流大学评价体系 [J].中国高等教育，2017（19）：42-45.

[35] 刘瑞儒，何海燕，李勇.统筹推进世界一流学科实施路线图：基于世界一流学科评价指标 [J].教育发展研究，2016（21）：1-7.

[36] 胡钦太，郑凯，等.智慧教育的体系技术解构与融合路径研究 [J].中国电化教育，2016（1）：49-55.

[37] 陈丽，王志军，等."互联网＋时代"教育技术学的学科定位与人才培养方向反思 [J].电化教育研究，2017，38（10）：5-11.

[38] 苏婷.北京：学校自我评价率先"试水" [N].中国教育报，2013-12-12（5）.

[39] 周光礼，武建鑫. 什么是学术评价的全球标准：基于四个全球大学排行榜的实证分析 [J]. 中国高教研究，2016（4）：51-56.

[40] 朱爱民，李洪华，司冠男，等. 大数据背景下高校专业评估体系构建研究 [J]. 教育现代化，2019（75）.

[41] 周昊，江林升. 大数据在新建本科院校教学质量监测评估体系中的运用 [J]. 文教资料，2019（28）.

[42] 王锋，王翔宇，秦文臻. 大数据驱动的高等教育质量监测评估关键技术研究 [J]. 黑龙江高教研究，2017（6）.

[43] 张冬冬，佟凤辉，梁永玲. 大数据分析技术在高等教育人才质量评价体系中的应用研究 [J]. 辽宁广播电视大学学报，2017（3）.

[44] 邢蓓蓓，杨现民，李勤生. 教育大数据的来源与采集技术 [J]. 现代教育技术，2016，26（8）.

[45] 王正青. 大数据时代美国学生数据隐私保护立法与治理体系 [J]. 比较教育研究，2016，38（11）.

[46] 刘慧霞. 高等教育绩效评价的缘起、困境与展望 [J]. 扬州大学学报（高教研究版），2019，23（5）.

[47] 李志河，潘霞，刘芷秀，等. 教育信息化 2.0 视域下高等教育信息化发展水平评价研究 [J]. 远程教育杂志，2019，37（6）.

[48] 张万军，王亚萍. 创新高等教育人才成长评价机制——以核心竞争力培养为视角 [J]. 江苏理工学院学报，2014，20（6）.

[49] 许晓东，赵幸，肖华，等. 大数据在高校本科教学评估中的应用——以 J 大学为例 [J]. 高等工程教育研究，2017（1）.

[50] 马静娴. 高等学校专业质量监测评估：思路、方法和实践——构建广东省高校本科专业评估模式的初步探索 [J]. 上海教育评估研究，2019（1）：22-27.

[51] 黄盈. 各类教育形态监测体系的比较与启示 [J]. 天津商务职业学院学报，2017（5）：56-60.

[52] 黄明东，陶夏. 高等教育评估模式构建中必须厘清的几个问题——基于教育治理现代化的视角 [J]. 教师教育论坛，2017（9）：33-38.

[53] 乔刚，李芬. 监测评估：高等教育评估的新理念 [J]. 高教探索，2016（11）：16-20.

[54] 徐佳丽. 高等教育监测评估理论与方法研究 [J]. 黑龙江教育学院学报，2016（7）：1-3.

[55] 王觉. 教育监测评估有效性探究 [D]. 南京：南京大学，2015.

[56] 王战军，乔刚，李芬. 高等教育质量保障新类型：监测评估 [J]. 高等教育研究，2015（4）：39-42，60.

[57] 肖红缨，乔伟峰，王战军.高等教育监测评估的哲学审视 [J].中国高教研究，2015（2）：38-41，45.

[58] 马静娴.高等学校专业质量监测评估：思路、方法和实践——构建广东省高校本科专业评估模式的初步探索 [J].上海教育评估研究，2019（1）：22-27.

[59] 黄盈.各类教育形态监测体系的比较与启示 [J].天津商务职业学院学报，2017（5）：56-60.

[60] 黄明东，陶夏.高等教育评估模式构建中必须厘清的几个问题——基于教育治理现代化的视角 [J].教师教育论坛，2017（9）：33-38.